Stefan Goertz

Rechtsextremismus und Rechtsterrorismus in Deutschland

Eine analytische Einführung für Polizei und Sicherheitsbehörden

SCHRIFTENREIHE

Rechtsextremismus und Rechtsterrorismus in Deutschland

Eine analytische Einführung für Polizei und Sicherheitsbehörden

von Prof. Dr. Stefan Goertz

Bibliografische Information der Deutschen Nationalbibliothek
Die Deutsche Nationalbibliothek verzeichnet
diese Publikation in der Deutschen Nationalbibliografie;
detaillierte bibliografische Daten sind im Internet über
http://dnb.de abrufbar.

www.VDPolizei.de

1. Auflage 2021

Satz: VDP GMBH Buchvertrieb, Hilden
Druck und Bindung: Print Media Group GmbH & Co KG, Hamm
Printed in Germany
ISBN 978-3-8011-0899-1

Gewidmet den Toten und Verletzten
rechtsextremistischer Gewalt
und rechtsterroristischer Anschläge
sowie ihren Angehörigen.

PSP Schriftenreihe

Geleitwort

In der gegenwärtigen Pandemie erleben wir, dass nur eine offene Gesellschaft die Freiheitsliebe der Menschen ermöglicht. Unsere Verfassung ist das Fundament, auf dem wir Toleranz und Freiheit ausleben dürfen. Der Staat hat die Pflicht, diese Ordnung zu gewährleisten und zu schützen.

Wir dürfen den Verfassungsfeinden nicht den geringsten Raum lassen, um den Staat anzugreifen. Dabei kommt es in erster Linie nicht darauf an, aus welcher extremistischen Ecke heraus Gruppierungen oder Einzelne agieren.

Ich stimme mit dem Bundesinnenminister überein, dass der Rechtsextremismus als die aktuell größte Gefahr für unser Land einzuschätzen ist. Das rechtsterroristische Attentat auf den Kasseler Regierungspräsidenten Walter Lübcke sowie der rechtsterroristische Anschlag auf eine Synagoge in Halle mit zwei Toten sind alarmierende Fanale einer zunehmenden Selbstsicherheit von Rechtsextremisten.

Zu den Wahrnehmungen gehört aber auch die bewusste Unterwanderung der sogenannten Hygienedemos durch rechtsextremistische Scharfmacher. Hierbei wird schon der Nährboden für Demokratiefeinde bereitet.

Die Gesellschaft darf sich nicht davor verschließen, dass Unkenntnis über Zusammenhänge oder Motive ausgenutzt und missbraucht werden. Dieses Vorgehen hat ein Ziel: die Ordnung, auf der unsere Freiheit basiert, zu unser aller Nachteil zu verändern.

Jede Form von Extremismus spaltet eine Gesellschaft. Doch unsere Gesellschaft braucht mehr Konsens als Konflikte. Für einen gesellschaftlichen Zusammenhalt gegen Gewalt und Hass bedarf es der gemeinschaftlichen Ächtung von Zielen, Motiven und Verhalten. Wir können mit Wissen über die Entwicklungen Haltung zeigen.

Dieses Buch untersucht aktuelle Akteure des Rechtsextremismus und Rechtsterrorismus in Deutschland und stellt aufgrund seiner Analyse und seiner Schwerpunkte einen wichtigen Beitrag zur Extremismusforschung dar. Es richtet sich sowohl an Praktiker und Studierende der deutschen Polizei- und Verfassungsschutzbehörden als auch an Studierende und Wissenschaftler der Sozialwissenschaften.

Jörg Radek

Stellvertretender Bundesvorsitzender der Gewerkschaft der Polizei

Vorwort

In Deutschland wurden innerhalb von neun Monaten drei terroristische Anschläge von Rechtsterroristen verübt – der Mord an Walter Lübcke, der Anschlag in Halle sowie der Anschlag in Hanau. 13 Menschen wurden ermordet und sieben – teilweise schwer – verletzt. Wenige Wochen nach dem rechtsterroristischen Anschlag auf den Kasseler Regierungspräsidenten Walter Lübcke, am 22.7.2019, dem achten Jahrestag des vom Rechtsterroristen Anders Breivik in Norwegen verübten Massakers an Kindern und Jugendlichen, bei dem 77 Menschen ermordet wurden, schoss der Rechtsterrorist Roland K. im hessischen Wächtersbach sechs Mal auf den eritreischen Flüchtling Bilal M., den er aufgrund seiner Hautfarbe als Opfer ausgewählt hatte. Schwer verletzt wurde der Eritreer M. von Passanten aufgefunden und später notoperiert.

Eine aktuelle Analyse von Rechtsextremismus und Rechtsterrorismus in Deutschland zeigt, dass diese Bedrohungen ein historisches Niveau erreicht haben. Das aktuelle Personenpotenzial im Bereich Rechtsextremismus in Deutschland ist auf über 33.000 angestiegen, die deutschen Polizei- und Verfassungsschutzbehörden stufen davon aktuell ca. 13.000 als gewaltorientiert ein. Neben den oben erwähnten rechtsterroristischen Anschlägen müssen auch die zahlreichen rechtsextremistisch-rechtsterroristischen Organisationen bzw. Gruppen, wie „Weisse Wölfe Terrorcrew“ (WWT), „Oldschool Society“ (OSS), „Nordadler“, „Kameradschaft Aryans“, „Gruppe Freital“, „Revolution Chemnitz“, „Combat 18“, Gruppe „Nordkreuz“ sowie „Gruppe S“ erwähnt werden.

Dieses Buch untersucht aktuelle rechtsextremistische Akteure und Phänomene, u.a. rechtsextremistische Parteien, Neonazis, den rechtsextremistischen Teil der „Reichsbürger“ und „Selbstverwalter“, die „Identitäre Bewegung“ sowie rechtsextremistische Anti-Asyl-Agitation, Antisemitismus, rechtsextremistische Kampfsportformate, u.a. „Kampf der Nibelungen“, rechtsextremistische Musik, Islamfeindlichkeit sowie rechtsextremistische Erpressungs- und Drohmails und „Feindeslisten“. Ein besonderer Schwerpunkt wird auch auf rechtsextremistische und rechtsterroristische Internetinhalte gelegt. Ausführlich thematisiert werden auch aktuelle Gegenmaßnahmen der Sicherheitsbehörden sowie Präventions- und Deradikalisierungsprogramme.

Rechtsextremismus und Rechtsterrorismus werden auch in den kommenden Jahren eine zentrale Bedrohung der Inneren Sicherheit und der freiheitlichen demokratischen Grundordnung Deutschlands darstellen.

Zur Zielgruppe dieses Buches gehören Studierende und Dozenten der Fächer Politikwissenschaft, Sozialwissenschaften, Rechtswissenschaft, Psychologie, Soziologie, Sozialpädagogik, Soziale Arbeit sowie die Polizei und andere Sicherheitsbehörden, ihre Hochschulen und Akademien sowie die Justiz, Politische Bildung, Schulen, Justizvollzugsanstalten und Akteure im Bereich von Prävention.

Die Kapitel sind so aufgebaut, dass das Buch – abhängig vom beruflichen Hintergrund und dem mitgebrachten Vorwissen – nicht chronologisch gelesen werden muss.

Danken möchte ich meinen Kollegen der Bundespolizei und anderer Sicherheitsbehörden für ihre Anregungen und Fragen zum Bereich Rechtsextremismus und Rechtsterrorismus.

Lübeck, im April 2021 *Prof. Dr. Stefan Goertz*

Inhaltsverzeichnis

1 Einleitung, Aufbau und Zielgruppe des Buches

1.1 Einleitung

Rechtsextremismus und Rechtsterrorismus stellen im Augenblick und prognostisch für viele Jahre eine wesentliche Bedrohung für die Innere Sicherheit der Bundesrepublik Deutschland dar. Aktuelle Belege dafür sind die beiden rechtsterroristischen Anschläge in Halle und Hanau, das rechtsterroristische Attentat auf Walter Lübcke sowie die rassistisch motivierten Morde der rechtsterroristischen Gruppe „Nationalsozialistischer Untergrund“ (NSU), die rechtsterroristischen Anschläge von Frank S. auf die damalige Kölner Oberbürgermeisterkandidatin Henriette Reker, von David Sonboly am Olympia-Einkaufszentrum in München und der rechtsterroristische Mordversuch von Roland K. am eritreischen Flüchtling Bilal M.

Neben diesen rechtsterroristisch motivierten Anschlägen, Attentaten und Morden müssen auch die zahlreichen rechtsextremistisch-rechtsterroristischen Organisationen bzw. Gruppen, wie „Weisse Wölfe Terrorcrew“ (WWT), „Oldschool Society“ (OSS), „Nordadler“, „Kameradschaft Aryans“, „Gruppe Freital“, „Revolution Chemnitz“, „Combat 18“, Gruppe „Nordkreuz“ sowie „Gruppe S“, der jüngeren Vergangenheit erwähnt werden.

Die in diesem Buch besprochenen rechtsextremistischen Akteure werden von den deutschen Verfassungsschutzbehörden als solche eingestuft bzw. als „Prüffälle Rechtsextremismus“ bzw. als „Verdachtsfälle Rechtsextremismus“ bzw. als „Beobachtungsobjekte Rechtsextremismus“ bewertet.

Ein weiterer aktueller Indikator für die große Bedrohung, die im Augenblick und in den nächsten Jahren von Rechtsextremismus in Deutschland ausgeht, ist das im Jahr 2019 deutlich gestiegene Personenpotenzial Rechtsextremismus, das von 25.350 im Jahr 2018 auf 33.430 im Jahr 2019 angewachsen ist.[1] Von diesen mittlerweile 33.430 Rechtsextremisten in Deutschland wurden im Jahr 2019 13.000 von den Sicherheitsbehörden als gewaltorientiert eingestuft.[2]

Rechtsextremistische Anti-Asyl-Agitation, Antisemitismus, rechtsextremistische Kampfsportformate, u.a. „Kampf der Nibelungen“, rechtsextremistische Musik, Islamfeindlichkeit und „Bürgerwehren“, rechtsextremistische

1 Vgl. Bundesministerium des Innern, für Bau und Heimat, 2020a, S. 53.

2 Vgl. Bundesministerium des Innern, für Bau und Heimat, 2020a, S. 53.

Erpressungs- und Drohmails und „Feindeslisten“ sowie der „NSU 2.0“, Rechtsextremisten in deutschen Sicherheitsbehörden sowie rechtsextremistische Bewegungen innerhalb von Corona-Hygienedemonstrationen sind aktuelle rechtsextremistische Phänomene in Deutschland.

Der Präsident des Bundesamtes für Verfassungsschutz, Thomas Haldenwang, führte in einer Pressekonferenz des Bundesamtes für Verfassungsschutz am 12.3.2020 zum Stand der Bekämpfung des Rechtsextremismus in Deutschland aus: „Rechtsextremismus und Rechtsterrorismus sind aktuell die größte Gefahr für die Demokratie in Deutschland!“[3]

1.2 Der Aufbau des Buches

Kapitel 2 definiert und analysiert Rechtsextremismus und Rechtsterrorismus und nutzt dabei sowohl politikwissenschaftliche Analysemerkmale als auch Definitionen der deutschen Verfassungsschutzbehörden. Rechtsextremisten sind Feinde des demokratischen Verfassungsstaates, richten sich gegen die fundamentale Gleichheit der Menschen und haben ein autoritäres Staatsverständnis. Sie lehnen die Staatsform der modernen Demokratie ab und überbewerten ethnische Zugehörigkeit, woraus Fremdenfeindlichkeit und ein Freund-Feind-Muster resultieren.

Rechtsterrorismus ist der nachhaltig-strategische Kampf für rechtsextremistische Ziele. Diese Ziele sollen mithilfe von Anschlägen auf Leib, Leben und Eigentum anderer durchgesetzt werden. Rechtsterroristen zielen auf öffentliches Aufsehen sowie auf mediale Thematisierung ab. Die Übergänge von Rechtsextremismus zu Rechtsterrorismus können fließend sein. Ziele und Opfer von Rechtsterroristen können u.a. Ausländer, Asylbewerber, Menschen mit Migrationshintergrund, Politiker, Polizisten, Beamte und Repräsentanten des Staates sein, aber auch Mitglieder von Parteien, die von Rechtsterroristen als Gegner bzw. Feinde empfunden werden.

Kapitel 3 untersucht rechtsextremistische Parteien in Deutschland, im Schwerpunkt die „Nationaldemokratische Partei Deutschland“ (NPD), hierbei u.a. das Programm, die Ideologie und Strategien der NPD. Als politisches Ziel beschreibt die NPD einen fundamentalen „Systemwechsel“ in Deutschland. Mit der „Vier-Säulen-Strategie“ – dem „Kampf um die Köpfe“, dem „Kampf um die Straße“, dem „Kampf um die Parlamente“ und dem „Kampf um den organisierten Willen“ – will die NPD seit Jahren die deutsche Demokratie bekämpfen. Daneben werden die rechtsextremistischen Kleinparteien „Die

3 Bundesamt für Verfassungsschutz, 2020n.

Rechte" und „Der III. Weg" beleuchtet. Das Bundesamt für Verfassungsschutz hat außerdem die AfD-Teilorganisation „Der Flügel" und die „Junge Alternative für Deutschland" (JA) als rechtsextremistische Prüffälle eingestuft, die Erklärung des Bundesamtes für Verfassungsschutz für die Einstufung als Prüffall wird entsprechend dargelegt. Abschließend werden Funktionen der aktuellen rechtsextremistischen Parteien für den Rechtsextremismus in Deutschland erläutert.

In Kapitel 4 werden die Akteure des deutschen Rechtsextremismus vorgestellt, rechtsextremistische Organisationen, Gruppen und Individuen. Dazu gehören Neonationalsozialisten (Neonazis), weitgehend unstrukturierte, meist subkulturell geprägte Rechtsextremisten, die „Artgemeinschaft", der rechtsextremistische Teil der „Reichsbürger" und „Selbstverwalter". Dabei werden u.a. Ideologieelemente, Strategien und die Gewaltbereitschaft der „Reichsbürger" und „Selbstverwalter" sowie das Verbot der „Reichsbürger" und „Selbstverwalter"-Vereinigung „Geeinte deutsche Völker und Stämme" analysiert. Danach wird der Phänomenbereich Neue Rechte skizziert, darunter im Schwerpunkt „Die Identitäre Bewegung", ihre Hintergründe und Entwicklung, ihre Symbolik und Ideologie sowie ihre Strategie und Aktionen. Abschließend werden die PEGIDA/GIDA-Bewegung erläutert, die zu Beginn teilweise von Bürgern der demokratischen Mitte geprägt war, im Lauf der Jahre aber immer stärker von Rechtspopulisten, Rechtsradikalen und Rechtsextremisten gesteuert wurde und wird.

Kapitel 5 beleuchtet aktuelle Trends im deutschen Rechtsextremismus, aktuelle rechtsextremistische Phänomene, darunter rechtsextremistische Kampfsportformate, u.a. die Kampfsportveranstaltung „Kampf der Nibelungen", rechtsextremistische Musik, Anti-Asyl-Agitation, Islamfeindlichkeit und „Bürgerwehren". Ausführlich wird der Antisemitismus im Rechtsextremismus dargelegt, dabei eine Definition genannt und Analysemerkmale dargestellt. Dem folgt die Untersuchung von Antisemitismus bei rechtsextremistischen Musikgruppen und in rechtsextremistischen Internetinhalten. Rechtsextremistische Erpressungs- und Drohmails und „Feindeslisten" sowie der „NSU 2.0" sind ein weiterer aktueller Trend. In einem Schwerpunkt wird der Themenkomplex Rechtsextremisten in deutschen Sicherheitsbehörden, hier: in der Bundeswehr und in den Polizeien, analysiert. Ergänzend wird der Zusammenhang zwischen Rechtsextremisten und Corona-Hygienedemonstrationen dargestellt.

Kapitel 6 stellt zahlreiche Beispiele des Übergangs von Rechtsextremismus zu Rechtsterrorismus vor, hierbei die aktuellen Akteure „Weisse Wölfe

Terrorcrew" (WWT), die „Oldschool Society" (OSS), die Gruppe „Nordadler", die „Kameradschaft Aryans", die „Gruppe Freital", „Revolution Chemnitz", „Combat 18", die Gruppe „Nordkreuz" und die „Gruppe S", die jeweils rechtsextremistische Gewalt geplant und/oder verübt bzw. rechtsterroristische Anschläge geplant und/oder verübt haben.

In Kapitel 7 werden aktuelle Fälle dargestellt. Ausgewählt wurden dafür der „Nationalsozialistische Untergrund" (NSU), der Anschlag des Rechtsterroristen Frank S. auf die damalige Kölner Oberbürgermeisterkandidatin Henriette Reker, der Anschlag des Rechtsterroristen David Sonboly am Olympia-Einkaufszentrum in München, das rechtsterroristische Attentat von Stephan Ernst auf den Politiker Walter Lübcke und der rassistische Mordversuch von Roland K. am eritreischen Flüchtling Bilal M. Die beiden sehr aktuellen rechtsterroristischen Anschläge in Halle und Hanau werden ausführlich untersucht. Außerdem werden potenzielle Anschlagsszenarien von rechtsterroristischen Gruppen und/oder Einzeltätern skizziert.

Kapitel 8 untersucht rechtsextremistische und rechtsterroristische Inhalte im Internet. Diese werden durch Einzelpersonen, Gruppen, Netzwerke, Parteien, Vereine und Stiftungen verbreitet. Rechtsextremisten nutzen Internetdienste zur Selbstdarstellung, Werbung, Vernetzung, politischen Einflussnahme und teilweise auch zur Verabredung zu Straftaten. Nach Angaben der deutschen Verfassungsschutzbehörden nutzen Angehörige und Sympathisanten der rechtsextremistischen Szene in Deutschland intensiv das Internet, um z.B. Kampagnen zu bewerben, für Veranstaltungen zu mobilisieren oder Aktionen zu planen.

In Kapitel 9 werden aktuelle Maßnahmen der Sicherheitsbehörden gegen Rechtsextremismus und Rechtsterrorismus analysiert. Dazu gehören der Personalaufwuchs in den Sicherheitsbehörden und neue Methoden, das Gemeinsame Extremismus- und Terrorismusabwehrzentrum (GETZ), Verbote von rechtsextremistischen Vereinen und Parteien, aktuelle Maßnahmen der Bundesregierung gegen Rechtsextremismus sowie abschließend Präventions- und Deradikalisierungsprogramme im Phänomenbereich Rechtsextremismus.

1.3 Die Zielgruppe des Buches

Rechtsextremismus und Rechtsterrorismus sind Phänomenbereiche, die äußerst komplex und heterogen sind. Auf der Ebene von Studium und Wissenschaft sind sie von besonderer Bedeutung für folgende Fächer und Fakultäten:

- Politikwissenschaft
- Sozialwissenschaften
- Rechtswissenschaft
- Psychologie
- Soziologie
- Sozialpädagogik
- Soziale Arbeit
- Geschichtswissenschaft
- u.a.

Auf der Ebene von Behörden und öffentlichen Einrichtungen in Europa und Deutschland sind Rechtsextremismus und Rechtsterrorismus von besonderer Bedeutung für folgende Bereiche:

- Polizei (Bundespolizei, Landespolizeien, Bundeskriminalamt, Landeskriminalämter, Staatsschutzabteilungen, Spezialeinsatzkommandos, Mobile Einsatzkommandos)
- Hochschulen und Akademien der Polizeien
- Verfassungsschutzbehörden (Verfassungsschutz auf der Ebene Bund und Länder sowie das Bundesamt Militärischer Abschirmdienst – BMAD)
- Hochschulen und Akademien der Verfassungsschutzbehörden
- Justiz
- Politische Bildung, Bundeszentrale und Landeszentralen
- Bildung und Kultus (auf den Ebenen Bund und Länder, vor allem die Kultusministerien der Bundesländer)
- Schulen
- Justizvollzugsanstalten
- Regierungspräsidien
- Bezirksregierungen
- Akteure im Bereich von Prävention
- u.a.

Dieses Buch versteht sich dabei als analytische Einführung in die Phänomenbereiche Rechtsextremismus und Rechtsterrorismus. Es ist so konzipiert, dass das Buch – abhängig vom beruflichen Hintergrund und dem bereits mitgebrachten Vorwissen – nicht chronologisch gelesen werden muss, weil die Ebenen der Analyse einen jeweils individuellen, unterschiedlichen Einstieg in die Phänomenbereiche Rechtsextremismus und Rechtsterrorismus ermöglichen. Dabei verdeutlichen die komplexen und heterogenen Fallbeispiele von rechtsextremistischen und rechtsterroristischen Phänomenen, dass wissenschaftliche Abgrenzungen, Definitionen und Analysekriterien essentiell wichtig sind, um effektiv in diesem Phänomenbereich arbeiten zu können.

Konzipiert ist dieses Buch für Bachelor- und Masterstudenten der oben erwähnten Fächer und Fakultäten. Das Literaturverzeichnis könnte zu eigener wissenschaftlicher Arbeit anregen.

Praktiker aus den Bereichen Polizei, Verfassungsschutz, Justiz und aus anderen Behörden der Bereiche Innere Sicherheit, Psychologie, Pädagogik und Bildung werden durch ihren jeweils individuellen Hintergrund unterschiedlich an dieses Buch herangehen.

Als Ergebnis einer Adressatenanalyse werden einführende „theoretische“ und analytische Feststellungen mit zahlreichen Fallbeispielen aus den Phänomenbereichen Rechtsextremismus und Rechtsterrorismus verbunden, um aktuellen und zukünftigen „Praktikern“ im staatlichen und zivilgesellschaftlichen Aufgabenbereich der Prävention und Repression von Rechtsextremismus und Rechtsterrorismus zu einem schnellen und qualitativ hochwertigen Einstieg zu verhelfen.

2 Definitionen und Analysemerkmale von Rechtsextremismus und Rechtsterrorismus

2.1 Definitionen und Analysemerkmale von Rechtsextremismus

Sozialwissenschaftliche Definitionen und Definitionsansätze von Rechtsextremismus gibt es zahlreiche. Viele deutsche Rechtsextremismusforscher beschäftigen sich seit Jahrzehnten intensiv und ausführlich damit.[4]

Nach Auffassung von *Dienstbühl* umfasst der Rechtsextremismus „sämtliche neofaschistische, neonazistische und ultra-nationalistische Ideologien. Zentrales Merkmal ist die Überbetonung der ethnischen Zugehörigkeit, durch welche sich die Anhänger als Menschen einer ‚höheren Rasse' definieren. Andere Nationalitäten und Volksgemeinschaften werden degradiert und als Menschen von minderem Wert angesehen".[5]

Jaschke versteht unter Rechtsextremisten diejenigen, „die von der rassisch oder ethnisch bedingten sozialen Ungleichheit der Menschen ausgehen, nach ethnischer Homogenität von Völkern verlangen und das Gleichheitsgebot der Menschenrechtsdeklaration ablehnen, die den Vorrang der Gemeinschaft vor dem Individuum betonen, von der Unterordnung des Bürgers unter die Staatsräson ausgehen und die den Wertepluralismus einer liberalen Demokratie ablehnen und die Demokratisierung rückgängig machen wollen"[6].

Kreis wiederum definiert Rechtsextremismus als ein „Einstellungsmuster, dessen verbindendes Kennzeichen Ungleichwertigkeitsvorstellungen darstellen. Diese äußern sich im politischen Bereich in der Affinität zu diktatorischen Regierungsformen, chauvinistischen Einstellungen und einer Verharmlosung bzw. Rechtfertigung des Nationalsozialismus. Im sozialen Bereich sind sie gekennzeichnet durch antisemitische, fremdenfeindliche und sozialdarwinistische Einstellungen"[7].

---

4 Vgl. u.a. Dienstbühl, 2019, S. 91–94; Goertz, 2020a, S. 31–37; Goertz, 2020b, S. 12–15; Pfahl-Traughber, 2019a, S. 4, 23; Pfahl-Traughber, 2018, S. 303–308; Salzborn, 2016, S. 13–19; Virchow, 2016, S. 5–43.

5 Dienstbühl, 2019, S. 91.

6 Jaschke, 1994, S. 31.

7 Kreis, 2007, S. 13.

Salzborn schreibt dem Rechtsextremismus folgende Einstellungen zu: „Völkisches Denken, Biologismus, Rassismus, Autoritarismus, Homogenitätsdenken, Elitismus, Sexismus, Antisemitismus, Antiamerikanismus, Geschichtsrevisionismus, Militarismus und Antirationalismus". Als mögliche rechtsextremistische Verhaltensformen bzw. Radikalisierungsstufen beschreibt er „Protest/Provokation, Wahlverhalten, Mitgliedschaft, Gewalt bzw. Terrorismus".[8]

Für die Zielgruppe dieses Buches, Auszubildende (mittlerer Dienst) und Studierende (gehobener und höherer Dienst) deutscher Polizeibehörden und Nachrichtendienste, soll Rechtsextremismus hier weniger sozialwissenschaftlich-theoretisch, dafür aber operativ-praktisch definiert und analysiert werden.

Das *Bundesamt für Verfassungsschutz*, die Verfassungsschutzbehörde des Bundes, definiert Rechtsextremismus wie folgt:

„Unter Rechtsextremismus werden Bestrebungen verstanden, die sich gegen die im Grundgesetz konkretisierte fundamentale Gleichheit der Menschen richten und die universelle Geltung der Menschenrechte ablehnen. Rechtsextremisten sind Feinde des demokratischen Verfassungsstaates, sie haben ein autoritäres Staatsverständnis, das bis hin zur Forderung nach einem nach dem Führerprinzip aufgebauten Staatswesen ausgeprägt ist. Das rechtsextremistische Weltbild ist geprägt von einer Überbewertung ethnischer Zugehörigkeit, aus der u.a. Fremdenfeindlichkeit resultiert. Dabei herrscht die Auffassung vor, die Zugehörigkeit zu einer Ethnie, Nation oder ‚Rasse' bestimme den Wert eines Menschen. Offener oder immanenter Bestandteil aller rechtsextremistischen Bestrebungen ist zudem der Antisemitismus. Individuelle Rechte und gesellschaftliche Interessenvertretungen treten zugunsten kollektivistischer ‚volksgemeinschaftlicher' Konstrukte zurück (Antipluralismus)".[9]

Diese Definition des Bundesamtes für Verfassungsschutz geht davon aus, dass sich Rechtsextremisten gegen die verfassungsmäßige Ordnung, das Grundgesetz und die freiheitliche demokratische Grundordnung (FdGO) wenden. Zur FdGO gehören nach Angaben des Bundesverfassungsgerichts folgende Grundsätze:

- das Recht des Volkes, die Staatsgewalt in Wahlen und Abstimmungen und durch Organe der Gesetzgebung und der Rechtsprechung auszuüben und die Volksvertretung in allgemeiner, unmittelbarer, freier, gleicher und geheimer Wahl zu wählen,

8 Salzborn, 2015, S. 21.

9 Bundesamt für Verfassungsschutz, 2020a.

- die Bindung der Gesetzgebung an die verfassungsmäßige Ordnung und die Bindung der vollziehenden Gewalt und der Rechtsprechung an Gesetz und Recht,
- das Recht auf Bildung und Ausübung einer parlamentarischen Opposition,
- die Ablösbarkeit der Regierung und ihre Verantwortlichkeit gegenüber der Volksvertretung,
- die Unabhängigkeit der Gerichte,
- der Ausschluss jeder Gewalt- und Willkürherrschaft
- sowie die im Grundgesetz konkretisierten Menschenrechte.[10]

Rechtsextremisten sind Feinde des demokratischen Verfassungsstaates, richten sich gegen die fundamentale Gleichheit der Menschen und haben ein autoritäres Staatsverständnis. Rechtsextremisten lehnen die Staatsform der modernen Demokratie ab und überbewerten ethnische Zugehörigkeit, woraus Fremdenfeindlichkeit und ein Freund-Feind-Muster resultieren.

Analysemerkmale von Rechtsextremismus sind:

- Fremdenfeindlichkeit. Sie drückt eine feindselige Haltung gegenüber Menschen aus, die sich durch Herkunft, Nationalität, Religion oder Hautfarbe von der eigenen Umwelt unterscheiden. Die rechtsextremistische Ideologie ist geprägt von einer Überbewertung ethnischer Zugehörigkeit.
- Nationalismus und Rassismus sind für Neonationalsozialisten (Neonazis) politische und gesellschaftliche Ideologieelemente.
- Rechtsextremistischer Antisemitismus drückt sich in der Idee einer „weltumspannenden geheimen Verschwörung des Judentums" aus oder indem Juden kollektiv für die Handlungen des Staates Israel verantwortlich gemacht werden.
- Rechtsextremisten hängen einem autoritär geprägten Staatsverständnis an, das häufig mit der Ablehnung der in Demokratien üblichen Gewaltenteilung einhergeht. In der Konsequenz fordern Neonazis angelehnt an den historischen Nationalsozialismus einen „Führerstaat", in dem alle staatliche Macht auf die Entscheidungen einer Einzelperson zurückgeführt wird.

---

10 Bundesamt für Verfassungsschutz, 2020b.

- Rechtsextremisten organisieren sich im rechtsextremistischen Parteienspektrum, als Neonazis, in „Kameradschaften“, subkulturell geprägt, dazu gehören u.a. die Skinhead-Subkultur und die „Identitäre Bewegung“.[11]

2.2 Definitionen und Analysemerkmale von Rechtsterrorismus

Das Bundesamt für Verfassungsschutz definiert Rechtsterrorismus wie folgt:

„Der Terrorismus-Begriff der Verfassungsschutzbehörden unterscheidet sich von der strafrechtlichen Definition: Während der Terrorismus-Begriff im strafrechtlichen Sinne – zumindest in Bezug auf ‚terroristische Vereinigungen‘ gemäß § 129a Strafgesetzbuch (StGB) – eine relativ enge Konkretisierung erfährt, ist dieser im Verfassungsschutzverbund weiter gefasst. Verfassungsschutzbehörden verstehen unter Rechtsterrorismus den nachhaltig geführten Kampf von Rechtsextremisten für politische Ziele. Diese sollen mithilfe von Anschlägen auf Leib, Leben und Eigentum anderer durchgesetzt werden, insbesondere durch schwere Straftaten, wie sie in § 129a Abs. 1 StGB genannt sind, oder durch andere Straftaten, die zur Vorbereitung solcher Straftaten dienen.

Damit enthält die Definition zwar einen unmittelbaren Bezug zum Tatbestand des § 129a StGB, sie ist jedoch nicht ausschließlich auf diesen beschränkt. Entscheidend ist aus Verfassungsschutzperspektive das gleichzeitige Vorliegen von drei wesentlichen Faktoren, die auf einen Akteur zutreffen müssen:

- eine politische Motivation in Verbindung mit konkreten politischen Zielen,
- ein nachhaltiges, also nicht nur spontanes, impulsives oder einmaliges Agieren,
- Verüben von besonders schweren Straftaten, insbesondere massiven Gewaltstraftaten.

Diese Verfassungsschutzdefinition verlangt hierbei nicht notwendigerweise die Existenz einer Gruppierung, wie sie das Strafrecht dagegen zwingend vorsieht. Es werden somit auch Einzelpersonen erfasst, die die oben genannten Faktoren erfüllen und dabei nicht auf konkrete Weisung Dritter handeln (rechtsterroristische Einzeltäter).

11 Vgl. Bundesamt für Verfassungsschutz, 2020c.

Die Übergänge von gewaltorientiertem Rechtsextremismus in den Rechtsterrorismus können fließend sein. Die Beobachtung des gewaltorientierten Rechtsextremismus ist daher für die Verfassungsschutzbehörden von besonderer Bedeutung. Zeigen sich Ansätze für eine rechtsterroristische Ausprägung, etwa konkrete Anzeichen für die Planung einer schweren Gewalttat oder eines terroristischen Anschlags, erfolgt eine engmaschige, intensive Bearbeitung als Gefährdungssachverhalt. In der Vergangenheit konnten hierdurch Anschlagsplanungen vereitelt und operative Erfolge im Zusammenspiel der Sicherheitsbehörden erzielt werden."[12]

Analysemerkmale von Rechtsterrorismus

- Rechtsterrorismus wird von einer spezifischen Kommunikationsstrategie begleitet, die über das spezifisch-taktische Ziel (Opfer) hinaus eine terroristische Botschaft an Gruppen, Religionen, Ethnien sendet („Ihr könnt die nächsten Ziele/Opfer sein"). Ein Beispiel hierfür ist die rechtsterroristische Gruppe „Nationalsozialistischer Untergrund" (NSU). Diese adressierten potenziellen Opfer zukünftiger Anschläge sollen eingeschüchtert werden. Die Botschaft von Rechtsterroristen richtet sich an die Opfergruppe, den Staat und das rechtsterroristische Sympathisantenumfeld.[13]
- Rechtsterrorismus ist der nachhaltig-strategische Kampf für rechtsextremistische Ziele. Diese Ziele sollen mithilfe von Anschlägen auf Leib, Leben und Eigentum anderer durchgesetzt werden.
- Rechtsterroristen zielen auf öffentliches Aufsehen, auf mediale Thematisierung, ab.
- Rechtsterroristische Anschläge können von Organisationen, Gruppen, Zellen und Einzeltätern verübt werden.
- Die ideologischen Hintergründe von Rechtsterrorismus können Freund-Feind-Stereotype, Verschwörungstheorien, deterministische Geschichtsbilder und identitäre Gesellschaftsbilder sein.[14]
- Die Übergänge von Rechtsextremismus zu Rechtsterrorismus können fließend sein.
- Ziele/Opfer von Rechtsterroristen können u.a. Ausländer, Asylbewerber, Menschen mit Migrationshintergrund, Muslime, Juden, Politiker, Polizisten, Beamte und Repräsentanten des Staates sein, aber auch Mitglieder von Parteien, die von Rechtsterroristen als Gegner/Feinde empfunden werden.

12 Bundesministerium des Innern, für Bau und Heimat, 2018, S. 53–54.

13 Vgl. Gräfe, 2019, S. 235.

14 Vgl. Pfahl-Traughber, 2010, S. 9–32.

Kurzzusammenfassung
Rechtsextremismus und Rechtsterrorismus

Rechtsextremismus

- Es handelt sich um eine Form von Extremismus im Sinne politisch motivierter Kriminalität.
- Hintergrund können neofaschistische, neonazistische und ultra-nationalistische Ideologien sein, verbunden mit völkischem Denken, Biologismus, Rassismus, Autoritarismus, Homogenitätsdenken, Elitismus, Sexismus, Antisemitismus, Antiamerikanismus, Geschichtsrevisionismus, Militarismus und Antirationalismus sowie Nationalismus.
- Er ist geprägt von antisemitischen, fremdenfeindlichen und sozialdarwinistischen Einstellungen.
- Er zielt auf die teilweise oder vollständige Abschaffung der freiheitlichen demokratischen Grundordnung (FdGO) ab und hat ein autoritäres Staatsverständnis nach dem Führerprinzip sowie Sympathien für Diktaturen.
- Individuelle Rechte und gesellschaftliche Interessenvertretungen werden zugunsten kollektivistischer, „volksgemeinschaftlicher" Konstrukte verdrängt (Antipluralismus).
- Rechtsextremisten organisieren sich in Parteien, als Neonazis, in „Kameradschaften", sind subkulturell geprägt und in der Neuen Rechten.

Rechtsterrorismus

- Die Übergänge von (gewaltorientiertem) Rechtsextremismus in den Rechtsterrorismus können fließend sein.
- Es handelt sich um den nachhaltig geführten Kampf für rechtsextremistische politische Ziele mit Anschlägen auf Leib, Leben und Eigentum Andersdenkender, um politische, ethnische oder religiöse ‚Gegner' einzuschüchtern, begleitet von einer spezifischen Kommunikationsstrategie („Ihr könntet/Sie könnten die nächsten Ziele/Opfer sein").
- Im Fokus stehen öffentliches Aufsehen und mediale Thematisierung.
- Rechtsterroristische Anschläge, Attentate und Gewalt können von Organisationen, Gruppen, Zellen und Einzeltätern verübt werden/ausgehen.

3 Rechtsextremistische Parteien in Deutschland

3.1 Die „Nationaldemokratische Partei Deutschlands" (NPD)

3.1.1 Aktuelle Situation

Die deutschen Verfassungsschutzbehörden analysieren aktuell, dass die „Nationaldemokratische Partei Deutschlands" (NPD) trotz rückläufiger Mitgliederzahlen und schwacher Wahlergebnisse ein wichtiger Faktor im deutschen Rechtsextremismus ist.[15] Im Jahr 2019 sank die Mitgliederzahl der NPD von 4.000 auf ca. 3.600. Im „Superwahljahr 2019", als die Wahl zum Europäischen Parlament und drei Landtagswahlen stattfanden, verlor die NPD das einzige EU-Parlamentsmandat, über das der ehemalige Parteivorsitzende Udo Voigt verfügte. Neben dem Ausbleiben einer parlamentarischen Beteiligung der NPD hatten diese Wahlniederlagen zur Folge, dass die NPD finanzielle Mittel aus der staatlichen Parteienfinanzierung verlor (die Ein-Prozent-Hürde berechtigt für die Teilnahme an der staatlichen Teilfinanzierung in Bezug auf Landtagswahlen). Trotz dieser folgenreichen Wahlniederlagen führen die deutschen Verfassungsschutzbehörden aus, dass die NPD auch im Jahr 2019 über eine grundsätzliche Handlungs- und Kampagnenfähigkeit verfügte.[16]

Im Bereich von Aktionen, Veranstaltungen und Kampagnen setzt die NPD seit 2018 u.a. auf die „Schild & Schwert"-Festivals in Ostritz/Sachsen und auf das Konzert „Zurück zu den Wurzeln – Skinheads Back To The Roots". Daneben waren zahlreiche Mitglieder und Sympathisanten der NPD bei den seit Jahren durchgeführten Demonstrationen am 1. Mai in Dresden und Wismar/Mecklenburg-Vorpommern dabei. Eine seit 2017 wichtige Aktion der NPD ist die „Schutzzonen"-Kampagne, bei der Mitglieder der NPD versuchen, der Öffentlichkeit zu beweisen, dass sie durch ihre körperliche Präsenz an einzelnen öffentlichen Orten für „Sicherheit", insbesondere vor vermeintlich kriminellen Migranten, sorgen. Diese „Schutzzonen"-Kampagne soll mediale Aufmerksamkeit generieren.[17] Die deutschen Behörden sehen die Aktivitäten der selbsternannten „Bürgerwehren" kritisch, doch sind ihnen die Hände

15 Vgl. Bundesministerium des Innern, für Bau und Heimat, 2020a, S. 75.

16 Vgl. Bundesministerium des Innern, für Bau und Heimat, 2020a, S. 76.

17 Vgl. Bundesministerium des Innern, für Bau und Heimat, 2020a, S. 77.

gebunden, solange diese Bürgerwehren keine Tatverdächtigen festnehmen oder Gewalt anwenden, auch Westen dürfen diese „Bürgerwehren" tragen.[18] Nach Angaben der Bundesregierung besteht „ein fließender Übergang vom Aufruf zur Bildung von ‚Bürgerwehren' hin zu einem eigenmächtigen Eintreten für Sicherheit und Ordnung abseits des staatlichen Gewaltmonopols oder gar hin zu gewalttätigem Handeln"[19].

Im Dezember 2019 beschloss die NPD auf ihrem Parteitag in Riesa, dass sie ihren Namen ändern möchte, um die Wahlchancen zu erhöhen. Ein erster Vorschlag war „Sozialistische Heimatpartei" (SHP). Der im Dezember 2019 wiedergewählte NPD-Chef Frank Franz hatte seine Kandidatur von der Zustimmung zur neuen Namensgebung abhängig gemacht.[20]

Vor der Europawahl im Jahr 2019 ließ der Oberbürgermeister von Mönchengladbach Plakate der NPD abhängen, wogegen die NPD klagte. Auf den in Mönchengladbach aufgehängten Plakaten der NPD stand: „Stoppt die Invasion: Migration tötet!". Das Düsseldorfer Verwaltungsgericht befand, dass diese Parole volksverhetzend ist, und wies damit die Klage der NPD zurück, die bereits zuvor mit einem Eilantrag gescheitert war. Die aus dem Ausland nach Deutschland eingereisten Migranten würden von der NPD böswillig verächtlich gemacht, dies greife ihre Menschenwürde an und sei geeignet, den öffentlichen Frieden zu stören, argumentierte das Gericht. Migranten würden pauschal als gefährlich gebrandmarkt und mit Tötungsdelikten verknüpft. Dadurch könne das Vertrauen in die Rechtssicherheit erschüttert und die Gewaltschwelle herabgesetzt werden, hieß es in der Urteilsbegründung des Gerichts. Inhalt und Gestaltung der Plakate erfüllten nach Angaben des Verwaltungsgerichts den Straftatbestand der Volksverhetzung.[21]

3.1.2 Programm, Ideologie und Strategien

Ein wesentliches Element der Ideologie der NPD ist die Idee einer ethnisch homogenen „Volksgemeinschaft". Dieses „Volksgemeinschafts"-Dogma bestimmt die grundsätzliche Fremdenfeindlichkeit der Partei, die Deutsche mit Migrationshintergrund, Ausländer, Muslime und Asylbewerber pauschal mit Negativeigenschaften verbindet und diese als Bedrohung für die einheimische Bevölkerung diffamiert.[22] Auch Antisemitismus ist ein wichtiger ideolo-

18 Vgl. Deutsche Welle, 2019.
19 Deutsche Welle, 2019.
20 Vgl. Tagesschau, 2019.
21 Vgl. Der Spiegel, 2019a.
22 Vgl. Bundesministerium des Innern, für Bau und Heimat, 2020a, S. 94.

gischer Bestandteil der NPD, der oftmals mit einer positiven Bezugnahme auf den historischen Nationalsozialismus und geschichtsrevisionistischen Standpunkten verbunden wird. Als politisches Ziel beschreibt die NPD einen fundamentalen „Systemwechsel" in Deutschland. Mit der „Vier-Säulen-Strategie", namentlich dem „Kampf um die Köpfe", dem „Kampf um die Straße", dem „Kampf um die Parlamente" und dem „Kampf um den organisierten Willen", will die NPD seit Jahren die deutsche Demokratie bekämpfen.[23]

Die NPD setzt mit ihrer Säulenstrategie auf Graswurzelarbeit anstatt auf kurzfristige Wahlerfolge. Beim „Kampf um die Köpfe" geht es darum, ihr völkisch-nationalistisches Programm zu schärfen und zu einer größtmöglichen Verbreitung zu verhelfen. Die ideologischen Gegenpole dazu sind Humanismus und Universalismus, sodass die NPD das „Gleichheitsdogma" überwinden will. Sie möchte für die „Unzufriedenen und Enttäuschten" offen sein.[24] Die NPD-Säulenstrategie „Kampf um die Straße" setzt auf eine intensive Demonstrationspolitik, sodass die NPD-Inhalte öffentlichkeitswirksam verbreitet werden. Jugendkulturell geprägte Rechtsextremisten sollen über das identitätsstiftende Erlebnis von Demonstrationen näher an die NPD gebracht werden.[25] Wahlteilnahmen sind eine weitere Säule der NPD-Strategie, der „Kampf um die Parlamente". Der „Kampf um den organisierten Willen" wurde 2005 formuliert und dient der Annäherung an das „nationale Lager einer Volksfront", also an die rechtsextremistischen „Kameradschaften".[26]

In der Analyse der Wahlkämpfe der NPD der vergangenen Jahre wird deutlich, dass die Partei verschiedene soziale Schichten anspricht und ihre Wahlkämpfe stark auf Jung- und Erstwähler ausrichtet. Daneben konzentriert sie sich bei ihrer Mobilisierung von Anhängern, Sympathisanten und Wählern auf die rechtsextremistische Jugendszene und die „Kameradschaften"[27]. Sie versucht aber auch, verschiedene Wählerschichten anzusprechen und sich als Partei zu präsentieren, die sich weder von den jeweiligen Regierungsparteien noch von der Opposition repräsentiert fühlen. So will sich die NPD als Partei für „Protestwähler" präsentieren, der „Unmut gegen die da oben" soll mobilisiert werden.

---

23 Vgl. Bundesministerium des Innern, für Bau und Heimat, 2020a, S. 94.
24 Vgl. Schulze, 2016, S. 85–86.
25 Vgl. Schulze, 2016, S. 81–82.
26 Vgl. Schulze, 2016, S. 91.
27 Vgl. Kopke, 2016, S. 241–242.

3.2 Die Partei „Die Rechte“

3.2.1 Aktuelle Situation

Die rechtsextremistische Partei „Die Rechte“ wurde im Jahr 2012 nach Unstimmigkeiten über eine Fusion der beiden rechtsextremistischen Parteien DVU und NPD gegründet, wobei ehemalige DVU-Mitglieder maßgeblich an der Parteineugründung mitwirkten. „Die Rechte“ hatte im Jahr 2019 noch 550 Mitglieder, gegenüber 600 im Jahr zuvor. Diese Partei kommuniziert ihr rechtsextremistisches Weltbild mit Demonstrationen, Infoständen, Flugblattverteilungen sowie Internetveröffentlichungen. Verbunden damit sind fremdenfeindliche und rassistische Agitation, geschichtsrevisionistische Thesen sowie Antisemitismus. Das politische Ziel dieser rechtsextremistischen Partei ist ein „fundamentaler Systemwechsel“[28].

Der Vorsitzende der rechtsextremistischen Partei „Die Rechte“, Sascha Krolzig, wurde Mitte Juli 2020 wegen Volksverhetzung zu sechs Monaten Gefängnisstrafe verurteilt. Das Bundesverfassungsgericht billigte eine vom Landgericht Bielefeld verhängte Haftstrafe. Damit scheiterte Krolzigs Verfassungsbeschwerde. Der rechtsextremistische Politiker hatte in einem Artikel den Vorsitzenden einer Jüdischen Gemeinde als „frechen Juden-Funktionär“ beschimpft und gedroht, seine Partei würde den „Einfluss jüdischer Lobbyorganisationen auf die deutsche Politik in allerkürzester Zeit auf Null reduzieren“. Das Bundesverfassungsgericht führte aus, dass die Bezeichnung „frecher Juden-Funktionär“ den Tatbestand der Volksverhetzung erfülle und es wichtig sei, die deutsche Geschichte zu berücksichtigen. Die Bezeichnung „frecher Jude“ sei eine Wortwahl, die die Nationalsozialisten bei ihrer Propaganda verwendet hätten. Wer sich solche Begriffe zu eigen mache, stachele zum Hass gegen die jüdische Bevölkerung auf und gefährde damit den öffentlichen Frieden in Deutschland, so die Verfassungsrichter.[29]

Bei der Europawahl 2019 trat „Die Rechte“ mit einer Kandidatenliste an, welche die inhaftierte Holocaust-Leugnerin Ursula Haverbeck-Wetzel als Spitzenkandidatin anführte und sich ansonsten überwiegend aus Neonazis zusammensetzte, die wegen rechtsextremistischer Delikte bereits Haftstrafen verbüßt hatten. Daneben organisierte „Die Rechte“ viele Solidaritätsveranstaltungen für Haverbeck-Wetzel, die sie als „politische Gefangene“, „Dissidentin“ und „Streiterin für Meinungsfreiheit“ heroisierte. Diese un-

28 Bundesministerium des Innern, für Bau und Heimat, 2020a, S. 78.

29 Vgl. Tagesschau, 2020a.

eingeschränkte Solidarisierung spiegelt nach Auffassung der deutschen Verfassungsschutzbehörden ihren unverhohlenen Antisemitismus und die fundamental ablehnende Haltung der Partei gegenüber der Werteordnung des deutschen Grundgesetzes wider.[30] Im Europawahlkampf 2019 nutzte „Die Rechte" ein an eine NS-Parole angelehntes Plakat mit der Aufschrift „Zionismus stoppen: Israel ist unser Unglück! Schluss damit!". Daneben stellte sie sich als „die einzige konsequent antiisraelische Partei auf dem Stimmzettel" dar.[31] „Die Rechte" arbeitet aktuell an Kontakten ins Ausland, so wurde im April 2019 im Rahmen eines Treffens europäischer Rechtsextremisten in Sofia/ Bulgarien das internationale Bündnis „Festung Europa" von Parteimitgliedern gegründet. Die Gründung dieses Bündnisses steht im Zusammenhang mit der 2017 von ihr initiierten Anti-EU-Kampagne „Europa erwache! Unser Europa ist nicht eure Union!".[32]

3.2.2 Programm, Ideologie und Strategien

Die deutschen Verfassungsschutzbehörden analysieren, dass die ideologischen Schwerpunkte der Partei „Die Rechte" Neonationalsozialismus, Antisemitismus und Fremdenfeindlichkeit sind. Dabei wenden sich zahlreiche Kundgebungen und Internetverlautbarungen gegen „staatliche Repression" und Migration nach Deutschland. Bei ihren propagandistischen Aktionen nutzen Parteimitglieder häufiger Provokationen des politischen Gegners und der Polizei. „Die Rechte" lehnt nach Einschätzung der deutschen Verfassungsschutzbehörden den deutschen Parlamentarismus ab und betrachtet die Organisationsform einer politischen Partei nur als Mittel zum Zweck für ihren Kampf gegen „das System". Verschiedene Unterorganisationen der Partei haben sich in den letzten Monaten und Jahren nach Angaben des Bundesamtes für Verfassungsschutz zu Auffangbecken für Neonazis entwickelt und Funktionen verbotener Neonazi-Gruppierungen übernommen.[33]

Die zentralen Themen der Partei haben einen völkisch-nationalistischen Hintergrund und wollen vor allem die Asylpolitik ändern, wie bspw. die Duldung von Ausländern aufheben oder Abschiebungen beschleunigen. „Die Rechte" votiert gegen Parlamentarismus und fordert mehr direktdemokratische Elemente sowie eine Abschaffung der Fünf-Prozent-Hürde. In der Familienpolitik spricht sie sich für Beschränkungen von Abtreibungen und ein Adoptionsver-

30 Vgl. Bundesministerium des Innern, für Bau und Heimat, 2020a, S. 79.
31 Vgl. Bundesministerium des Innern, für Bau und Heimat, 2020a, S. 79.
32 Vgl. Bundesministerium des Innern, für Bau und Heimat, 2020a, S. 80.
33 Vgl. Bundesministerium des Innern, für Bau und Heimat, 2020a, S. 98.

bot für homosexuelle Paare aus. In der Bildungspolitik soll u.a. die Rückkehr zur Diplom-Regelung erfolgen und Studiengebühren für ausländische Studenten erhoben werden.[34]

3.3 Die Partei „Der III. Weg"

3.3.1 Aktuelle Situation

Die Partei „Der III. Weg" wurde im Jahr 2013 durch ehemalige Anhänger der seit 2014 verbotenen rechtsextremistischen Organisation „Freies Netz Süd" gegründet. Sie hatte im Jahr 2019 580 Mitglieder. Diese treten häufig bei Demonstrationen gegen Asylbewerberheime und bei NS-Gedenkmärschen in Erscheinung. Diese Partei wird aufgrund ihrer rechtsextremistischen, neonazistischen Ausrichtung durch die Verfassungsschutzbehörden beobachtet.[35] „Der III. Weg" ist überwiegend in den Bundesländern Bayern, Berlin, Brandenburg, Nordrhein-Westfalen, Rheinland-Pfalz, Sachsen und Thüringen aktiv, agiert aber auch in anderen Bundesländern. Diese rechtsextremistische Partei dient nach Angaben des Bundesamtes für Verfassungsschutz nach wie vor als Auffangbecken von Neonazis. Begrifflich-ideologisch lehnt sie sich in ihrem Programm zum Teil an Vertreter eines „linken" Nationalsozialismus an, zugleich vertritt sie ein völkisch-antipluralistisches Menschen- und Gesellschaftsbild. Hierbei werden u.a. die Erhaltung und Entwicklung der „biologischen Volkssubstanz" und die Schaffung eines „Deutschen Sozialismus" propagiert. Weiter stellen die deutschen Verfassungsschutzbehörden fest, dass „Der III. Weg" antisemitisch, ausländerfeindlich und revisionistisch agitiert.[36]

3.3.2 Programm, Ideologie und Strategien

Die drei strategischen Betätigungsfelder dieser Partei lauten „Politischer Kampf", „Kultureller Kampf" und „Kampf um die Gemeinschaft". Zum „politischen Kampf" gehören u.a. Demonstrationen, Kundgebungen, Verteilaktionen sowie der „Antritt als wahlpolitische Initiative". Der „kulturelle Kampf" bezieht sich auf die Brauchtumspflege, der „Kampf um die Gemeinschaft" beinhaltet die Aspekte „Nachbarschaftshilfe", „gelebte Gemeinschaft", „ge-

34 Vgl. Schuchardt, 2019a.

35 Vgl. Schuchardt, 2019b.

36 Vgl. Bundesministerium des Innern, für Bau und Heimat, 2020a, S. 80–81.

meinsame Freizeitgestaltung" und „sportliche Zusammenkünfte", bei denen vor allem Kampfsport eine wichtige Rolle spielt.[37]

Die regionalen „Stützpunkte" dieser Partei führten 2019 regelmäßig „Nationale Streifen" durch, sprich: Sie betätigten sich als Bürgerwehr. Mit diesen Bürgerwehren will „Der III. Weg" suggerieren, dass er der Bevölkerung das „verloren gegangene Sicherheitsgefühl" zurückgebe und sie durch Präsenz vor vermeintlich kriminellen Ausländern schützen wolle. Mit diesen „Nationalen Streifen" will „Der III. Weg" sich als „Kümmerer-Partei" und vermeintliche Brücke zur Mitte der Gesellschaft inszenieren. Damit möchte diese Partei auf das Thema „Anti-Asyl" aufmerksam machen und in der Öffentlichkeit wahrgenommen werden. Ein weiterer strategischer Schwerpunkt waren im Jahr 2019 Aktionen wie die „Deutsche Winterhilfe" oder die „Volksküche", also die Sammlung von Kleidung oder Bereitstellung von Lebensmitteln für Bedürftige mit ausschließlich ethnisch deutscher Herkunft. Diese Aktionen sollen dem Zweck dienen, gegen die vermeintlich bevorzugte Behandlung von Asylbewerbern durch staatliche Stellen zu protestieren und zumindest lokal oder regional Akzeptanz über den engen Kreis der eigenen Klientel hinaus zu finden. Ähnlich agiert diese Partei bei der Verteilung von Schulbedarf und Süßigkeiten an deutsche Schulkinder anlässlich ihres ersten Schultags.[38]

Innerhalb ihres „Zehn-Punkte-Programms" sind vor allem völkische und geschichtsrevisionistische Forderungen wie die „Wiederherstellung der Handlungsfähigkeit des Deutschen Reiches" vertreten, aufgrund derer die Partei Ansprüche auf Gebiete in Osteuropa erhebt. „Der III. Weg" ist antiparlamentarisch und antidemokratisch eingestellt und will eine Präsidialdemokratie installieren, bei der ein vom Volk gewählter Präsident mit „weitreichenden Befugnissen" ausgestattet werden soll. In wirtschaftlicher Hinsicht sollen Schlüsselindustrien und Banken im Sinne eines „Deutschen Sozialismus" verstaatlicht werden. Ein weiteres zentrales Thema der Partei ist die Migrationspolitik, hier sollen die Asylgesetze verschärft, „dauerhaft erwerbslose Ausländer" abgeschoben und die Grenzen geschlossen werden.[39] Diese rechtsextremistische Partei lehnt die Europäische Union und das Europaparlament ab, aber die Grenzen sollen mit einer gemeinsamen europäischen Armee bewacht werden, um Einwanderung zu verhindern. Zudem soll Deutschland aus der NATO austreten und im gesamten Europa keine US-Militäreinrichtungen mehr geduldet werden. Daneben äußert sich die Partei

---

37 Vgl. Bundesministerium des Innern, für Bau und Heimat, 2020a, S. 81.

38 Vgl. Bundesministerium des Innern, für Bau und Heimat, 2020a, S. 82.

39 Vgl. Schuchardt, 2019b.

offen antisemitisch und unterstellt den europäischen Staaten, „Handlanger“ für Israel zu sein.[40]

3.4 Einstufung der AfD-Teilorganisationen „Der Flügel“ und der „Jungen Alternative für Deutschland“ (JA) durch das Bundesamt für Verfassungsschutz als rechtsextremistische Prüffälle

Das Bundesamt für Verfassungsschutz stufte nach intensiver Prüfung im Januar 2019 den AfD-Personenzusammenschluss „Der Flügel“ sowie die offizielle Jugendorganisation der AfD, die „Junge Alternative für Deutschland“ (JA), als rechtsextremistische Prüffälle ein. Die deutschen Verfassungsschutzbehörden gehen davon aus, dass dem „Flügel“ ca. 20 % der AfD-Mitglieder zuzurechnen sind, sodass das Personenpotenzial des „Flügels“ ca. 7.000 Anhänger hat. Die ideologischen Inhalte des „Flügels“ ergeben sich vornehmlich aus den Reden seiner exponierten Funktionäre sowie aus Verlautbarungen über die offiziellen Kommunikationskanäle. Die deutschen Verfassungsschutzbehörden analysieren, dass das durch den „Flügel“ „propagierte Politikkonzept auf Ausgrenzung, Verächtlichmachung und letztlich weitgehende Rechtlosstellung von Migranten, Muslimen und politisch Andersdenkenden gerichtet“[41] ist. Dieses Politikkonzept wird vom Bundesamt für Verfassungsschutz als im Widerspruch zur Menschenwürde-Garantie sowie zum Demokratie- und Rechtsstaatsprinzip eingestuft. So gelten „kulturfremde Migranten“ dem „Flügel“ als durchweg nicht integrierbar, weswegen ihnen eine Bleibeperspektive konsequent zu verwehren sei. Diese Annahme wird durch eine pauschal flüchtlings- und muslimfeindliche Agitation verstärkt, indem Migration in ihren Auswirkungen als „Zivilisationsbruch“ verunglimpft und bezogen auf ihre finanziellen, ökonomischen und sozialen Folgen für die einheimische Bevölkerung mit einem Krieg gleichgesetzt wird.[42]

Die im Jahr 2013 gegründete JA ist die offizielle Jugendorganisation der AfD. Nach eigenen Angaben hatte sie im Jahr 2019 ca. 1.600 Mitglieder. Das Bundesamt für Verfassungsschutz analysiert, dass sich die ideologischen Standpunkte der JA neben den Äußerungen von Funktionären und Mitgliedern

40 Vgl. Schuchardt, 2019b.

41 Bundesministerium des Innern, für Bau und Heimat, 2020a, S. 84.

42 Vgl. Bundesministerium des Innern, für Bau und Heimat, 2020a, S. 85–86.

auch aus den verabschiedeten Programmen ableiten lassen. So ist die Ideologie der JA durch einen ethnisch-kulturell geprägten Volksbegriff bestimmt, der im Widerspruch zur Offenheit des Staatsvolkverständnisses des Grundgesetzes steht. Darüber hinaus finden sich islam- und muslimfeindliche Einstellungen in der Jugendorganisation, denen mit aggressiver Rhetorik Nachdruck verliehen wird. Daneben sind auch Anhaltspunkte für Bestrebungen, die sich gegen das Demokratie- und Rechtsstaatsprinzip richten, festzustellen.[43]

3.5 Funktionen der aktuellen rechtsextremistischen Parteien für den Rechtsextremismus in Deutschland

- Rechtsextremistische Parteien haben eine szeneübergreifende Rekrutierungsfunktion.
- Daneben haben sie eine logistische Funktion sowie eine formale Schutzfunktion gegenüber etwaigen Verbotsüberlegungen des Staates.[44]
- Nach dem Prinzip einer szeneintern beschworenen „nationalen Bewegung" bzw. eines „nationalen Widerstands" stellen rechtsextremistische Parteien einen wichtigen Baustein der szeneinternen Vernetzung dar.
- Rechtsextremistische Parteien dienen einer „gemeinsamen Bewegung", einer Struktur, die über das Zusammenwirken von Demonstrationen hinausgeht.
- „Die Rechte" und „Der III. Weg" bieten dem gewaltorientierten rechtsextremistischen Spektrum nach Verboten von regional agierenden neonazistischen „Kameradschaften" eine organisatorische Plattform.
- (Potenziellen) Rechtsextremisten fällt die Anbindung an rechtsextremistische Parteien leichter, weil sie mit ihren Orts- und Kreisverbänden meistens auch lokal vertreten sind.
- Rechtsextremistische Parteien haben eine logistische Funktion, etwa indem sie Demonstrationen und Kundgebungen anmelden, finanzielle Unterstützung leisten oder Konzerte als politische Parteiveranstaltungen deklarieren. Ihnen fällt wegen der Mitgliedsbeiträge der Parteimitglieder die Bereitstellung von Geldern leichter als anderen rechtsextremistischen Vereinigungen und Strukturen.

43 Vgl. Bundesministerium des Innern, für Bau und Heimat, 2020a, S. 88.
44 Vgl. Bundesamt für Verfassungsschutz, 2019a, S. 9.

- Rechtsextremistische Veranstaltungen und Aktivitäten, die als Parteiveranstaltungen angemeldet sind bzw. stattfinden, sind von den Sicherheitsbehörden weitaus schwieriger zu verbieten als andere Veranstaltungen[45].

Kurzzusammenfassung:
Rechtsextremistische Parteien in Deutschland

NPD

- Die Partei geht von einer „ethnisch homogenen Volksgemeinschaft" aus, Antisemitismus und Fremdenfeindlichkeit sind Bestandteile ihrer Ideologie.
- Sie verfolgt eine „Vier-Säulen-Strategie": „Kampf um die Köpfe", „Kampf um die Straßen", „Kampf um die Parlamente" und „Kampf um den organisierten Willen".
- Sie konzentriert sich auf Jung- und Erstwähler und präsentiert sich als Ansprechpartner für „Protestwähler".
- Trotz rückläufiger Mitgliederzahlen und schwacher Wahlergebnisse ist sie weiterhin ein wichtiger Faktor im deutschen Rechtsextremismus.
- Sie führt Festivals („Schild & Schwert") und rechtsextremistische Konzerte durch.

Die Rechte

- Sie hat einen völkisch-nationalistischen Hintergrund, vertritt geschichtsrevisionistische Thesen, ist antisemitisch und fremdenfeindlich.
- Die Partei ist gegen die Fünf-Prozent-Hürde, will einen „fundamentalen Systemwechsel" und eine andere Asylpolitik, sie spricht sich gegen den Parlamentarismus aus.
- Aktionen sind: Demonstrationen, Infostände, Flugblätter, Präsenz im Internet.

45 Vgl. Bundesamt für Verfassungsschutz, 2019a, S. 10–11.

Der III. Weg

- Die Partei vertritt in ihrem „Zehn-Punkte-Programm“ ein völkisch-antipluralistisches Menschen- und Gesellschaftsbild, u.a. mit der Forderung, das Deutsche Reich wieder herzustellen.
- Ziel ist eine Präsidialdemokratie, ein vom Volk gewählter Präsident mit „weitreichenden Befugnissen“. Sie lehnt Parlamentarismus und Demokratie ab, die EU und das Europäische Parlament.
- Sie hat drei strategische Aktionsfelder: „Politischer Kampf“, „Kultureller Kampf“, „Kampf um die Gemeinschaft“. Dazu gehören Aktionen wie die „Volksküche“, Kleidersammlungen für Bedürftige.
- Die EU-Grenzen sollen durch eine gemeinsame europäische Armee gesichert werden.

„Der Flügel“, „Junge Alternative für Deutschland“ (AfD)

- Es handelt sich um einen Personenzusammenschluss der AfD sowie um deren Jugendorganisation.
- Beide wurden 2019 vom Bundesamt für Verfassungsschutz als rechtsextremistische Prüffälle eingestuft.
- Ideologische Elemente sind u.a. Fremdenfeindlichkeit und Antisemitismus.

4 Akteure im deutschen Rechtsextremismus – rechtsextremistische Organisationen, Gruppen und Individuen

4.1 Neonationalsozialisten (Neonazis)

Das Bundesamt für Verfassungsschutz definiert Neonationalsozialisten wie folgt:

„Als ‚Neonationalsozialisten' – kurz Neonazis – werden die Anhänger einer ideologischen Ausrichtung des Rechtsextremismus bezeichnet, die sich am historischen Nationalsozialismus orientiert. Dieser bildet die Grundlage und feste Bezugsgröße der neonazistischen Weltanschauung, die von den Ideologieelementen Rassismus, Antisemitismus, Nationalismus und Antipluralismus geprägt ist. Neonazis streben einen autoritären Staat nach dem Führerprinzip an. Historische Tatsachen werden in revisionistischer Weise bis hin zur Holocaust-Leugnung umgedeutet. Eine zentrale Bedeutung kommt der von Neonazis beabsichtigten ethnisch homogenen ‚Volksgemeinschaft' zu, in der sich das Individuum dem Wohl und Willen der Allgemeinheit unterzuordnen hat. Personen, die nicht zur ‚Volksgemeinschaft' gehören, werden als minderwertig erachtet. Ethnische Vielfalt und eine pluralistische Gesellschaft bedrohen aus Sicht der Neonazis die Existenz des eigenen Volkes. Daher nimmt die sog. Volkstod-Ideologie einen zentralen Stellenwert ein."[46]

Ein aktuelles Beispiel für Neonazis ist die im Dezember 2016 gegründete gewaltorientierte neonazistische Gruppierung „Kameradschaft Aryans". Diese „Kameradschaft" wurde mit dem Ziel gegründet, den bewaffneten Kampf gegen die aus ihrer Sicht von der Politik betriebene „Ausrottung des Deutschen Volks" zu betreiben. Am 12.9.2018 durchsuchte die Polizei in Bayern und Hessen die Wohnungen und Arbeitsstätten von sechs Beschuldigten, die dieser „Kameradschaft" zugerechnet werden. Die Durchsuchungen fanden aufgrund eines durch den Generalbundesanwalt eingeleiteten Ermittlungsverfahrens wegen des Verdachts der Gründung einer terroristischen Vereinigung gemäß § 129a StGB statt. Neben diversen elektronischen Speichermedien wurden mehrere Hieb-, Stich- und Schreckschusswaffen sowie Armbrüste und Pyrotechnik sichergestellt.[47]

46 Bundesamt für Verfassungsschutz, 2019d.

47 Bundesamt für Verfassungsschutz, 2019d.

Die Neonazi-Szene weist unterschiedliche Strukturen und Organisationsgrade auf. Neben einigen noch immer bestehenden neonazistischen Vereinen sind dabei Kameradschaftsstrukturen sowie „Freie Kräfte" die vorherrschenden Erscheinungsformen. Teile der Szene idealisieren die Doktrin und Politik der Person Adolf Hitler. In diesem Phänomenbereich wird das „Dritte Reich" als Vorbild angesehen und eine Wiederherstellung des historischen Nationalsozialismus angestrebt. Andere Neonazis wiederum vertreten eine davon abweichende ideologische Weltsicht. Sie bemühen sich um eine Modernisierung bzw. Neuinterpretation der rechtsextremistischen Ideologieelemente oder berufen sich auf alternative Strömungen innerhalb der nationalsozialistischen Bewegung.[48]

Das Konzept der „Freien Kräfte" ist eine Reaktion der Neonazi-Szene auf staatliche Verbotsmaßnahmen. Hierbei handelt es sich in der Regel um lose Personenzusammenschlüsse von Neonazis, die sich in Teilen netzwerkartig organisieren. Bei der Selbstdarstellung nach außen und der Verbreitung ihrer Propaganda weisen sie teilweise einen hohen Grad an Professionalität auf. Andere Zusammenschlüsse sind gänzlich informeller Natur und weniger stark politisiert. Sie haben eher den Charakter von Jugendcliquen, die auf persönlichen Bekanntschaften aufbauen und deren verbindendes Element das Interesse an gemeinsamen Freizeitaktivitäten ist.[49]

„Kameradschaften" waren knapp zwei Jahrzehnte lang eine Strategie, die die Neonazis vor Verboten oder dem Ausheben ihrer Netzwerke schützen sollte. Nach dem Aufdecken des „Nationalsozialistischen Untergrundes" (NSU) gingen Behörden verstärkt gegen solche „Kameradschaften" bzw. „Freien Kräfte" vor. Bis Mitte der 2000er-Jahre waren rund 4.000 Neonazis in Deutschland in „Kameradschaften" organisiert. Aktuell ist es schwer, eine konkrete Zahl zu benennen, zumal sich die Struktur der „Kameradschaften" teilweise gewandelt hat.[50]

Die rechtsextremistische Szene ist sehr heterogen organisiert. Neben klassischen „Kameradschaften" gruppiert sie sich in Splitterparteien wie „Die Rechte" und „Der III. Weg". Weiter gibt es „Autonome Nationalisten", dazu Mischszenen und Gruppen mit Verbindungen in die Rocker-, Kampfsport- und Hooligan-Szene. Zuweilen treten Neonazis mit dem Habitus von Rocker-Gruppen in Erscheinung. Mitglieder tragen Kutten und „Patches" (Aufnäher),

48 Vgl. Landesamt für Verfassungsschutz Hessen, 2020.

49 Vgl. Landesamt für Verfassungsschutz Hessen, 2020.

50 Vgl. Klarmann, 2017.

nutzen ein „Clubhaus" und es gibt Vorfeld- und Supporterclubs.[51] Im Jahr 2017 bspw. waren in Thüringen die „Turonen" und deren Unterstützergruppe „Garde 20" präsent. Bis 2012 gab es in Bayern die Neonazi-Gruppe „Jagdstaffel DST" („deutsch stolz treu"). Mitglieder trugen Lederkutten und sollen Wehrsport- und Schießübungen abgehalten haben. Nach einer Polizeirazzia, Waffenfunden und umfangreichen Ermittlungen löste sich diese „Kameradschaft" Mitte 2012 auf. Gegründet worden war sie 2009 von Skinheads als Crossover aus Rockerclub und „Kameradschaft".

Der „führerlose Widerstand" und die „Organisation ohne Organisationen", wie Thomas Wulff, Mitbegründer jener selbst ernannten „nationalen Bewegung", die „Kameradschaften" einst nannte, entstand Mitte der 1990er-Jahre. Vorangegangen waren Verbote von rechtsextremistischen Organisationen, z.B. das der „Freiheitlichen Deutschen Arbeiterpartei" (FAP), der „Wiking-Jugend" (WJ) und der Splittergruppe „Nationale Liste" (NL). Drei bekannte Neonazis entwarfen daraufhin ein neues Organisationsmodell. Bei ihnen handelt es sich um Thorsten Heise, vor ihrem Verbot niedersächsischer Landeschef der FAP, Thomas Wulff und Christian Worch. Statt neue Parteien oder bundesweit aktive, größere Gruppen aufzubauen, die wieder verboten werden könnten, entwickelte das Trio ein Konzept, demzufolge künftig lokale „Kameradschaften" ohne Mitgliederlisten und ohne rechtliche Strukturen aktiv sein sollten. Regional vernetzt werden sollten die „Kameradschaften" durch „Aktionsbüros" (Nord, Süd, Mitte, West).[52]

Ein Teil der „Kameradschaften" stellte sich in den 1990er- und 2000er-Jahren offen in die Tradition von Hitlers Straßenkämpfertruppe SA. So nutzten diese manchmal Zahlencodes, die sich auf lokale SA-Gruppen beziehen: Die „Kameradschaft Celle 73" war angelehnt an die SA-Standarte 73, einst stationiert in Hannover, die verbotene „Kameradschaft Hauptvolk" hatte eine Untergruppe „Sturm 27", benannt nach einer ehemaligen SA-Gliederung in Brandenburg. Andere „Kameradschaften" nannten sich etwa „Sturm Baden" und „Hamburger Sturm". Das „Aktionsbüro West" schrieb im Juli 2006 etwa: „Es wird Zeit, dass der Nationale Widerstand sich nicht mehr nur darauf beschränkt sein Terrain zu verteidigen, sondern anfängt dem Gegner das Feld streitig zu machen! Lassen wir aus dem Nationalen Widerstand einen Nationalen Angriff werden!"[53]

---

51 Vgl. Klarmann, 2017.

52 Vgl. Klarmann, 2017.

53 Zit. nach: Klarmann, 2017.

Als Ende 2011 der „Nationalsozialistische Untergrund“ (NSU) enttarnt war, gingen die Sicherheitsbehörden verstärkt gegen „Kameradschaften“, „Freie Netze“ und „Aktionsbüros“ vor. Entstanden war der rechtsterroristische NSU aus dem Neonazi-Verbund „Thüringer Heimatschutz“ (THS), einer Art Überbau für „Kameradschaften“ in Thüringen. Zum THS gehörte auch die „Kameradschaft Jena“, aus der die drei NSU-Haupttäter stammten.

So kam es ab 2012 zu Ermittlungen und einer Verbotswelle. Verboten wurden bspw. die „Kameradschaft Aachener Land“ (KAL), der „Nationale Widerstand Dortmund“ (NWDO), die „Kameradschaft Hamm“, die „Kameradschaft Köln“, die auch als „Kameradschaft Walter Spangenberg“, „Freie Kräfte Köln“ (FKK) oder „Freies Netz Köln“ (FNK) bekannt war.

In der Nacht zum 1.5.2011 marschierten mehr als 200 Neonazis durch die Kleinstadt Bautzen. Sie trugen weiße Masken vor den Gesichtern und brennende Fackeln in den Händen und nannten sich die „Unsterblichen“. Feuerwerkskörper explodierten, rechtsextremistische Parolen wie „Frei, sozial und national“ wurden skandiert. „Damit die Nachwelt nicht vergisst, dass du Deutscher gewesen bist“ war die propagandistische Botschaft auf dem Transparent an der Spitze des Zuges. Dieser Marsch, der an eine Mischung aus Ku-Klux-Klan und NS-Propaganda-Aktion erinnerte, dauerte ca. 20 Minuten.[54]

Wenige Tage später tauchte ein professionell produziertes Video von dem Aufmarsch im Internet auf. Hinterlegt wurden die Szenen mit dem Soundtrack des Hollywood-Films „Matrix“. Mehr als 20.000 Mal wurde das Video innerhalb weniger Tage angeklickt, dutzendfach wurden die Aufnahmen immer wieder neu bei allen relevanten Videoplattformen eingestellt. Die Zuschauerzahlen dieses Videos liegen bei weit über 200.000.

Die Symbolkraft der weißen Masken wurde strategisch gewählt, es geht darum, möglichst modern, poppig, ungewöhnlich und trotzdem ästhetisch ansprechend aufzutreten. Dies ist eine stilistische Modernisierung, die vor einigen Jahren in der rechtsextremistischen Szene noch undenkbar gewesen wäre. In einem Positionspapier der Gruppe der „Unsterblichen“ heißt es: „Es geht um Propaganda – um Propaganda, die unmissverständlich das System als Grund dafür erkennt und benennt, dass unser Volk seinem Tod entgegengeht“[55].

54 Vgl. Radke, 2012.

55 Zit. nach: Radke, 2012.

„Mir gefällt besonders daran die Farbe Weiß", hieß es auf einer neonazistischen Website. „Ich hatte bereits [...] angeregt, dass man statt eines linken ‚Black Bloc' einen deutschen ‚Weißen Block' erschafft. Dieser hat die Vorteile des Block-Auftretens; aber der Deutsche kann erkennen, dass hier die ‚Guten' am Werk sind." Die Begeisterung der Neonazi-Szene war eindeutig: „Echt attraktiv. Das hat Mobilisierungskraft und Attraktivität, mindestens intern!", lobte ein anderer User. Und die Zeitschrift „Zuerst!" schwärmte: „In nicht einmal zwei Minuten entfaltet das Video eine atemberaubende Atmosphäre voller Kraft und Entschlossenheit"[56].

„Die Demokraten bringen uns den Volkstod", lautet eine Parole der ersten „Unsterblichen", die auch als „Spreelichter" bekannt wurden. Die „Spreelichter" haben ein elitäres Verständnis: Sie wollen nicht die „Masse", sondern die „Ideengeber" und „Vordenker" sein. Dieses Konzept ging auf, da die „Aktionsform" die „Unsterblichen" auch von westdeutschen und süddeutschen Aktionsgruppen und „Kameradschaften" kopiert wurde. So soll es deutschlandweit ca. 50 „Volkstod-Flashmobs" und Aufmärsche gegeben haben.[57]

Nach Angaben des Brandenburger Verfassungsschutzes soll dieses Neonazi-Netzwerk Lesekreise mit Werken von Darwin, paramilitärische Gewaltmärsche und nationale Kampfsportturniere veranstaltet haben. Die Ideologie hinter den „Unsterblichen" ist offen rassistisch: Durch Zuwanderungund „Völkervermischung" soll angeblich „das deutsche Volk ausgerottet"[58] werden.

4.2 Weitgehend unstrukturierte, meist subkulturell geprägte Rechtsextremisten

Der aktuelle Verfassungsschutzbericht von 2020 zählt in Deutschland ca. 13.500 weitgehend unstrukturierte, meist subkulturell geprägte Rechtsextremisten.[59] Die meist subkulturell geprägte rechtsextremistische Szene ging aus der Ende der 1960er-Jahre in Großbritannien entstandenen Skinhead-Szene hervor und breitete sich in den 1970er-Jahren auch in Deutschland aus. Diese Szene wird von den deutschen Verfassungsschutzbehörden als heterogen und ohne feste Struktur beschrieben.[60] Es mangelt ihr an der Bereitschaft zur Bildung von überregionalen Organisationsformen. Die Mitglieder dieser

56 Zit. nach: Radke, 2012.
57 Vgl. Sieber, 2016, S. 366–367.
58 Zit. nach: Sieber, 2016, S. 367.
59 Vgl. Bundesministerium des Innern, für Bau und Heimat, 2020a, S. 53.
60 Vgl. Ministerium für Inneres und Sport Sachsen-Anhalt, 2020, S. 85.

Szene treten eher in kleinen Cliquen auf, die außerhalb des virtuellen Raumes vor allem lokal-regional agieren. Die einzige Ausnahme hiervon stellen die „Hammerskinheads“ dar, die nach dem Verbot der neonazistischen Skinhead-Organisation „Blood & Honour“ im Jahr 2000 die einzig verbliebene bundesweite rechtsextremistische Skinheadorganisation mit festem hierarchischem Aufbau ist.[61] Ein Trend der letzten Jahre liegt darin, dass Gruppierungen dieser Szene Strukturelemente der neonazistischen Szene adaptieren. Dies ist auch daran festzustellen, dass neben dem Vorhandensein fester innerer Strukturen, autoritärer Führungspersonen oder der Finanzierung über Mitgliedsbeiträge das aktionsorientierte Verüben von Straftaten nicht mehr im Vordergrund steht.

Nach und nach rückte das Planen und Durchführen versammlungsrechtlicher Aktionen immer mehr in das Betätigungsfeld der Szene. Eine klar definierte Abgrenzung zum Neonazismus ist daher kaum noch möglich. Erschwerend für die Sicherheitsbehörden kommt hinzu, dass von dieser „Mischszene“ auch Strukturen und Erscheinungsformen anderer, nicht extremistischer Strukturen, wie Rocker oder Hooligans, übernommen und Personen dieser Strukturen rekrutiert werden.[62]

Daneben erschwert die immer öfter festzustellende Verlagerung von rechtsextremistischen Aktivitäten in den virtuellen Raum des Internets den Sicherheitsbehörden die Beschreibung der subkulturellen Szene und die Bewertung bzw. Prognose möglicher Gefahren. Hier nutzen Rechtsextremisten soziale Netzwerke und Messengerdienste zunehmend nicht nur als Propagandainstrumente, sondern finden sich hierüber einfach und vor allem schnell in virtuellen Gruppen zusammen. Besonders im Bereich der gewaltorientierten Szene sind es dann Themen mit Gewaltbezug gegen Ausländer oder politische Gegner bzw. gar Anschlagsszenarien, die in Gruppendiskussionen festzustellen sind. Daher ist es für die Sicherheitsbehörden entscheidend, das Übertragen derartiger virtueller Strukturen in die Realwelt und potenzielle Gewalt frühzeitig zu erkennen.[63]

61 Vgl. Ministerium für Inneres und Sport Sachsen-Anhalt, 2020, S. 85.

62 Vgl. Ministerium für Inneres und Sport Sachsen-Anhalt, 2020, S. 86.

63 Vgl. Ministerium für Inneres und Sport Sachsen-Anhalt, 2020, S. 86.

4.3 Die „Artgemeinschaft"

Die „Artgemeinschaft" ist im Augenblick die größte deutsche neonazistische Organisation. Sie vertritt völkisch-rassistisches Gedankengut und rekrutiert ihre Mitglieder aus der gesamten neonazistisch geprägten Szene, vor allem aus dem Parteienspektrum und den militanten „Kameradschaften". In der dritten öffentlichen Anhörung der Präsidenten der Nachrichtendienste des Bundes durch das Parlamentarische Kontrollgremium im Deutschen Bundestag am 29.10.2019 bezeichnete der Präsident des Bundesamtes für Verfassungsschutz, Thomas Haldenwang, die rechtsextremistische „Artgemeinschaft" als „Nährboden für verfassungsfeindliche Grundeinstellungen mit rassistischen, antisemitischen und rechts-esoterischen Weltbildern"[64]. Die rechtsextremistische „Artgemeinschaft" bekennt sich zum Germanentum, bezeichnet sich als „größte heidnische Gemeinschaft Deutschlands", lehnt die christliche Zeitrechnung ab und orientiert sich an der „endgültigen Ausbaustufe von Stonehenge", dem mehrere Tausend Jahre alten Kultort im Süden Englands.[65] Die „Artgemeinschaft" wird von den Verfassungsschutzbehörden als älteste neonazistische Organisation in Deutschland bewertet. Der eingetragene Verein „Artgemeinschaft – Germanische Glaubens-Gemeinschaft wesensgemäßer Lebensgestaltung" zeichnet sich durch ein rassistisches sowie sozialdarwinistisches Weltbild und eine scharfe antisemitische Rhetorik aus. Damit hat die „Artgemeinschaft" eine große Anziehungskraft innerhalb der rechtsextremistischen Szene. Der Verfassungsschutz in Sachsen-Anhalt beobachtet sie schon länger und beschreibt sie als „Bindeglied zwischen verschiedenen rechtsextremistischen Strömungen"[66]. Seit dem rechtsterroristischen Attentat auf den Kasseler Regierungspräsidenten Walter Lübcke im Juni 2019 prüft die Bundesregierung mögliche Verbote von rechtsextremistischen Gruppierungen, dazu zählt auch die „Artgemeinschaft". Im Sommer 2018 hatte sich das Thüringer Ex-NPD-Mitglied Ralf Wohlleben nach seiner Haftentlassung in die Obhut des Anführers der „Artgemeinschaft" begeben. Wohlleben war als Unterstützer der Terroristen des „Nationalsozialistischen Untergrundes" (NSU) wegen Beihilfe zum Mord zu zehn Jahren Freiheitsentzug verurteilt worden.[67] Im Sommer 2019 wurde bekannt, dass der Tatverdächtige im Mordfall Walter Lübcke, Stephan Ernst, Mitglied der

64 Vgl. Bundesamt für Verfassungsschutz, 2019e.

65 Vgl. Welt, 2019a.

66 Vgl. Welt, 2019a.

67 Vgl. Welt, 2019a.

„Artgemeinschaft" war, bis er 2011 ausgeschlossen wurde, weil er seine Mitgliedsbeiträge nicht mehr bezahlt hatte.

Die Wurzeln der „Artgemeinschaft" reichen bis vor die Zeit des Nationalsozialismus zurück, als sich verschiedene germanischgläubige Gruppierungen gründeten, bündelten und wieder spalteten. Im Nationalsozialismus gab es auf höchster politischer Ebene Sympathien für das Germanentum. 1935 wurde die Forschungs- und Lehrgemeinschaft „Das Ahnenerbe" u.a. auf Anregung Heinrich Himmlers gegründet und später der SS untergeordnet. Zentrale Ziele der Einrichtung waren laut Satzung „Raum, Geist und Tat des nordischen Indogermanentums zu erforschen" und „jeden Volksgenossen aufzurufen, hierbei mitzuwirken". In dieser Tradition steht die „Artgemeinschaft".

Das „Sittengesetz" der „Artgemeinschaft" gebietet den Mitgliedern „Wehrhaftigkeit bis zur Todesverachtung gegen jeden Feind von Familie, Sippe, Land, Volk, germanischer Art und germanischem Glauben". Statt „Rasse" wird der Begriff „Art" verwendet. So heißt es im „Artbekenntnis": „Menschenarten sind verschieden in Gestalt und Wesen". Man bekenne sich zur Erhaltung und Förderung „unserer Menschenart als höchstem Lebensziel".[68] Mitte der 1990er-Jahre hatte die „Artgemeinschaft" nach Erkenntnissen des Verfassungsschutzes noch weniger als hundert Mitglieder, aktuell sollen es bis zu 300 sein. Das Landesamt für Verfassungsschutz Sachsen-Anhalt führt aus, dass die „Artgemeinschaft" „klar als eine neonazistische Organisation einzuschätzen ist, die ihre Anhängerschaft aus dem gesamten Bundesgebiet rekrutiert". Sie erhebe einen „Führungsanspruch im völkisch-rassistisch geprägten Milieu des deutschen Neonazismus".[69] Mit der „Nordischen Zeitung" besitzt die „Artgemeinschaft" gar eine eigene Zeitschrift.[70]

Die im Jahr 1951 gegründete germanisch-heidnische „Artgemeinschaft" hat ihren Sitz in Berlin. Sie versteht sich als Glaubensbund, der „die Kultur der nordeuropäischen Menschenart bewahren, erneuern und weiterentwickeln"[71] will, und verbindet dabei germanisch-heidnische Glaubensansätze mit rassistischen Vorstellungen und Zielen. Ihrem Selbstverständnis nach sieht sich die „Artgemeinschaft" als „größte heidnische Gemeinschaft Deutschlands"[72]. Hinsichtlich ihrer Programmatik fordert sie in ihrem „Artbekenntnis" und dem „Sittengesetz unserer Art", sich für die „Wahrung, Einigung und Mehrung der germanischen Art" einzusetzen, „dem besseren

68 Vgl. Welt, 2019a.

69 Vgl. Welt, 2019a.

70 Welt, 2019a.

71 Vgl. Welt, 2019a.

72 Vgl. Welt, 2019a.

Führer" Gefolgschaft zu leisten und eine „gleichgeartete Gattenwahl (als) Gewähr für gleichgeartete Kinder" anzustreben.[73] Zu diesem Zweck ist die „Artgemeinschaft" bestrebt, nur „Artverwandte nordischen Menschentums"[74] zu gewinnen. Die „reine Weitergabe unseres Erbes" wird als das höchste Gut angesehen. Die Anerkennung des „Führertums", die Forderung nach „Unterordnung des Einzelnen unter die Gemeinschaft" wie auch die „Verpflichtung zur Reinheit der Rasse" bzw. Art stehen den Wertprinzipien der freiheitlichen demokratischen Grundordnung, insbesondere den im Grundgesetz konkretisierten Menschenrechten, entgegen.[75]

4.4 Der rechtsextremistische Teil der „Reichsbürger" und „Selbstverwalter"

4.4.1 Definition und Analysemerkmale

Die Szene der „Reichsbürger" und „Selbstverwalter" ist nach Angaben der deutschen Verfassungsschutzbehörden personell, organisatorisch und ideologisch sehr heterogen. Diese Szene setzt sich aus Einzelpersonen ohne Organisationsanbindung, Kleinst- und Kleingruppierungen, länderübergreifend aktiven Personenzusammenschlüssen und virtuellen Netzwerken zusammen. Das verbindende Element der Szeneangehörigen ist die fundamentale Ablehnung der Legitimität und Souveränität der Bundesrepublik Deutschland sowie deren bestehender Rechtsordnung.[76] Im Jahr 2019 zählten die deutschen Sicherheitsbehörden etwa 19.000 „Reichsbürger" und „Selbstverwalter" in Deutschland, davon wurden 950 als Rechtsextremisten eingestuft.[77]

Die deutschen Verfassungsschutzbehörden definieren die „Reichsbürger"- und „Selbstverwalter"-Szene wie folgt:

„‚Reichsbürger' und ‚Selbstverwalter' sind Gruppierungen und Einzelpersonen, die aus unterschiedlichen Motiven und mit unterschiedlichen Begründungen – u.a. unter Berufung auf das historische Deutsche Reich, verschwörungstheoretische Argumentationsmuster oder ein selbst definiertes Naturrecht – die Existenz der Bundesrepublik Deutschland und deren Rechtssystem ablehnen, den demokratisch gewählten Repräsentanten die Legiti-

73 Thüringer Landtag, 2020, S. 1.
74 Welt, 2019a.
75 Vgl. Thüringer Landtag, 2020, S. 1.
76 Vgl. Bundesamt für Verfassungsschutz, 2020e.
77 Vgl. Bundesministerium des Innern, für Bau und Heimat, 2020a, S. 103.

mation absprechen oder sich gar in Gänze als außerhalb der Rechtsordnung stehend definieren und deshalb die Besorgnis besteht, dass sie Verstöße gegen die Rechtsordnung begehen."[78]

„Reichsbürger" und „Selbstverwalter" sind kein neues Phänomen, sondern in verschiedenen Ausprägungen schon seit Jahrzehnten aktiv. Sie lassen sich dabei kaum unterscheiden, denn sie bedienen sich meistens nahezu identischer Argumentationsmuster: Die „Reichsbürger" fokussieren sich auf die Fortexistenz eines wie auch immer gearteten „Deutschen Reiches" und lehnen die Bundesrepublik Deutschland deswegen ab. Die „Selbstverwalter" wiederum fühlen sich als dem deutschen Staat nicht zugehörig und erklären sich für unabhängig oder ausdrücklich ihren „Austritt" aus der Bundesrepublik Deutschland.[79] „Selbstverwalter" berufen sich häufig auf eine UN-Resolution, die es angeblich ermöglichen soll, sich zum „Selbstverwalter" zu erklären. Gelegentlich markieren sie ihr Wohnanwesen durch „Grenzziehungen", „Schilder", „Wappen" oder andere Kennzeichen, aus denen die „Selbstverwaltung" hervorgehen soll. Teilweise wird dieser erschaffene „Verwaltungsraum" auch gewalttätig verteidigt. Ein Teil der „Reichsbürger" und „Selbstverwalter" zeigt sich offen rechtsextremistisch. Dabei sind antisemitische Ideologieelemente und Argumentationsmuster zu beobachten. Vor allem im Zusammenhang mit Verschwörungstheorien – wenn es um angebliche Hintergründe der etablierten Politik geht – agitieren „Reichsbürger" und „Selbstverwalter" mitunter offen antisemitisch. Dabei reicht die Bandbreite von Schuldzuweisungen Einzelner, welche „die Juden" als Gesamtheit für ihre Arbeitslosigkeit verantwortlich machen, über offen antisemitische Verschwörungstheorien, wonach bspw. der Erste Weltkrieg von „den Juden" als Gesamtheit geplant worden sei, bis hin zur Leugnung des Holocaust. Die deutschen Sicherheitsbehörden stufen die Szene der „Reichsbürger" und „Selbstverwalter" als staatsfeindlich ein.[80]

Ein Vorbild für die „Selbstverwalter"-Szene sind die „Souveränen Bürger" („Sovereign Citizens") in den USA. Ähnlich wie diese gründen „Selbstverwalter" seit einigen Jahren „Samt-" oder „Landgemeinden" sowie andere Fantasiegebilde. Die eigens dafür geschriebenen „Verfassungen" dokumentieren in der Regel deutlich, wie grundlegend dieses Milieu die freiheitliche demokratische Grundordnung ablehnt. Der demokratische Rechtsstaat in Form einer unabhängigen Justiz hat in den Vorstellungen der „Selbstverwalter",

---

78 Bundesamt für Verfassungsschutz, 2020e.

79 Vgl. Bundesamt für Verfassungsschutz, 2020e; Der Spiegel, 2016a.

80 Vgl. Bundesamt für Verfassungsschutz, 2020e; Der Spiegel, 2016a.

die auf Fehlinterpretationen natur- und vernunftrechtlicher Überlegungen fußen, keinen Platz. Hinzu kommen weitere Einzelpersonen, die als „Milieumanager" ein wirtschaftliches Interesse an einer Vergrößerung des Milieus haben. Meistens verbreiten sie esoterisches und verschwörungstheoretisches Gedankengut über Seminare, Bücher, Zeitschriften und Internet-Plattformen sowie über die sozialen Netzwerke. Einige treiben zusätzlich Handel mit eigenen Pässen, Nummernschildern und anderen Fantasiedokumenten. „Milieumanager" sind in der Regel gesinnungsfest und wirken oft über die Grenzen einzelner Bundesländer hinaus.

Die Szene der „Reichsbürger" und „Selbstverwalter" ist zu circa drei Vierteln männlich. Obgleich der Frauenanteil gering erscheinen mag, ist er, verglichen mit der rechtsextremistischen Szene, erkennbar höher. Zudem sind Frauen in herausragenden Funktionen in einigen Gruppierungen tätig und führen diese teilweise an. Die meisten „Reichsbürger" und „Selbstverwalter" sind zwischen 40 und 60 Jahre alt.[81]

Die deutschen Sicherheitsbehörden analysierten in den letzten Monaten und Jahren, dass ein Teil der „Reichsbürger" und „Selbstverwalter" waffenaffin ist. Dies belegen die regelmäßig im Zuge von Exekutivmaßnahmen sichergestellten Waffen- und Munitionsfunde. Nach aktuellen Erkenntnissen des Bundesamtes für Verfassungsschutz waren im Juni 2019 490 „Reichsbürger" und „Selbstverwalter" Inhaber waffenrechtlicher Erlaubnisse. Im Dezember 2018 lag diese Zahl noch bei 910. Insgesamt wurden seit dem Jahr 2016 mindestens 760 „Reichsbürgern" und „Selbstverwaltern" die waffenrechtlichen Erlaubnisse entzogen. Obwohl die Zahl der Erlaubnisentzüge kontinuierlich angestiegen ist, besteht nach Auffassung der deutschen Sicherheitsbehörden weiterhin das Risiko, dass „Reichsbürger" und „Selbstverwalter" nach dem Entzug waffenrechtlicher Erlaubnisse einen illegalen Waffenbesitz anstreben.[82]

4.4.2 Ideologieelemente

„Reichsbürger" und „Selbstverwalter" leugnen die Legitimität und Souveränität der Bundesrepublik Deutschland, da sie angesichts der Verpflichtungen und Abhängigkeiten, die ein Staat durch die Einbindung in internationale Verträge eingeht, davon ausgehen, dass ein derartiger Staat grundsätzlich nicht als souverän bezeichnet werden könne. So stellt die Szene der „Reichsbürger" und „Selbstverwalter" die Behauptung auf, dass die Alliierten der Bundes-

81 Vgl. Bundesministerium des Innern, für Bau und Heimat, 2020a, S. 103.

82 Vgl. Bundesamt für Verfassungsschutz, 2019f.

republik Deutschland niemals die volle Souveränität gewährt, sondern stets ihre Vormachtstellung als Besatzungsmächte beibehalten hätten.[83]

Daneben lehnen Anhänger der Ideologie der „Reichsbürger" und „Selbstverwalter" das Grundgesetz und die bestehende Rechtsordnung der Bundesrepublik Deutschland ab. Sie argumentieren u.a. damit, dass das Grundgesetz nie durch eine Volksabstimmung angenommen wurde, was ihrer Auffassung nach aber unabdingbar für die Wirksamkeit einer gültigen Verfassung sei. Folglich erscheint für „Reichsbürger" und „Selbstverwalter" der deutsche Staat ohne eine „wirksame" Verfassung als nicht „existent". Zur Untermauerung dieser These wird entweder Art. 146 GG ins Feld geführt oder dessen Verfassungsmäßigkeit in Zweifel gezogen.[84]

Auch der Geschichts- und Gebietsrevisionismus gehört zu den Ideologieelementen der Szene, die behauptet, das „Deutsche Reich" bestehe fort. Dabei beziehen sich die jeweiligen „Reichsbürger" jedoch nicht immer auf das gleiche „Deutsche Reich", sondern auf verschiedene Staats- und Herrschaftsformen sowie Grenzziehungen. Hier finden sich Verweise auf die Jahre 1871, 1919 oder 1937. Die „Exil-Regierung Deutsches Reich" führt hierzu aus:

„Der Begriff Wiedervereinigung ist [...] irreführend, da nur zwei Teile Deutschlands, die Bundesrepublik Deutschland (Westdeutschland) und die Deutsche Demokratische Republik (Mitteldeutschland) vereinigt wurden, Ostdeutschland aber immer noch besetzt ist und deutsche Staaten wie Österreich, Luxemburg oder Liechtenstein immer noch eigene Kleinstaaten sind."[85]

Diese revisionistischen Vorstellungen bilden nach Auffassung der deutschen Sicherheitsbehörden eindeutige Berührungspunkte zum Rechtsextremismus, vor allem durch das Infragestellen der deutschen Ostgrenze bzw. durch die Rückforderung der ehemaligen deutschen Ostgebiete. Darüber hinaus steht die Forderung nach territorialen Erweiterungen dem Gedanken der Völkerverständigung (Art. 9 GG) und dem friedlichen Zusammenleben der Völker (Art. 26 GG) entgegen.

Völkisches Gedankengut ist ebenfalls Teil der Ideologie der „Reichsbürger" und „Selbstverwalter", da einige Gruppierungen und Einzelpersonen der Szene eine Zugehörigkeit zum deutschen Volk allein von der ethnischen Abstammung abhängig machen. Bisweilen verlangen sie einen Nachweis der „deutschen Abstammung" bis in die Zeit der Weimarer Republik.

---

83 Vgl. Bundesamt für Verfassungsschutz, 2018b, S. 9.

84 Vgl. Bundesamt für Verfassungsschutz, 2018b, S. 9; Goertz, 2019a, S. 7; Der Spiegel, 2016; Deutschlandfunk, 2018.

85 Zit. nach: Bundesamt für Verfassungsschutz, 2018b, S. 10.

Abschließend ist Antisemitismus im Zusammenhang mit Verschwörungstheorien Teil der Ideologie dieser Szene. So wird von der „Neuen Gemeinschaft von Philosophen“ (NGvP) die Behauptung aufgestellt, dass „das finanzmächtige internationale Judentum [...] seit sehr langer Zeit [...] den Werdegang des Weltgeschehens“[86] steuere.

4.4.3 Strategien

„Reichsbürger“ und „Selbstverwalter“ nutzen nach Angaben der deutschen Sicherheitsbehörden verschiedenste Strategien, um ihre Ansichten zu verbreiten, eigene Interessen durchzusetzen und staatliches Handeln zu erschweren. Mit der „Malta-Masche“ versuchen Szeneangehörige, Staatsbedienstete wie Richter, Justizangestellte und Gerichtsvollzieher mit zum Teil horrenden finanziellen Forderungen einzuschüchtern. Dabei fingieren sie vermeintliche Schulden der Betroffenen und tragen diese in ein US-amerikanisches Online-Schuldnerregister ein, bekannt als „UCC-Register“ nach der gesetzlichen Grundlage im US-Handelsgesetzbuch „Uniform Commercial Code“ (UCC). Danach werden diese Forderungen an ein zu diesem Zweck gegründetes, in Malta ansässiges Inkasso-Unternehmen abgetreten.[87]

Die „Vielschreiberei“ stellt eine andere weit verbreitete Strategie dar. Dabei legen „Reichsbürger“ und „Selbstverwalter“ häufig ausufernde pseudojuristisch verfasste Schreiben vor. Daneben ist auch die unmittelbare Konfrontation durch Anrufe oder persönliche Vorsprachen bei Ämtern und Behörden verbreitet. Hierbei werden immer wieder Gespräche mit Behördenmitarbeitern aufgezeichnet und ins Internet gestellt. Mit diesem Vorgehen soll zum einen der Behördenbetrieb lahmgelegt, zum anderen sollen Mitarbeiter gezielt eingeschüchtert und öffentlich vorgeführt werden.[88]

In der Szene der „Reichsbürger“ und „Selbstverwalter“ weit verbreitet sind nach Angaben der deutschen Verfassungsschutzbehörden die Herstellung und der Vertrieb von Fantasiedokumenten (z.B. „Heimatscheine“ oder „Führerscheine“) sowie das Verändern von Kfz-Kennzeichen. Dadurch soll die bewusste Lossagung vom deutschen Staat nach außen verdeutlicht werden.

In der Szene aktive „Milieumanager“ verfolgen vor allem finanzielle Interessen. Sie versuchen, mit den Ansichten der „Reichsbürger“ und „Selbstverwalter“ lukrative Geschäfte zu machen, indem sie Fantasiedokumente,

86 Bundesamt für Verfassungsschutz, 2018b, S. 12.

87 Vgl. Bundesamt für Verfassungsschutz, 2018b, S. 14; Goertz, 2019a, S. 8; Bundesministerium des Innern, für Bau und Heimat, 2020c.

88 Vgl. Bundesamt für Verfassungsschutz, 2018b, S. 16; Goertz, 2019a, S. 8.

aber auch CDs, Bücher und sonstiges Material verkaufen. Einige bieten sogar Geldanlagen an. So erzielen zahlreiche „Milieumanager“ mit teuren, aber wertlosen Szeneschulungen und „Rechtsberatungen“ erhebliche Einnahmen. Darüber hinaus geben sog. Rechtskonsulenten vor, speziell auf dem Gebiet des „Reichsrechts“ bewandert zu sein. Mit ihren falschen Rechtsauffassungen und pseudojuristischen Ratschlägen schaden sie vor allem denjenigen, die sich auf ihre vermeintliche Expertise kritiklos verlassen.[89]

Obwohl die „Reichsbürger“- und „Selbstverwalter“-Szene Ausweisdokumente der Bundesrepublik Deutschland sehr häufig ablehnt, beantragen viele ihrer Akteure bei staatlichen Stellen, die sie selbst gar nicht anerkennen, einen Staatsangehörigkeitsausweis. Dabei gehen sie von der Annahme aus, dass allein dieser „Gelbe Schein“ ihnen die „volle Rechtsfähigkeit“ als Grundrechtsträger zusichern könne. Die Beantragung eines Staatsangehörigkeitsausweises weist vor allem dann auf Szeneangehörige hin, wenn als Geburtsort bspw. „Königreich Bayern“ oder „Königreich Preußen“ eingetragen wird.[90]

Abschließend ist festzustellen, dass eine weitere Strategie der Szeneangehörigen darin besteht, verschiedene „Regierungen“ oder „Verwaltungen“ bzw. „Königreiche“ oder „Staaten“ zu gründen oder auszurufen. Hierzu zählen auch die von der Szene „reaktivierten“, „aktivierten“ oder „reorganisierten“ Gemeinden. In verschiedenen Bundesländern unternahmen „Reichsbürger“ und „Selbstverwalter“ dabei den Versuch, mit Selbstermächtigungsschreiben „ihre“ Gemeinde als unabhängig von der Bundesrepublik Deutschland zu erklären. Mitunter fertigten sie dazu auch Schreiben an ausländische Botschaften mit der Bitte, die von ihnen „geschaffene“ Gemeinde oder Gebietskörperschaft völkerrechtlich anerkennen zu lassen. Mit der Neugründung derartiger „Gemeinden“ wird vor allem das Ziel verfolgt, sich der Zuständigkeit der legitimen staatlichen Behörden zu entziehen.[91]

4.4.4 Gewaltbereitschaft

Der Großteil der „Reichsbürger“- und „Selbstverwalter“-Szene konzentriert sich nach Angaben der deutschen Sicherheitsbehörden auf die Auseinandersetzung mit Behörden und Ämtern und verbreitet seine politisch-ideologischen Anschauungen vor allem im Internet. Das Auftreten gegenüber Amtsträgern und staatlichen Institutionen ist dabei häufig durch eine starke

89 Vgl. Bundesamt für Verfassungsschutz, 2018b, S. 16; Goertz, 2019a, S. 8.

90 Vgl. Bundesamt für Verfassungsschutz, 2018b, S. 17; Bundesministerium des Innern, für Bau und Heimat, 2020c.

91 Vgl. Bundesamt für Verfassungsschutz, 2018b, S. 17; Goertz, 2019a, S. 9.

verbale Aggression gekennzeichnet. Mittlerweile muss aber auch die Anwendung massiver körperlicher Gewalt einkalkuliert werden. Gerade bei polizeilichen Maßnahmen gegen „Reichsbürger" oder „Selbstverwalter" besteht zunehmend ein hohes Eskalationspotenzial.[92]

Im Jahr 2016 ereigneten sich zwei schwere Gewaltdelikte, in deren Verlauf es zu einem Schusswechsel zwischen „Reichsbürgern" und Polizeibeamten kam: Bei einer Zwangsräumung gab es am 25.8.2016 in Reuden (Sachsen-Anhalt) einen Schusswechsel zwischen dem „Reichsbürger" Adrian U. und der Polizei. U. hatte zuvor im Internet gegen die drohende Zwangsvollstreckung mobilisiert. Als Beamte die angekündigte Zwangsvollstreckung vor Ort durchsetzen wollten, wurden sie von U. und einigen seiner Unterstützer massiv angegriffen. Am 19.10.2016 wollten Polizeibeamte bei dem Szeneangehörigen Wolfgang P. in Georgensgmünd (Bayern) rund 30 in seinem Besitz befindliche Jagd- und Sportwaffen sicherstellen. Als sie in den frühen Morgenstunden in dessen Wohnung eindrangen, trug P. bereits eine schusssichere Weste und eröffnete sofort das Feuer auf die Beamten. Vier Polizisten wurden bei dem Einsatz verletzt, von denen einer kurze Zeit später seinen schweren Verletzungen erlag. Wolfgang P. wurde im Oktober 2017 vom Landgericht Nürnberg-Fürth wegen Mordes an einem Polizisten, versuchten Mordes und gefährlicher Körperverletzung zu einer lebenslangen Haftstrafe verurteilt.[93]

Am 17.4.2020 wurde der „Selbstverwalter" Adrian U. vom Landgericht Halle (Sachsen-Anhalt) wegen versuchten Mordes, Widerstands gegen Vollstreckungsbeamte und illegalen Waffenbesitzes zu sieben Jahren Haft verurteilt. Das Gerichtsverfahren begann im Oktober 2017 unter strengen Sicherheitsvorkehrungen und erstreckte sich insgesamt über 56 Verhandlungstage. Die Kammer sah die Tötungsabsicht als erwiesen an, blieb jedoch im Strafmaß ein Jahr hinter der Forderung der Staatsanwaltschaft zurück.[94] Die Strafverteidigung von Adrian U. hat mittlerweile Revision gegen das Urteil des Landgerichts eingelegt. Adrian U. gehört der Szene der „Reichsbürger" und „Selbstverwalter" an. Im Jahr 2015 begann er, die Legitimität deutscher Behörden mit Anschauungen infrage zu stellen, die für „Reichsbürger" und „Selbstverwalter" als typisch gelten können. Er „gründete" den Fantasiestaat „Ur", stellte sein Grundstück in Reuden (Sachsen-Anhalt) unter „Selbstverwaltung" und zog eine „Grenzlinie" um seinen „Staat". Am 24.8.2016 versuchte ein Gerichtsvollzieher, die Zwangsräumung des Grundstücks durchzusetzen.

92 Vgl. Bundesamt für Verfassungsschutz, 2018b, S. 25; Goertz, 2019a, S. 9; Frankfurter Allgemeine Zeitung, 2018a.

93 Vgl. Bundesamt für Verfassungsschutz, 2018b, S. 27.

94 Vgl. Welt, 2019b; Bundesamt für Verfassungsschutz, 2019g.

Adrian U. hatte zuvor im Internet gegen die drohende Zwangsvollstreckung mobilisiert, woraufhin sich zahlreiche Sympathisanten auf seinem Grundstück versammelten, um ihn zu unterstützen. Daher bat der Gerichtsvollzieher für den Folgetag um polizeiliche Amtshilfe. Während dieses Einsatzes kam es dann zu einem Schusswechsel, bei dem Adrian U. einen Beamten am Hals verletzte. Er selbst wurde ebenfalls angeschossen und musste schwer verletzt ins Krankenhaus eingeliefert werden.[95]

Die Gewalttaten von Adrian U. und Wolfgang P. sind ein Indiz dafür, dass „Reichsbürger“ und „Selbstverwalter“ vor allem im Zusammenhang mit staatlichen Maßnahmen eine erhöhte Gewaltbereitschaft aufweisen. Auch aufgrund ihrer hohen Waffenaffinität stellen sie ein erhöhtes Gefährdungspotenzial dar. Deshalb sind die Sicherheitsbehörden bestrebt, waffenrechtliche Erlaubnisse entziehen zu lassen bzw. deren Ausstellung zu untersagen. Es ist jedoch nicht damit zu rechnen, dass die von diesen Maßnahmen betroffenen Personen ihre Waffen freiwillig abgeben.[96]

4.4.5 Verbot der „Reichsbürger“- und „Selbstverwalter“-Vereinigung „Geeinte deutsche Völker und Stämme“

Am 19.3.2020 verbot der Bundesminister des Innern die „Reichsbürger“-Vereinigung „Geeinte deutsche Völker und Stämme“ (GdVuSt) nach Art. 9 Abs. 2 GG i.V.m. § 3 Vereinsgesetz. Es handelt sich hierbei um das erste Verbot einer Gruppierung, die dem Spektrum der „Reichsbürger“ und „Selbstverwalter“ zugerechnet wird. Bei den Exekutivmaßnahmen, die das Verbot begleiten, sind in zehn Bundesländern zahlreiche Beweismittel – darunter Waffen sowie Bargeld – sichergestellt worden. Weil seitens des „Reichsbürger“-Vereins keine Rechtsmittel eingelegt wurden, ist das Verbot seit dem 16.4.2020 bestandskräftig. Die Fortführung der Vereinigung sowie die Verbreitung von Propagandamitteln und Kennzeichen der GdVuSt ist strafbar.[97]

Der Bundesminister des Innern, Horst Seehofer, führte hierzu aus:

„Wir haben es mit einer Vereinigung zu tun, die rassistische und antisemitische Schriften verbreitet und damit unsere freiheitliche Gesellschaft systematisch vergiftet. Auch die verbale Militanz und massive Drohungen gegenüber Amtsträgern und ihren Familien belegen die verfassungsfeindliche Haltung

95 Vgl. Welt, 2019b; Bundesamt für Verfassungsschutz, 2019g.

96 Vgl. Bundesamt für Verfassungsschutz, 2019g.

97 Vgl. Bundesamt für Verfassungsschutz, 2020f.

dieser Vereinigung. Wir setzen den Kampf gegen den Rechtsextremismus auch in Krisenzeiten unerbittlich fort. Für Rassismus und Antisemitismus haben wir in unserer Gesellschaft keinen Millimeter Platz."[98]

Bei der „Reichsbürger"-Vereinigung GdVuSt handelte es sich um eine Gruppierung mit über 120 Mitgliedern. Die Gruppierung bestand seit Ende 2016 und trat erstmals Ende 2017 realweltlich in Erscheinung. Seit Ende 2018 war feststellbar, dass ihre Aktivitäten zunahmen und professioneller wurden. Ideologisch kennzeichnend war für die GdVuSt die Ablehnung der Legitimität der Bundesrepublik Deutschland in Verbindung mit einem auf Verschwörungstheorien beruhenden Antisemitismus. Die Mitglieder der GdVuSt bezeichnen die Bundesrepublik Deutschland als ein „Firmenkonstrukt", das „von Juden kontrolliert" werde. Dieses „Firmenkonstrukt" dient nach Angaben der GdVuSt nicht dem Wohl der deutschen Bevölkerung, sondern den „Interessen der Eliten", die dieses Konstrukt angeblich kontrollieren. Nach Auffassung der GdVuSt sei es daher notwendig, aus dem „System" auszutreten. Dieses Bestreben äußerte sich vor allem in der Gründungsphase der Gruppierung in der schriftlich proklamierten „Aktivierung von Gemeinden" gegenüber staatlichen Stellen.[99]

Mit dem „Höchsten Gericht der Geeinten deutschen Völker und Stämme" besaß die Organisation eine eigene „Gerichtsbarkeit" mit „Gerichtsvollziehern". Die Aktivitäten der GdVuSt umfassten neben „Reichsbürger"-typischen Schreiben an Behörden auch Aktionen wie das Erscheinen von Mitgliedern der GdVuSt in Berlin, um Amtsgebäude zu „übernehmen". Darüber hinaus erschienen im Zuge der „Umsetzung" der „Beschlüsse" des „Höchsten Gerichts" wiederholt „Gerichtsvollzieher" persönlich bei „Beschuldigten". Mit selbst gestalteten Broschüren versuchte die Gruppierung, Kontakte in den Bereich der öffentlichen Verwaltung aufzubauen, insbesondere zur Polizei. Die GdVuSt behauptete in diesem Kontext, sie würde von Polizisten unterstützt. Bei Seminaren, mit denen erhebliche Einnahmen erzielt wurden, stellten die deutschen Sicherheitsbehörden seit Juni 2019 eine Zunahme der Aktivitäten fest. Durch einen YouTube-Kanal mit professionell gestalteten Videos erreichten die GdVuSt zudem über das Spektrum der „Reichsbürger" und „Selbstverwalter" hinaus eine größere Öffentlichkeit. Es wurden Drohschreiben mit der Androhung einer Sippenhaft (zum Teil auch mit der Androhung von Freiheitsentzug und körperlicher Strafen) verschickt. Durch das Auftreten von

98 Zit. nach: Bundesministerium des Innern, für Bau und Heimat, 2020b.

99 Vgl. Bundesamt für Verfassungsschutz, 2020f; Der Spiegel, 2020b; Frankfurter Allgemeine Zeitung, 2020a.

Mitgliedern der GdVuSt als „Gerichtsvollzieher" kam es zu Amtsanmaßungen. Sie verfolgten eine antisemitische, rassistische und fremdenfeindliche Ideologie. Ihren „Staat" wollten sie über die deutschen Grenzen hinweg auf die Staatsgebiete von Nachbarländern ausdehnen. Die aggressiv-kämpferische Haltung der GdVuSt zeigte sich neben den bereits erwähnten Sachverhalten auch in einer Außenkommunikation mit dem Ziel, die Akzeptanz der verfassungsmäßigen Ordnung zu zersetzen.[100]

Auch nach dem Vereinsverbot sind einzelne Protagonisten weiterhin aktiv. Beispielsweise haben sich Mitglieder der GdVuSt nach der Verbotsverfügung u.a. mit Schreiben an das Verwaltungsgericht Berlin, das Oberverwaltungsgericht Berlin-Brandenburg sowie die Berliner Senatsverwaltung für Inneres und Sport gewandt. Dabei wurde teilweise ein identischer Text von mehreren Personen verwendet, wonach die angeschriebene Behörde als „Firma" betrachtet werde. In diesen Schreiben wurden die Verbotsdurchsetzungsmaßnahmen vom 19.3.2020 als „Raubüberfall" diffamiert. Zudem gebe es überhaupt keinen Verein „GdVuSt".

Aufgrund der bereits jetzt feststellbaren weiteren Aktivitäten rechnen die deutschen Sicherheitsbehörden nicht damit, dass die (maßgeblichen) Mitglieder der verbotenen GdVuSt ihre Betätigung einstellen werden. Vor dem Hintergrund, dass sie der Bundesrepublik Deutschland die Legitimität absprechen und behördliche Maßnahmen – somit auch das Verbot vom 19.3.2020 – nicht anerkennen, erklärt sich, dass sie dennoch keine Rechtsmittel gegen das Vereinsverbot eingelegt haben.[101]

4.5 Die Neue Rechte

Bekannte Akteure der Neuen Rechten in Deutschland sind aktuell das „Institut für Staatspolitik" (geleitet von Götz Kubitschek), das „Compact"-Magazin, die Initiative „Ein Prozent", der Verleger Götz Kubitschek, sein Verlag Antaios und seine Zeitschrift „Sezession" sowie zahlreiche dort veröffentlichende Autoren.[102]

Die Akteure der Neuen Rechten in Deutschland werden seit Jahren in einem Bereich zwischen Rechtspopulismus, Rechtsradikalismus und Rechtsextremismus verortet. Seit April 2020 wiederum wird das „Institut für Staatspoli-

100 Vgl. Bundesamt für Verfassungsschutz, 2020f; Der Spiegel, 2020b; Frankfurter Allgemeine Zeitung, 2020a.

101 Vgl. Bundesamt für Verfassungsschutz, 2020f.

102 Vgl. Salzborn, 2016, S. 69; Hunger, 2016, S. 425–437, Fuchs/Middelhoff, 2019, S. 99.

tik“ vom Bundesamt für Verfassungsschutz als Verdachtsfall Rechtsextremismus („Anhaltspunkte für Bestrebungen gegen die freiheitliche demokratische Grundordnung“) geführt, ebenso die Zeitschrift „Compact“.[103] Der Präsident des Bundesamtes für Verfassungsschutz, Thomas Haldenwang, erklärte im Zusammenhang mit der Einstufung des „Instituts für Staatspolitik“ als Verdachtsfall Rechtsextremismus, dass seine Behörde sich „der Neuen Rechten mit hoher Intensität widmet“. Kubitscheks „Institut für Staatspolitik“ versuche, „in den politischen Raum einzuwirken und seine ideologischen Ziele auf diese Weise durchzusetzen“. „Damit trägt das Institut für Staatspolitik zu einer gesamtgesellschaftlichen Spaltung bei und begünstigt Radikalisierungstendenzen bis hin zur Legitimierung von Gewalt“.[104] Seit Mitte Juni 2020 beobachtet das Bundesamt für Verfassungsschutz auch das neurechte Netzwerk „Ein Prozent“ als Verdachtsfall Rechtsextremismus. Der Präsident des Bundesamtes für Verfassungsschutz erklärte dazu: „Seit letzter Woche wird ‚Ein Prozent‘ als Verdachtsfall bearbeitet [...]. Sowohl seine ideologische Ausrichtung als auch seine Vernetzung ins rechtsextremistische Spektrum begründen unsere konsequente Einstufung als Verdachtsfall“.[105]

Die „Identitäre Bewegung Deutschland“ (IBD) gehört ebenfalls zur Neuen Rechten und wurde von den deutschen Verfassungsschutzbehörden als rechtsextremistische Organisation eingestuft.

Eine Vernetzung zwischen neurechten Akteuren kann u.a. zwischen Götz Kubitschek („Institut für Staatspolitik“), Philip Stein („Ein Prozent“, Mitglied der DB-Burschenschaft Germania Marburg), Robert Timm („Identitäre Bewegung Deutschland“), Heinrich Mahling (Mitglied der Marburger DB-Burschenschaft Germania), Patrick Pana von der AfD-Jugendorganisation „Junge Alternative“, Martin Sellner von der „Identitären Bewegung Österreich“, ehemals Mitglied der DB-Burschenschaft Olympia Wien, und weiteren Mitgliedern der 66 DB-Burschenschaften mit insgesamt ca. 4.500 Mitgliedern beobachtet werden, von denen zumindest ein Teil als rechtsradikal-völkisch bewertet wird.[106]

Der Politikwissenschaftler Pfahl-Traughber beschreibt die Neue Rechte in Deutschland als „eine rechtsextremistische Intellektuellengruppe, die sich hauptsächlich auf das Gedankengut der Konservativen Revolution der Weimarer Republik stützt, eher ein Netzwerk ohne feste Organisationsstrukturen

103 Vgl. Der Spiegel, 2020c; Der Spiegel, 2020d.

104 Zit. nach: Zeit, 2020a.

105 Zit. nach: Zeit, 2020b.

106 Vgl. Zeit, 2017; Deutschlandfunk, 2017; Das Erste, 2020.

darstellt und mit einer ‚Kulturrevolution von rechts' einen grundlegenden politischen Wandel vorantreiben will".[107]

Autoren, Theoretiker und Anhänger der Neuen Rechten sind Gegner der liberalen Demokratie und vertreten ein nationalistisches und elitäres Gesellschaftsbild. Ihre Ideologie richtet sich gegen universalistische und egalitäre Philosophien und auch gegen allgemeingültige Prinzipien wie etwa die Menschenrechte.[108] Autoren und Theoretiker der Neuen Rechten sind bzw. waren Armin Mohler, Gerd-Klaus Kaltenbrunner, Caspar von Schrenck-Notzing (Zeitschrift „Criticón"), Henning Eichberg, Alain de Benoist, Pierre Krebs, Thierry Baudet, Udo Ulfkotte, Jürgen Elsässer, Karlheinz Weißmann und Götz Kubitschek. Kubitschek trat in der Vergangenheit wiederholt als Redner bei Pegida auf.[109]

Die Neue Rechte beruft sich ideologisch auf die Konservative Revolution in der Weimarer Republik. Als Gegenpol zur ersten deutschen Demokratie sollten nach Pfahl-Traughber „angeblich verlorene Wertvorstellungen wiederbelebt werden: Elite, Führung, Gott, Nation, Natur, Ordnung, Rasse und Volksgemeinschaft. Mit Aufklärung, Gleichwertigkeit, Individualitätsprinzip, Liberalismus, Menschenrechten, Parlamentarismus, Parteiendemokratie und Pluralismus hatte all dies nichts zu tun."[110] Die bekanntesten Denker der Konservativen Revolution waren Edgar Julius Jung, Arthur Moeller van den Bruck, der Staatsrechtler Carl Schmitt, der Kulturphilosoph Oswald Spengler sowie Ernst Jünger. Auf diese Vertreter der Konservativen Revolution beruft sich die heutige Neue Rechte. Gemeinsam ist der Neuen Rechten, dass sie für eine „geistige Überwindung des demokratischen Verfassungsstaates" eintritt. Schlüsselbegriffe der Neuen Rechten sind: „Kampf um die Köpfe", „Kulturrevolution von rechts" oder „Metapolitik". Ein völkischer Nationalismus soll den Primat der Menschenrechte ablösen, Elitevorstellungen werden als Gegensatz zum Gleichheitsideal verkündet.[111]

Die Neue Rechte übt auch Fundamentalkritik an der Idee der Menschenrechte und weist das Konzept der „einen Welt" zurück. „Die" Menschheit sei eine Fiktion, die Vielfalt unterschiedlicher „Rassen", Völker, Ethnien eine Realität. Nur in seiner Nation oder Ethnie könne der Mensch „kulturschöpferisch wirken". Werde dieser Mensch aus seinem natürlichen Lebenszusammenhang gerissen und in eine fremde Umgebung verpflanzt, seien „kultureller

107 Pfahl-Traughber, 2019c.

108 Vgl. Stöss, 2016.

109 Vgl. Stöss, 2016.

110 Pfahl-Traughber, 2019c.

111 Vgl. Pfahl-Traughber, 2019c.

Niedergang und Sittenverfall unausweichlich". Völkervermischung bedeute „Ethnozid", der „melting pot" Dekadenz und bestenfalls kulturelle Mittelmäßigkeit.[112]

Ein kritisches Verhältnis der Neuen Rechten zum Nationalsozialismus kommt in der Berufung auf den national-konservativen Widerstand der Gruppe des 20. Juli um Graf Stauffenberg und Henning von Tresckow zum Ausdruck. Als Symbol dafür gilt die Wirmer-Flagge (schwarz-gelbes Kreuz auf rotem Grund, die Josef Wirmer, einer der Angehörigen der Gruppe 20. Juli, für das Deutschland nach Hitler entworfen hatte), die auf Demonstrationen der „Patriotischen Europäer gegen die Islamisierung des Abendlandes" (Pegida) regelmäßig zu sehen war. Mit der neurechten Initiative „Ein Prozent" rief Kubitschek im Dezember 2016 zu einer maßgeblich von der AfD organisierten Mahnwache vor dem Kanzleramt in Berlin auf, die einen kausalen Zusammenhang zwischen dem islamistischen Anschlag von Anis Amri auf den Weihnachtsmarkt an der Berliner Gedächtniskirche und einer von der „Bundeskanzlerin Merkel zu verantwortenden illegalen Massenmigration"[113] herstellte.

Dem „Institut für Staatspolitik" gehe es „um geistigen Einfluss, nicht die intellektuelle Lufthoheit über Stammtischen, sondern über Hörsälen und Seminarräumen [...] es geht uns um Einfluss auf die Köpfe, und wenn die Köpfe auf den Schultern von Macht- und Mandatsträgern sitzen, umso besser"[114], umschreibt der Mitbegründer Karlheinz Weißmann die strategische Ausrichtung. Es gilt als wichtigster Thinktank der Neuen Rechten. Das „Institut für Staatspolitik" veranstaltet mehrere Akademien pro Jahr, „an die 5.000 Personen" sollen in den letzten Jahren diese Akademien besucht haben.[115] Der Mitbegründer Weißmann bewertet den „Elitenwechsel" als wichtigstes Ziel: „Für einen Elitenwechsel bedarf es einer heiklen Situation, in der ein Wechsel möglich ist. Wenn es da zu einer krisenhaften Situation kommt, dann zerbricht das bestehende Gefüge. Und das ist im Grunde genommen die einzige Möglichkeit, in der ich einen Elitenwechsel für realistisch halte."[116]

Anhänger der Neuen Rechten beschimpfen Flüchtlinge im Internet als „Flutlinge", „Fickilanten" oder „Rapefugees", die Medien und ihre Vertreter als „Presstituierte", „Journalunken" oder „Lügenpresslinge", dazu auch die Politiker, welche die Flüchtlingskrise „absichtsvoll herbeigeführt" hatten, um das

112 Vgl. Backes/Nattke, 2020, S. 70–71.

113 Zit. nach: Backes/Nattke, 2020, S. 62.

114 Kellershohn, 2016, S. 440.

115 Vgl. Fuchs/Middelhoff, 2019, S. 101.

116 Zit. nach: Kollershohn, 2016, S. 449.

„deutsche Volk" gegen eine „ethnisch heterogene Masse auszutauschen".[117] Dann ist bei der Neuen Rechten von „Volksverrätern", „Volkszertretern" und einer „Umvolkungsregierung" die Rede.[118] Zu den Internetportalen und Blogs, in denen solche Begriffe benutzt werden, gehören die islamfeindlichen und rechtsextremistischen Internetauftritte „Politically Incorrect" und „Anonymousnews". Die Mitglieder des Bundestages (MdB) werden von Anhängern der Neuen Rechten als „Bundestagsverbrecherbande" oder „Abgeordneten-Schädlinge" tituliert, der Bundestag wird als „Abnickerabgeordnetenkloake", „Volksveräppelungsmaschinerie" oder „Volkskammer-DDR-2.0" bezeichnet, demokratische Wahlen als „Wahl-Gedöns", „Volksverarschung" oder „Wahlurnenkult" diffamiert.[119] Die Justiz und ihre Mitarbeiter werden als „Gutmenschen-Justiz", „Bärchenwerfjustiz" oder „Multikulti-Kuschel-den-Neubürger-Justiz" tituliert. Richter werden als „Altparteienrichter", „Migrantenbonus-Richter" und „Antifa-Richter" beschimpft. In Bezug auf die deutschen Polizeien fühlt sich die Neue Rechte vor allem dadurch provoziert, dass sich die deutsche Polizei verstärkt darum bemüht, einen Querschnitt der Bevölkerung abzubilden. Frauen, Muslime, Transsexuelle und Menschen mit Migrationshintergrund eignen sich nach Auffassung der Neuen Rechten aber nicht für die Polizei und die öffentliche Sicherheit. Schier unvorstellbar für Neurechte sind von ihnen so bezeichnete „Kopftuchpolizistinnen", die sie auch als „Muselpolizisten" herabwürdigen. Muslimische Polizisten verwandeln die deutsche Polizei nach Aussagen der Neuen Rechten in eine „Musel-Integrations-Gedöns-Polizei". Polizisten mit Migrationshintergrund werden von der Neuen Rechten als „Polizisten-Mighrus", „Polizei-Nafris", „Polizei-Türken", „Türkenclan-Polizisten", „Ethno-Polizisten", „Doppel-Pass-Polizisten", „Ausländer-Polizisten" oder „MuKu-Polizei" verunglimpft.[120]

4.6 Die „Identitäre Bewegung"

4.6.1 Hintergründe und Entwicklung

Im Oktober 2012 wurde die „Identitäre Bewegung Deutschland" (IBD) nach Angaben der deutschen Verfassungsschutzbehörden zunächst als rein virtuelles Phänomen auf Facebook bekannt. Mit verschiedenen Aktionsformen, wie bspw. Flashmobs oder Transparent-Aktionen, vollzog die IBD den Sprung

117 Scharloth, 2020, S. 16.
118 Scharloth, 2020, S. 16.
119 Scharloth, 2020, S. 16.
120 Scharloth, 2020, S. 16.

in die reale Welt und ist mit regionalen Untergruppen bundesweit aktiv. Sie nutzt intensiv soziale Netzwerke wie Twitter oder Instagram, um Berichte und Bilder ihrer Aktionen zu verbreiten sowie Vernetzungs- und Kommunikationsmittel für ihre Mitglieder zur Verfügung zu stellen. In einer konzertierten Aktion Ende Mai 2018 löschten sowohl Facebook als auch Instagram zahlreiche Profile der IBD und von deren Aktivisten. Als Reaktion hierauf wurde die Entwicklung eines eigenen Informationsportals unter dem Namen „Okzident Media" ins Leben gerufen, das neben einer Website auch eine App umfasst. Dem Zweck der Vernetzung und Kommunikation soll auch die noch in der Entwicklung befindliche App „Patriot Peer" dienen.[121]

Die „Identitäre Bewegung" steht beispielhaft für die jüngsten Entwicklungen im Rechtsextremismus. Die „Identitären" heben sich nicht nur organisatorisch von den klassischen Parteistrukturen wie der NPD ab, sondern unterscheiden sich auch ideologisch und in ihren Aktionen von der Neonazi-Szene. Nach Angaben des niedersächsischen Landesamtes für Verfassungsschutz steht die „Identitäre Bewegung" „für einen modernen Rechtsextremismus, der mit einem Themenkanon aus Anti-Islam, Anti-Asyl und Anti-Establishment versucht, bis weit in breite gesellschaftliche Kreise hinein anschlussfähig zu sein. Begriffe wie Rasse und Volksgemeinschaft werden durch unverfängliche Begriffe wie Ethnie, Identität und Kultur ersetzt und im europäischen Kontext zum Konzept einer ‚ethnokulturellen Identität' umgedeutet, die es zu verteidigen gelte, nach dem Motto: ‚Nein zur Islamisierung! Wehr Dich, es ist dein Land!'".[122]

Die „Identitäre Bewegung Deutschland" (IBD) wurde am 10.10.2012 zunächst als Facebook-Gruppe gegründet. Mit den Ideologieelementen Islam- und Fremdenfeindlichkeit, völkischem Nationalismus und systemkritischem Antiliberalismus erzielte das Facebook-Profil der IBD in kürzester Zeit eine große Resonanz, die sich in zahlreichen Beiträgen, Kommentaren und „Gefällt mir"-Angaben widerspiegelte. Die IBD selbst versteht sich als deutscher Ableger der „Identitären Bewegung Österreich" (IBÖ) und der französischen Jugendorganisation „Génération Identitaire" (GI).[123] Vor allem die französische GI diente der IBD in ihrer Anfangsphase als Vorbild für eigene Aktivitäten. Bei der GI handelt es sich um eine im Jahr 2003 gegründete Organisation aus dem Phänomenbereich der Neuen Rechten, die in Frankreich durch islam- und fremdenfeindliche sowie rassistische und nationalistische Positionen auffällt

121 Vgl. Bundesamt für Verfassungsschutz, 2020d.

122 Niedersächsisches Ministerium für Inneres und Sport/Verfassungsschutz, 2016, S. 6; vgl. Goertz, 2018, S. 711.

123 Vgl. Goertz, 2018, S. 712.

und die wiederholt durch öffentlichkeitswirksame Aktionen wie Flashmobs und Formen des zivilen Ungehorsams in Erscheinung getreten ist. Einen hohen Bekanntheitsgrad erreichte die „Besetzung" einer im Bau befindlichen Moschee in der westfranzösischen Stadt Poitiers, bei der etwa 60 Aktivisten aus dem Umfeld der GI das Dach der Moschee betraten, Banner zeigten, Sprechchöre anstimmten und sich dort mehrere Stunden aufhielten.[124]

Die IBD wiederum veröffentlichte als einen ihrer ersten Beiträge auf Facebook ein mit deutschen Untertiteln versehenes Video der GI mit dem Titel „Identitäre Generation – Die Kriegserklärung". In dem Video, das in 25 weitere Sprachen übersetzt wurde, sind Französisch sprechende Personen zu sehen, die zu Technomusik die Botschaft einer „ethnokulturellen Identität" verkünden und sich gegen kulturelle Vielfalt, gesellschaftliche Gleichheit und gegen Multikulturalismus aussprechen. Am Ende des Videos wird dies als „Kriegserklärung" bezeichnet. In dem Video finden sich Aussagen, die einen islam- und fremdenfeindlichen Charakter tragen sowie einen generell systemkritischen Gesamttenor offen darlegen: „Wir sind die Generation des ethnischen Zusammenbruchs, des totalen Scheiterns, des ‚friedlichen Zusammenlebens' und der aufgezwungenen Vermischung [...]. Wir glauben nicht mehr daran, dass ‚Mehmet' jemals unser Freund wird, wir haben aufgehört an ein globales Dorf zu glauben und daran, dass die Menschheit eine Familie ist [...]. Unser einziges Erbe ist unser Land, unser Blut, unsere Identität." „Täuscht Euch nicht: Dieser Text ist kein einfaches Manifest: es ist eine Kriegserklärung."[125]

4.6.2 Symbolik

Das Erkennungszeichen der „Identitären Bewegung" ist das Lambda, der elfte Buchstabe des griechischen Alphabets. Es wird wahlweise gelb auf schwarzem Grund oder schwarz auf gelbem Grund in einem Kreis dargestellt. Die Auswahl des Symbols wird in einem Video der Génération Identitaire selbstheroisierend erläutert:

„Das Lambda, das die Schilder der glorreichen Spartaner schmückte, ist unser Symbol. Ihr wisst nicht was es bedeutet? Es bedeutet, dass wir nicht zurückweichen und nicht aufgeben! Wir sind euer Geplänkel leid und gehen keinem Kampf und keiner Herausforderung aus dem Weg!"[126]

124 Vgl. Niedersächsisches Ministerium für Inneres und Sport/Verfassungsschutz, 2016, S. 10.

125 Zit. nach: Niedersächsisches Ministerium für Inneres und Sport/Verfassungsschutz, 2016, S. 11.

126 Zit. nach: Niedersächsisches Ministerium für Inneres und Sport/Verfassungsschutz, 2016, S. 16.

Im elitären Selbstverständnis der „Identitären Bewegung" und ihrer medialen Selbstdarstellung als eine moderne, popkulturell geprägte Jugendbewegung wird in Anlehnung an den US-amerikanischen Kinofilm „300" aus dem Jahr 2006, der die historische Schlacht bei den Thermopylen im Jahr 480 v. Chr. gegen ein scheinbar übermächtiges Heer von Persern thematisiert, der Bezug zu den Soldaten des antiken Sparta hergestellt, die auf ihren Schilden das Lambda als Erkennungszeichen trugen. So waren diese als „Hopliten" bezeichneten Krieger dafür bekannt und gefürchtet, niemals aufzugeben und entschlossen bis zum Tod zu kämpfen. Die Mitglieder der „Identitären Bewegung" sehen sich in der Tradition der Spartaner und tragen dies mit der Verwendung des Lambda öffentlich zur Schau.[127]

Als vermeintliche Jugendbewegung ist die IBD zudem bemüht, eigene Markenzeichen und eine eigene Form von Corporate Identity zu entwickeln. So sind in ihrer Farbwahl bspw. die Farben Schwarz und Gelb dominant, die sich folglich auch in der Symbolik der „Identitären Bewegung" wiederfinden.

4.6.3 Ideologie

Mit der Gründung auf Facebook lehnte sich die Selbstbeschreibung der „Identitären Bewegung Deutschland" zunächst stark an das bereits oben erwähnte, mit deutschen Untertiteln versehene Video der französischen „Génération Identitaire" an. Der annähernd gleiche Wortlaut des Videos wurde auf der Facebook-Seite der IBD als „Info" veröffentlicht und findet sich in Auszügen auch in einem der ersten selbst erstellten Videos der IBD mit dem Titel „Gekommen um zu bleiben", das im Ton von völkisch-nationalistischem Pathos geprägt ist:

„Wir sind die Bewegung, deren Generation doppelt bestraft ist: Verurteilt, in ein Sozialsystem einzuzahlen, das durch die Fremden so instabil wird, dass es unseren Kindern schon nichts mehr nützt. Wir sind die Bewegung, die auf unsere Identität, unser Erbe, unser Volk und unsere Heimat schaut und mit gestärktem, aufrechtem Gang in die Zukunft gen Sonnenaufgang marschiert.

Wir sind die Bewegung, die sich anstrengt, ob in Sommerlagern, beim Bergsteigen oder Kampfsport. Die Bewegung, die Schläge einstecken kann. Die Bewegung der Härte, des Schweißes und der Selbstüberwindung.

Wir sind die Bewegung, die bereit ist, der Politik ihr einstiges ruhmreiches Ansehen zurückzugeben und die auf allen Ebenen, mit einer klaren Idee, aufmarschiert:

127 Vgl. Goertz, 2019a, S. 10.

Wir sind die Zukunft. Glaubt nicht das hier wäre nur ein Manifest, es ist eine Kriegserklärung an diejenigen, welche ihr Volk, ihr Erbe, ihre Identität und ihr Vaterland hassen und bekämpfen! Ihr seid von gestern, wir sind der Morgen!"[128]

Die „Identitäre Bewegung" sieht sich in einem Kampf gegen Multikulturalismus und Einwanderung und für den Erhalt der „ethnokulturellen Identität". „Gemeinschaft" wird bei ihr nach Einschätzung der deutschen Verfassungsschutzbehörden aus der Tradierung vermeintlicher kultureller Errungenschaften der ethnisch homogen definierten Eigengruppe abgeleitet. Zur ideologischen Einordnung der Konzeption „ethnokulturelle Identität" wird von Sozialwissenschaftlern auch der Begriff „Kulturrassismus" verwendet, um den darin enthaltenen Grundgedanken hervorzuheben, dass Menschen aufgrund ihrer Herkunft und/oder Abstammung abgewertet und ausgegrenzt werden. Islamfeindlichkeit und Einwanderungsdebatte gehen auf diese Weise bei der „Identitären Bewegung" Hand in Hand und sind Ausdruck einer ideologisch tief verankerten Fremdenfeindlichkeit, die sich mit fundamentaler Systemkritik und der Ablehnung von Political Correctness verbindet.[129]

„Wir gehen in Klassen mit 80 % Migrantenanteil und mehr. Messerstechende Türken, Drogen verkaufende Afrikaner, fanatische Muslime. Was für euch billige Klischees sind, ist unsere Realität. Und euer großer Traum der multikulturellen Gesellschaft ist uns darum verhasst. Was wisst ihr denn von dieser Gesellschaft? Nichts! Also hört auf uns belehren zu wollen. Hört auf uns einzureden wir seien ach so böse Rassisten, nur weil wir eure Utopie ekelhaft finden. Kommt uns nicht mit dem 2. Weltkrieg und Hitler, wenn es um Mehmed und Mustafa geht. Und erzählt uns nicht die Fremden seien genauso wie wir, wo wir doch jeden Tag sehen, dass sie es nicht sind."[130]

---

128 Zit. nach: Niedersächsisches Ministerium für Inneres und Sport/Verfassungsschutz, 2016, S. 17.

129 Vgl. Niedersächsisches Ministerium für Inneres und Sport/Verfassungsschutz, 2016, S. 23.

130 Markus Willinger: Die identitäre Generation. Eine Kriegserklärung an die 68er, 2013, S. 24f. zit. nach: Niedersächsisches Ministerium für Inneres und Sport/Verfassungsschutz, 2016, S. 24.

Ideologische Argumentationsmuster der „Identitären Bewegung“	
Aussagen	**Erläuterungen**
„Ethnopluralismus“, „Ende der Islamisierung Europas“ und „Festung Europa“	Die „Identitäre Bewegung“ fordert den „Erhalt der Vielfalt der Völker und Kulturen“ und verlangt das „Ende der Islamisierung Europas“. Erforderlich sei die Errichtung einer „Festung Europa“, die ihre „Grenzen verteidigt“.
„Reconquista“	In der Ideologie der „Identitären Bewegung“ werden die muslimischen Einwanderer als Bedrohung des „christlichen Abendlandes“ angesehen, die unter Zuhilfenahme der „Reconquista“ aktiv bekämpft werden muss. Hierbei wird der Islam als unvereinbar mit den Werten der europäischen Kultur bezeichnet und als Bedrohung der „ethnokulturellen Identität“ dargestellt.
„Großer Austausch“	Mit dem „Großen Austausch“ ist ein demografischer Wandel gemeint, der durch die vermeintliche Masseneinwanderung verursacht werde und an dessen Ende „autochthone Deutsche“ eine Minderheit in Deutschland sein werden. Zudem würde dies mit einer Islamisierung Deutschlands einhergehen.
„100 % Identität – 0 % Rassismus“	Durch die Verwendung dieser Aussagen wird seitens der „Identitären Bewegung“ der Versuch unternommen, sich selbst als nicht rassistisch zu präsentieren und glaubhaft zu machen, dass sie jeder Form von „chauvinistischem Rassismus oder Nationalismus“ ablehnend gegenübersteht.[131]

131 Zentrum Innere Führung/Bundesamt für den Militärischen Abschirmdienst, 2020, S. 24–25.

Ideologische Argumentationsmuster der „Identitären Bewegung“	
Aussagen	**Erläuterungen**
„Prinzip der Gleichheit“	Ablehnung der Freiheit des Individuums und des „Prinzips der Gleichheit für alle Individuen“, stattdessen Ausrichtung am Geburtsrecht, das sich aus der Abstammung des Individuums ableiten lässt.
„Remigration“	Dieser Begriff steht für das Ansinnen der „Identitären Bewegung“, sich gegen eine vermeintlich illegale Einwanderung zu stellen und sich klar zu einer „Rückführung aller illegal Eingereisten nach humanen Standards“ bekennen zu wollen.[132]

Die „Identitäre Bewegung“ ist ideologisch in der „Neuen Rechten“ angesiedelt. Hierbei spannen sich die Themen von verschwörungstheoretischen bis sozialdarwinistisch-neoliberalen. Anders als die „Alte Rechte“ legen die Mitglieder der „Identitären Bewegung“ auf Anonymität keinen Wert, sondern inszenieren sich als „rebellische, junge geistige Elite gegen das Establishment“[133]. Die Sprache ist gewalttätig, die Rede ist von Bürgerkrieg und der allgegenwärtigen Gefahr, als Bevölkerung „ausgetauscht“ zu werden, Wortneuschöpfungen wie „Ethnomasochismus“ und Anspielungen werden eingesetzt, um den Rahmen des Sagbaren zu erweitern.[134]

Der Rassismus der „Identitären Bewegung“ ist verklausulierter als derjenige der „Alten Rechten“. Statt von „Rassen“ sprechen Neurechte wie die „Identitären“ von „Kulturen“. Vermeintlich werden diese „Kulturen“ als „gleichwertig“ beschrieben. Jede habe das Recht, sich „frei von äußeren Einflüssen“ zu entwickeln. Das „Ethnopluralismus-Konzept“ der Neuen Rechten bzw. der „Identitären Bewegung“ ersetzt die Hierarchie der „Rassen“ durch die Idee der gleichrangigen „Ethnien“, die als „organische Einheiten“ gedacht werden. Das „Vermischungsverbot“ ist hier die zentrale Gemeinsamkeit mit dem biologischen Rassismus, wie er vom Nationalsozialismus vertreten wur-

132 Zentrum Innere Führung/Bundesamt für den Militärischen Abschirmdienst, 2020, S. 24–25.

133 Bruns/Glösel/Strobl, 2017.

134 Vgl. Bruns/Glösel/Strobl, 2017.

de.[135] Dieses Konzept wird von der Neuen Rechten und den „Identitären" als „Ethnopluralismus" betitelt. Individuen werden einem „Volk" und einem bestimmten Flecken Erde zugeschrieben, mit dem sie „naturgemäß" verknüpft sind. Die „Identitären" halten nur eine bestimmte Interpretation einer nationalen/regionalen oder europäischen Kultur für legitim. Sie ignorieren Widersprüche wie Gegenkulturen, aber auch die Tatsache, dass sich Kulturen in stetem Wandel und Austausch mit anderen Kulturen befinden bzw. der Begriff „Kultur" an sich nicht trennscharf ist. Für diese Form des Ethnopluralismus sind „eigene" und „fremde" Kulturen fest vorgegeben, werden von bestimmten Menschen in bestimmten Regionen getragen und sollen nicht verändert werden.[136]

Vor allem die Fixierung der IBD auf eine „ethnische Homogenität" als zentraler Wert für Gesellschaft und Demokratie belegt, dass die Ideologie der IBD die grundgesetzlich geschützte Menschenwürde und das Demokratieprinzip verletzt. So vertritt die IBD einen völkischen Staatsvolk-Begriff, der dem Verständnis des Grundgesetzes gemäß Art. 116 GG widerspricht.[137] Weiter definiert die IBD „Staatsvolk" als „Kultur-, Abstammungs- und Solidargemeinschaft", wobei sie der Ethnie als der maßgeblichen Grundlage für Kultur und gesellschaftliche Zusammenarbeit den Vorrang einräumt. Daher spricht die IBD allen Migranten mit fremder bzw. außereuropäischer Herkunft jede Möglichkeit ab, Teil der deutschen Bevölkerung zu werden. Diese Positionen sind nicht mit dem Grundgesetz vereinbar. Ethnischen Minderheiten die Zugehörigkeit zum Staatsvolk zu verwehren richtet sich gegen die Menschenwürde des Art. 1 GG und verstößt gegen das Demokratieprinzip gemäß Art. 20 Abs. 1 und 2 GG, das eine freie und gleiche Teilhabe aller Staatsbürger voraussetzt.[138]

4.6.4 Strategie und Aktionen

Am 30.10.2012 erfolgte eine der ersten öffentlichkeitswirksamen Aktionen von Anhängern der IBD in Deutschland. Auf Facebook wurde mit den dazugehörigen Fotos die Störung der Eröffnung der interkulturellen Wochen in Frankfurt am Main bekannt gegeben. In Form eines Flashmobs tanzten mehrere Aktivisten verschiedener IBD-Gruppen zu Technomusik aus dem mitgebrachten Ghettoblaster und zeigten Schilder mit Parolen wie „Multikulti wegbassen" oder „100% identitär, 0% Rassismus". Um unerkannt zu bleiben,

135 Vgl. Backes/Nattke, 2020, S. 71.

136 Vgl. Bruns/Glösel/Strobl, 2017.

137 Vgl. Zentrum Innere Führung/Bundesamt für den Militärischen Abschirmdienst, 2020, S. 27.

138 Vgl. Zentrum Innere Führung/Bundesamt für den Militärischen Abschirmdienst, 2020, S. 27.

versteckten sie ihre Gesichter hinter Tiermasken oder einer weißen Guy-Fawkes-Maske, die bereits von der „Occupy-Bewegung“ oder von der neonazistischen Gruppierung der „Unsterblichen“ bekannt ist.[139]

Für zusätzliche Aufmerksamkeit sorgte die IBD am 21.10.2012 durch einen Aufmarsch mit gelb-schwarzen Fahnen vor dem Brandenburger Tor in Berlin. In Hannover wurden in der Nacht zum 20.5.2013 mehrere Ortstafeln der Landeshauptstadt mit der Aufschrift „Istanbul“ überklebt. Die Aktion erhielt den für die ideologische Ausrichtung der IBD bezeichnenden Titel „Identitäre Bewegung Istanbul Kalifat Hannover“.

Das Neue an der Strategie und den Aktionen der IBD ist nach Auffassung der deutschen Verfassungsschutzbehörden die „moderne, mediengerechte und jugendspezifische Inszenierung ihrer Inhalte, die sich sehr stark popkultureller Stilmittel bedient und die in Auftreten und Ästhetik bislang eher bei linken Gruppierungen zu finden war: Demonstrationen, Flugblattverteilungen, Zeigen von Transparenten (z.B. an Brücken und Häusern), Störung von Veranstaltungen des ‚politischen Gegners‘, Flashmobs bzw. Guerilla-Aktionen (d.h. überraschend durchgeführte, kurzzeitige Versammlungen, insbesondere ‚Besetzungsaktionen‘ meist gegen Einrichtungen des ‚politischen Gegners‘)“.[140]

Mit bunten Flugblättern und großen Überschriften wie „Identitär?! Eine Generation, ein Schicksal, eine letzte Chance!“ richtet sich die IBD vor allem an junge Menschen. Ihre Schriften thematisieren gesellschaftliche Probleme (wie Armut, Gewalt, Orientierungslosigkeit), mit denen versucht wird, an vielfältige Probleme und Unsicherheiten von Jugendlichen anzuknüpfen, an deren Alltagserfahrungen und subjektive Wahrnehmung: „Wir wollen uns das zurückholen, was man unserer Generation genommen hat: Unsere Wurzeln, unsere Heimat, Freiheit und Tradition. Unsere Identität“ (Flugblatt der IBD, Anfang 2013).[141]

Die IBD präsentiert sich in ihren Publikationen nach Angaben der deutschen Verfassungsschutzbehörden als eine moderne, europaweite Jugendbewegung, als Sprachrohr einer vermeintlichen Schicksalsgemeinschaft der (jungen) Menschen in Europa, die einer „Flut ins Land spülender“ Menschen

139 Vgl. Niedersächsisches Ministerium für Inneres und Sport/Verfassungsschutz, 2016, S. 30; Goertz, 2018, S. 714.

140 Niedersächsisches Ministerium für Inneres und Sport/Verfassungsschutz, 2016, S. 30; Goertz, 2018, S. 714.

141 Zit. nach: Niedersächsisches Ministerium für Inneres und Sport/Verfassungsschutz, 2016, S. 30; Goertz, 2018, S. 714.

aus dem „islamischen Kulturraum und mit kaum vorhandener Bildung“[142] schutzlos gegenüberstünde. Folgen dieser „Politik der Selbstabschaffung“ seien „ethnische Armutsghettos, wo Gewalt und religiöser Fanatismus in einer nicht integrierbaren Parallelgesellschaft aufblühen“[143]. Ein Bedrohungsszenario wird gezeichnet, nach dem die „eigene Identität“ sowie die Existenz Europas gefährdet seien: „Wer die eigene Identität aufgibt, überlässt das Terrain denen, die sich ihrer Identität gewiss sind. Nicht die vermeintliche Stärke des Islam, sondern eigene Schwäche lässt immer mehr Deutsche die Heimat zur Fremde werden. Solange Du Dich weigerst, diesen Zusammenhang zu begreifen, wird die Selbstabschaffung Europas auch nicht aufzuhalten sein“ (Flugblatt der IBD, Anfang 2013).[144]

Eine medial stark besprochene Aktion der IBD war am 28.6.2015 die kurzzeitige „Besetzung“ der Balkone der SPD-Landesgeschäftsstelle in Hamburg sowie der SPD-Bundeszentrale in Berlin durch jeweils 10 bis 15 Aktivisten. Dort wurden Fahnen mit dem Erkennungszeichen der IBD geschwenkt und Transparente mit den Aufschriften „Stoppt den großen Austausch – Geburtenrückgang – Masseneinwanderung“ und „Grenzen retten Leben! Pro Border! Pro Nation!“ entrollt.

Im Jahr 2016 wurde eine gesteigerte Aktionsbereitschaft der IBD in ganz Deutschland festgestellt. Am 22.3.2016, dem Tag des islamistischen Terroranschlags in Brüssel, wurde von Aktivisten der IBD ein großformatiges Transparent mit der Aufschrift „Heute Brüssel, morgen Hamburg“ an eine Autobahnbrücke über die A1 bei Seevetal in Fahrtrichtung Hamburg angebracht. Bilder dieser Aktion sowie eine Kritik an der „verfehlten Einwanderungspolitik“ fanden sich medial aufbereitet auf einer Facebook-Seite der IBD. Am 9.4.2016 sorgte in Mecklenburg-Vorpommern eine Aktion der IBD für Aufsehen, die von den „Identitären“ als „Burka-Invasion“ bezeichnet wurde. So demonstrierten auf der Uferpromenade im Ostseebad Warnemünde ca. 15 Aktivisten vollverschleiert und mit dem Ruf „Allahu Akbar“ („Gott ist groß“). Die mitgeführten Schilder mit der Aufschrift „Unterwerft euch“ sollten den eigenen Angaben nach auf eine „drohende Islamisierung“ Deutschlands hinweisen. Am 12.4.2016 befestigten IBD-Aktivisten an der niedergebrannten Flüchtlingsunterkunft in Winsen/Luhe ein Transparent mit der Aufschrift „Fla-

142 Zit. nach: Niedersächsisches Ministerium für Inneres und Sport/Verfassungsschutz, 2016, S. 30; Goertz, 2018, S. 714.

143 Zit. nach: Niedersächsisches Ministerium für Inneres und Sport/Verfassungsschutz, 2016, S. 30; Goertz, 2018, S. 714.

144 Zit. nach: Niedersächsisches Ministerium für Inneres und Sport/Verfassungsschutz, 2016, S. 31; Goertz, 2018, S. 715.

me-Fugees – Not Welcome – Burn Down Your Own Houses“. Hintergrund war die durch einen Bewohner verursachte Brandstiftung an dem Gebäude. Die Gestaltung des Transparentes persiflierte dabei das bekannte „Refugees Welcome“-Emblem.[145]

Im Juni 2016 thematisierte die IBD verstärkt die islamistischen Terroranschläge von Paris, Brüssel und Würzburg, aber auch die Berichte über sexuelle Übergriffe von Migranten, um auf die ihrer Meinung nach gefährlichen Folgen der Politik des „großen Austauschs“ hinzuweisen. Am 28.7.2016 wurden an Autobahnbrücken über die A1 bei Hamburg zwei Transparente mit den Aufschriften „Multikulti tötet – Grenzen dicht“ und „Würzburg, Reutlingen, Ansbach, Hamburg“ durch Aktivisten der IBD angebracht, um nach eigenem Bekunden darauf hinzuweisen, dass „Integration eine Lüge ist und die Utopie einer funktionierenden multikulturellen Gesellschaft gescheitert ist“[146]. Ende Juli 2016 wurde eine bundesweite Aktion der IBD initiiert, bei der – ähnlich einer Tatortmarkierung der Polizei – Kreideumrisse von Personen auf die Straße gemalt und mit Kunstblut oder roter Farbe versehen wurden. Diese Zeichnungen wurden durch den Schriftzug „#Remigration“ ergänzt.[147]

Am 27.8.2016 kletterten ca. 15 Aktivisten der IBD auf das Brandenburger Tor und besetzten kurzzeitig das symbolträchtige Bauwerk. Einige Aktivisten gelangten bis auf die Quadriga, entzündeten dort Rauchfackeln und schwenkten Flaggen mit dem Erkennungszeichen der „Identitären“. Auf einem entrollten Transparent, das nahezu auf ganzer Länge die Front des Brandenburger Tores abdeckte, stand die Aufschrift „Sichere Grenzen – Sichere Zukunft“. Unterhalb der Quadriga war ein kleineres Transparent mit der Aufschrift „Identitäre Bewegung“ angebracht, direkt neben der Quadriga hielten Aktivisten ein Transparent mit der Aufschrift „Festung Europa – Grenzen schützen! Leben retten!“. Nach Aufforderung der Polizei räumten die Aktivisten das Bauwerk wieder.[148]

Neben Transparent- oder Flugblattverteilaktionen trat die IBD auch mit großen, medienwirksamen Aktionen wie z.B. der Protestaktion am Eingang des Bundesministeriums der Justiz und für Verbraucherschutz am 19.5.2017 in Berlin in Erscheinung. Die Kampagne „Defend Europe“, initiiert und durch-

145 Zit. nach: Niedersächsisches Ministerium für Inneres und Sport/Verfassungsschutz, 2016, S. 38; Goertz, 2018, S. 715.

146 Zit. nach: Niedersächsisches Ministerium für Inneres und Sport/Verfassungsschutz, 2016, S. 38; Goertz, 2018, S. 715.

147 Niedersächsisches Ministerium für Inneres und Sport/Verfassungsschutz, 2016, S. 39–41.

148 Niedersächsisches Ministerium für Inneres und Sport/Verfassungsschutz, 2016, S. 42; Goertz, 2019a, S. 11.

geführt von „identitären" Aktivisten mehrerer westeuropäischer Länder, richtete sich gegen die europäische „Asyl- und Migrationspolitik" sowie gegen „kriminellen Menschenhandel und das Einwanderungsgeschäft von Nichtregierungsorganisationen".[149] Hieran beteiligte sich die IBD aktiv, indem sie etwa in der Nacht vom 13. auf den 14.5.2017 vor dem Büro des Bayerischen Flüchtlingsrates in München (Bayern) eine symbolische Mauer errichtete oder am 27.5.2017 in Berlin während einer Diskussionsrunde auf dem Evangelischen Kirchentag eine sog. Intervention durchführte.[150]

Mit der „Mission Alpes" fand die Kampagne „Defend Europe" im Frühjahr 2018 ihre Fortsetzung. Am Pass Col de l'Échelle im französisch-italienischen Grenzgebiet errichtete eine europäisch zusammengesetzte Gruppe von Aktivisten der „Identitären Bewegung" unter Beteiligung der IBD eine provisorische Grenze, um Migranten an der Reise nach Mitteleuropa zu hindern.

Im Rahmen der seit 2015 laufenden IBD-Kampagne gegen den „Großen Austausch" fand im März 2019 eine überregionale Aktionswoche „Remigration" mit verschiedenen Plakat- und Banneraktionen sowie mit der Einrichtung einer eigenen Kampagnenwebsite statt. Als inhaltliche Fortsetzung des im Jahr 2018 erstmals durchgeführten „Europa Nostra"-Festivals in Dresden mobilisierte die IBD für den 20.7.2019 zu einer Demonstration unter dem Motto „Europa verteidigen – Es bleibt unsere Heimat" in Halle.[151]

Ein strategisches Ziel der IBD ist die Anschlussfähigkeit an breitere gesellschaftliche Kreise in Deutschland. So belegt sie mit dem Kampagnenthema „Der große Austausch"[152] ihre Aktionsfähigkeit und verbindet diese mit einer ideologisch-programmatischen Gesamtstrategie zur „ethnokulturellen Identität". Abschließend muss festgestellt werden, dass die IBD für einen „modernen" Rechtsextremismus steht, der ideologisch an die Theoreme der Neuen Rechten anknüpft und der sich von Repräsentanten und Mitgliedern der NPD, Neonazis, Skinheads u.a. abzugrenzen versucht.

149 Niedersächsisches Ministerium für Inneres und Sport/Verfassungsschutz, 2016, S. 42.

150 Vgl. Bundesministerium des Innern, für Bau und Heimat, 2018, S. 81.

151 Vgl. Bundesministerium des Innern, für Bau und Heimat, 2020a, S. 91–92.

152 Zentrum Innere Führung/Bundesamt für den Militärischen Abschirmdienst, 2020, S. 24–25.

4.7 PEGIDA/Die GIDA-Bewegung

Die Organisation „Patriotische Europäer gegen die Islamisierung des Abendlandes“ (PEGIDA) wurde im Herbst 2014 in Dresden gegründet. Sie wird, wie die gesamte GIDA-Bewegung, von zahlreichen Politikwissenschaftlern als islamfeindliche und rassistische Organisation bewertet.[153] Allerdings wird PEGIDA und die GIDA-Bewegung nicht so betrachtet, dass exklusiv nur Rechtsextremisten an den Veranstaltungen der PEGIDA und GIDA-Bewegung beteiligt sind bzw. waren. Verschiedene Autoren und Politikwissenschaftler berichten davon, dass an den Veranstaltungen der PEGIDA und GIDA-Bewegung auch Menschen aus der bürgerlichen Mitte teilgenommen haben und teilnehmen.[154] Neben Angehörigen einschlägig bekannter Rechtsextremisten schlossen sich der PEGIDA und GIDA-Bewegung Menschen aus unterschiedlichen politischen Spektren an, die sich in ihren Befürchtungen in Bezug auf Migration von der deutschen Politik nicht verstanden fühlten. Deswegen wurde und wird seit dem Entstehen der PEGIDA und GIDA-Bewegung davor gewarnt, dass Rechtsextremismus bzw. rechtsextremistische Sichtweisen, Islamfeindlichkeit und Rassismus in der bürgerlichen Mitte ankommen könnten.

PEGIDA-Veranstaltungen wurden und werden zwar in verschiedenen deutschen Städten durchgeführt, die meisten Teilnehmer verzeichneten allerdings PEGIDA in Dresden und LEGIDA („Leipzig gegen die Islamisierung des Abendlandes“) in Leipzig. Nahmen an der ersten PEGIDA-Kundgebung in Dresden am 20.10.2014 nach Angaben der Polizei noch 350 Personen teil, so stiegen die Teilnehmerzahlen im Laufe der Jahre 2014 und 2015 auf 17.500 bzw. 25.000 hoch, was die These bestätigt, dass nicht exklusiv Rechtsextremisten und Rechtsradikale an diesen Veranstaltungen teilgenommen haben, sondern auch Menschen aus der bürgerlichen Mitte.[155]

Bei der ersten LEGIDA-Kundgebung in Leipzig am 12.1.2015 sprach die Polizei von ca. 4.800 Demonstranten, bei der Veranstaltung am 21.1.2015 dann schon von 15.000 Teilnehmern.[156]

Bei PEGIDA und der GIDA-Bewegung ist festzustellen, dass manche der Veranstalter Bezüge zum Rechtsextremismus haben. So zeigte sich bspw. der Mit-Veranstalter von PEGIDA, Lutz Bachmann, mit einem T-Shirt der rechtsextremistischen und von den Verfassungsschutzbehörden beobachteten

153 Vgl. u.a. Dienstbühl, 2019, S. 100; Zeit, 2019b; Jennerjahn, 2016, S. 533–545; Welt, 2019d; Zeit, 2018b.

154 Vgl. Dienstbühl, 2019, S. 101; Zeit, 2019b; Jennerjahn, 2016, S. 533–545.

155 Vgl. Jennerjahn, 2016, S. 536.

156 Vgl. Jennerjahn, 2016, S. 535.

„Identitären Bewegung".[157] Nach diversen rassistischen Äußerungen, die Ausländer, Flüchtlinge und Menschen mit Migrationshintergrund als „Viehzeug", „Gelumpe" und „Dreckspack" bezeichneten, trat Lutz Bachmann am 21.1.2015 als Organisator der PEGIDA-Demonstrationen in Dresden zurück.[158]

Das ehemalige FDP-Mitglied Siegfried Däbritz bezeichnete Muslime in einer internen Facebook-Gruppe der PEGIDA-Organisatoren als „mohammedanische Kamelwämser".[159]

Auch mit Blick auf die stark geschwundenen Teilnehmerzahlen an PEGIDA- und GIDA-Veranstaltungen stellt der Politikwissenschaftler Hans Vorländer fest, dass zu Beginn von PEGIDA, im Jahr 2014, Menschen „aus ganz unterschiedlichen Motiven mitgelaufen" seien, aus „Unzufriedenheit oder auch als Kritik an Politik und Medien". Inzwischen sei PEGIDA „allerdings nur noch fremden- und migrationsfeindlich, Teil eines rechtsextremen Netzwerkes: Pegida hat eine Verrohung der Diskurse auf der Straße und in der Politik bewirkt, ist ein Durchlauferhitzer für rechtspopulistisches bis rechtsextremes Gedankengut".[160]

Seit 2014 geriet Pegida immer wieder in die Schlagzeilen. 2015 führte ein Teilnehmer auf einer PEGIDA-Kundgebung einen Galgen für Bundeskanzlerin Angela Merkel mit. Als PEGIDA-Redner die Flüchtlinge auf dem Mittelmeer erwähnten, rief die Menge: „Absaufen! Absaufen!" Bei Erwähnung eines Dresdner Grünen-Politikers im Herbst 2019 rief die Menge: „Aufhängen!" Wenn ein PEGIDA-Redner auf die Medien zu sprechen kommt, rufen die Anhänger als Echo „Lügenpresse", bei Bundeskanzlerin Merkel folgen Sprüche wie „Volksverräter" oder „Merkel muss weg".[161]

157 Vgl. Jennerjahn, 2016, S. 537.
158 Vgl. Jennerjahn, 2016, S. 537.
159 Vgl. Jennerjahn, 2016, S. 537.
160 Zit. nach: Welt, 2019d.
161 Zit. nach: Welt, 2019d.

Kurzzusammenfassung: Akteure im deutschen Rechtsextremismus

Neonationalsozialisten (Neonazis)

- Neonazis orientieren sich am historischen Nationalsozialismus, Ideologieinhalte sind Rassismus, Antisemitismus, Nationalismus und Antipluralismus.
- Neonazis streben einen autoritären Staat nach dem Führerprinzip an und sind in Bezug auf den Nationalsozialismus geschichtsrevisionistisch bis hin zur Holocaust-Leugnung.
- Die Neonazi-Szene weist unterschiedliche Strukturen und Organisationsgrade auf, Neonazi-Vereine, „Kameradschaften“ und „Freie Kräfte“.
- Zugehörig zur Neonazi-Szene bzw. mit ihr kooperierend sind „autonome Nationalisten“ sowie Gruppen und Personen mit Verbindungen in die Rocker-, Kampfsport- und Hooligan-Szene.
- Beispiele für Neonazis sind die „Turonen“, die „Garde 20“, die „Jagdstaffel DST“ („deutsch stolz treu“), die „Freiheitliche Deutsche Arbeiterpartei“ (FAP), die „Wiking-Jugend“ (WJ) und die Splittergruppe „Nationale Liste“ (NL), die „Kameradschaft Celle 73“ (angelehnt an die SA-Standarte 73), „Kameradschaft Hauptvolk“, „Sturm 27“, „Sturm Baden“, „Hamburger Sturm“, der „Thüringer Heimatschutz“ (THS), der „Nationale Widerstand Dortmund“ (NWDO), die „Kameradschaft Hamm“, die „Kameradschaft Köln“, die auch als „Kameradschaft Walter Spangenberg“, „Freie Kräfte Köln“ (FKK) oder „Freies Netz Köln“ (FNK) bekannt war, sowie die gewaltorientierte Kameradschaft „Aryans“.
- Die „Unsterblichen“ marschierten mit weißen Masken und brennenden Fackeln durch ca. 50 deutsche Städte („Volkstod-Flashmobs“ bzw. Aufmärsche).

Weitgehend unstrukturierte, meist subkulturell geprägte Rechtsextremisten

- Der aktuelle Verfassungsschutzbericht von 2020 zählt in Deutschland ca. 13.500 weitgehend unstrukturierte, meist subkulturell geprägte Rechtsextremisten.
- Der Szene mangelt es an der Bereitschaft zur Bildung von überregionalen Organisationsformen. Die Mitglieder treten eher in kleinen Cliquen auf, die außerhalb des virtuellen Raumes vor allem lokal-regional agieren.

- Einzige Ausnahme: die „Hammerskinheads“, die einzig verbliebene bundesweite rechtsextremistische Skinhead-Organisation mit festem hierarchischem Aufbau.
- Gruppierungen dieser Szene adaptieren Strukturelemente der neonazistischen Szene: feste innere Strukturen, autoritäre Führungspersonen oder Finanzierung über Mitgliedsbeiträge. Das aktionsorientierte Verüben von Straftaten steht nicht mehr im Vordergrund.
- Die immer öfter festzustellende Verlagerung von rechtsextremistischen Aktivitäten dieser Szene in den virtuellen Raum des Internets erschwert den Sicherheitsbehörden die Beschreibung der subkulturellen Szene und die Bewertung bzw. Prognose möglicher Gefahren.
- Diese Szene nutzt soziale Netzwerke und Messengerdienste nicht nur als Propagandainstrument, sondern findet sich hierüber einfach und schnell in virtuellen Gruppen zusammen.

Die „Artgemeinschaft“

- Sie bietet einen Nährboden für verfassungsfeindliche Grundeinstellungen mit rassistischen, antisemitischen und rechts-esoterischen Weltbildern.
- Sie bekennt sich zum Germanentum und bezeichnet sich als „größte heidnische Gemeinschaft Deutschlands“.
- Sie wird von den Verfassungsschutzbehörden als älteste neonazistische Organisation in Deutschland bewertet.
- Sie zeichnet sich durch ein rassistisches sowie sozialdarwinistisches Weltbild und eine scharfe antisemitische Rhetorik aus.
- Der Verfassungsschutz in Sachsen-Anhalt beschreibt sie als „Bindeglied zwischen verschiedenen rechtsextremistischen Strömungen“.
- Das „Sittengesetz“ der „Artgemeinschaft“ gebietet den Mitgliedern „Wehrhaftigkeit bis zur Todesverachtung gegen jeden Feind von Familie, Sippe, Land, Volk, germanischer Art und germanischem Glauben“.

Der rechtsextremistische Teil der „Reichsbürger“ und „Selbstverwalter“

- „Reichsbürger“ und „Selbstverwalter“ bestehen aus Einzelpersonen ohne Organisationsanbindung, Kleinst- und Kleingruppierungen, länderübergreifend aktiven Personenzusammenschlüssen und virtuellen Netzwerken.

- Von ca. 19.000 „Reichsbürgern“ und „Selbstverwaltern“ in Deutschland werden etwa 950 als Rechtsextremisten eingestuft.
- Sie berufen sich aus unterschiedlichen Motiven und mit unterschiedlichen Begründungen auf das historische Deutsche Reich, verschwörungstheoretische Argumentationsmuster oder ein selbst definiertes Naturrecht.
- Sie negieren die Existenz der Bundesrepublik Deutschland und lehnen deren Rechtssystem ab.
- Die „Reichsbürger“ fokussieren sich auf die Fortexistenz eines wie auch immer gearteten „Deutschen Reiches“.
- Die „Selbstverwalter“ fühlen sich dem deutschen Staat nicht zugehörig und erklären sich für unabhängig oder ausdrücklich ihren „Austritt“ aus der Bundesrepublik Deutschland.
- Bei einem Anteil rechtsextremistischer „Reichsbürger“ und „Selbstverwalter“ sind antisemitische Ideologieelemente und Argumentationsmuster zu beobachten.
- Ein Teil der „Reichsbürger“ und „Selbstverwalter“ ist waffenaffin. Dies belegen die regelmäßig im Zuge von Exekutivmaßnahmen sichergestellten Waffen- und Munitionsfunde. Insgesamt wurden seit dem Jahr 2016 mindestens 760 „Reichsbürgern“ und „Selbstverwaltern“ die waffenrechtlichen Erlaubnisse entzogen.
- „Reichsbürger“ und „Selbstverwalter“ nutzen verschiedenste Strategien, um ihre Ansichten zu verbreiten, eigene Interessen durchzusetzen und staatliches Handeln zu erschweren. Mit der „Malta-Masche“ versuchen Szeneangehörige, Staatsbedienstete wie Richter, Justizangestellte und Gerichtsvollzieher mit z.T. horrenden finanziellen Forderungen einzuschüchtern.
- Die „Vielschreiberei“ stellt eine weitverbreitete Strategie dar. Dabei legen „Reichsbürger“ und „Selbstverwalter“ häufig ausufernde, pseudojuristisch verfasste Schreiben vor, um die betroffenen Behörden zu lähmen.
- Das Auftreten vieler „Reichsbürger“ und „Selbstverwalter“ gegenüber Amtsträgern und staatlichen Institutionen ist oft durch eine starke verbale Aggression gekennzeichnet. Mittlerweile muss auch die Anwendung massiver körperlicher Gewalt einkalkuliert werden. Vor allem bei polizeilichen Maßnahmen gegen „Reichsbürger“ oder „Selbstverwalter“ besteht zunehmend ein hohes Eskalationspotenzial.

Die Neue Rechte

- Die Akteure der Neuen Rechten in Deutschland werden in einem Bereich zwischen Rechtspopulismus, Rechtsradikalismus und Rechtsextremismus verortet.
- Seit April 2020 wird das „Institut für Staatspolitik" vom Bundesamt für Verfassungsschutz als Verdachtsfall Rechtsextremismus („Anhaltspunkte für Bestrebungen gegen die freiheitliche demokratische Grundordnung") geführt, ebenso die Zeitschrift „Compact".
- Bekannte Akteure der Neuen Rechten in Deutschland sind aktuell das „Institut für Staatspolitik", das „Compact"-Magazin, der Kopp-Verlag, die Initiative „Ein Prozent", der Verleger Götz Kubitschek, sein Verlag Antaios und seine Zeitschrift „Sezession" sowie zahlreiche dort veröffentlichende Autoren.
- Autoren, Theoretiker und Anhänger der Neuen Rechten sind Gegner der liberalen Demokratie und der Menschenrechte und vertreten ein nationalistisches und elitäres Gesellschaftsbild.
- Schlüsselbegriffe sind „Kampf um die Köpfe", „Kulturrevolution von rechts" oder „Metapolitik".

Die „Identitäre Bewegung" (IBD)

- Die „Identitäre Bewegung" repräsentiert die Neue Rechte, den neuen Rechtsextremismus des 21. Jahrhunderts.
- Die „Identitären" heben sich organisatorisch von den klassischen Parteistrukturen wie der NPD ab.
- Das strategische Ziel der IBD ist die Anschlussfähigkeit an breitere gesellschaftliche Kreise in Deutschland. Sie steht für einen „modernen" Rechtsextremismus, der ideologisch an die Theoreme der Neuen Rechten anknüpft und der sich von Repräsentanten und Mitgliedern der NPD, Neonazis, Skinheads u.a. abzugrenzen versucht.
- Ihre Ideologieelemente sind Islam- und Fremdenfeindlichkeit, völkischer Nationalismus und systemkritischer Antiliberalismus.

- Erkennungszeichen das Lambda, der elfte Buchstabe des griechischen Alphabets. Es wird wahlweise gelb auf schwarzem Grund oder schwarz auf gelbem Grund in einem Kreis dargestellt.
- Sie sieht sich in einem Kampf gegen Multikulturalismus und Einwanderung sowie für den Erhalt der „ethnokulturellen Identität" (völkischer Staatsvolksbegriff).
- Ideologische Argumentationsmuster sind „Ethnopluralismus", „Ende der Islamisierung Europas" und „Festung Europa".
- „Reconquista" = Die Ideologie der „Identitären Bewegung" sieht die muslimischen Einwanderer als Bedrohung des „christlichen Abendlandes" an. Hierbei wird der Islam als „unvereinbar mit den Werten der europäischen Kultur" bezeichnet und als Bedrohung der „ethnokulturellen Identität" dargestellt.
- „Großer Austausch" = Damit ist ein demografischer Wandel gemeint, der durch die vermeintliche Masseneinwanderung verursacht werde und an dessen Ende „autochthone Deutsche" eine Minderheit in Deutschland sein würden.
- „100% Identität – 0% Rassismus" = Damit wird der Versuch unternommen, sich selbst als nicht rassistisch zu präsentieren und glaubhaft zu machen, dass die IBD jeder Form von „chauvinistischem Rassismus oder Nationalismus" ablehnend gegenüberstehe.
- „Remigration" steht für das Ansinnen der IBD, sich gegen eine vermeintliche illegale Einwanderung zu stellen und sich klar zu einer „Rückführung aller illegal Eingereisten nach humanen Standards" bekennen zu wollen.
- Die Fixierung der IBD auf eine „ethnische Homogenität" als zentraler Wert für Gesellschaft und Demokratie belegt, dass die Ideologie der IBD die grundgesetzlich geschützte Menschenwürde und das Demokratieprinzip verletzt.

PEGIDA/Die GIDA-Bewegung

- Die PEGIDA und die GIDA-Bewegung werden von zahlreichen Politikwissenschaftlern als islamfeindliche und rassistische Organisationen bewertet.
- PEGIDA-Veranstaltungen wurden und werden zwar in verschiedenen deutschen Städten durchgeführt, die meisten Teilnehmer verzeichneten allerdings PEGIDA in Dresden und LEGIDA („Leipzig gegen die Islamisierung des Abendlandes“) in Leipzig.
- In den Jahren 2014 und 2015 nahmen an den PEGIDA-Kundgebungen in Dresden jeweils zwischen 17.500 und 25.000 Menschen teil.
- Manche der Veranstalter haben Bezüge zum Rechtsextremismus, z.B. zur „Identitären Bewegung“.

5 Aktuelle Trends im deutschen Rechtsextremismus – rechtsextremistische Phänomene

5.1 Rechtsextremistische Kampfsportformate

Teile der deutschen Kampfsportszene – besonders Kickboxen und Mixed-Martial-Arts – haben sich in den letzten Monaten und Jahren zu einem Ort für rechtsextremistische Rekrutierung entwickelt. Die rechtsextremistische Kampfsportszene ist heterogen und unübersichtlich, dazu zählen u.a. die Sportarten Boxen, Karate, Taekwondo und MMA. Dabei sind nicht alle Kampfsportarten gleichermaßen interessant für Hooligans und Rechtsextremisten, im Judo bspw. finden sich kaum Rechtsextremisten, sondern eher in den Disziplinen, die dem Straßenkampf technisch am nächsten kommen: Mixed-Martial-Arts verbindet Stand- und Bodenkampf, verschiedene Schlag-, Tritt-, Griff- und Wurftechniken.[162] Damit verbunden wuchsen in den letzten Monaten und Jahren Kampfsportlabels, die zumindest eine Nähe zum Rechtsextremismus aufweisen: das Label „Greifvogel" z.B. und der Versandhandel 2yt4u. Dieses Kürzel steht für den englischen Slogan „Too White For You" (deutsch „Zu weiß für dich"). Verkauft wird u.a. Sportkleidung mit deutlicher NS-Symbolik und vermeintlich germanischen Runen. Daneben gibt es noch die Labels „White Rex" aus Russland, „Pride France", „Sva Stone" aus der Ukraine und „Rodobran" aus Bulgarien. 2016 kam ein weiteres deutsches Label hinzu: „Black Legion" bezieht sich historisch einerseits auf eine Abspaltung des US-„Ku-Klux-Klan" und andererseits auf eine kroatische Einheit der faschistischen Ustasha-Miliz, die im Zweiten Weltkrieg mit dem NS-Regime kollaborierte.[163]

Der „Kampf der Nibelungen" ist die größte und bekannteste europäische Kampfsportveranstaltung der rechtsextremistischen Szene. Sie wird seit 2013 jedes Jahr durchgeführt. Circa 850 Rechtsextremisten aus Deutschland sowie aus Bulgarien, Frankreich, Griechenland, Österreich, Polen, Russland, der Schweiz, Tschechien, der Ukraine und den USA nahmen an diesem Kampfsportturnier teil. In der rechtsextremistischen Szene ist diese Kampfsportveranstaltung wegen ihrer professionellen Organisation und Durchführung

162 Vgl. Claus, 2018.

163 Vgl. Claus, 2018.

auf großen Anklang gestoßen.[164] Im Zentrum des Kampfsportturniers stehen ein faschistisches Körperideal, Werte wie Härte und Selbstdisziplin sowie die Feindschaft zum demokratischen System. Auf der Website von KDN steht u.a.: „Kommt mit anderen Sportlern in Kontakt und animiert über euer Vorbild andere dazu, dem System der Versager, der Heuchler und der Schwächlinge den Rücken zu kehren".[165]

„Die extreme Rechte hat mit all ihren Parteien und Organisationen gezielt darin investiert, eigene Strukturen im Kampfsport aufzubauen", sagte der Politikwissenschaftler Claus im Juli 2020. Dabei tauchten einige Boxgyms in den Verfassungsschutzberichten der Landesbehörden nicht auf, obwohl sie deutlich rechtsextremistisch seien. Weiter stellte Claus fest, dass internationale Verbindungen und Geldflüsse rechtsextremistischer Kampfsportveranstaltungen nicht ausreichend untersucht würden: „Wenn wir uns die breite Landschaft des Kampfsportes angucken, dort fehlt es sowohl an zivilgesellschaftlichen Initiativen als auch an staatlich geförderten und unterstützten Präventionsprogrammen"[166]. Kritisch merkt Claus an: „Generell mangelt es auf der Ebene der Profi-Veranstalter in Deutschland, aber auch weltweit an einer klaren Haltung zum Thema Rechtsextremismus. Übrigens auch zu den Themen Islamismus, türkische Graue Wölfe oder auch dem Rockerwesen." Ein Teil der MMA-Veranstalter komme selbst aus der rechtsextremistischen Szene. Wichtig bleibe festzuhalten: „Es gibt eine lange Reihe an Beispielen dafür, wie z.B. Neonazis die Fähigkeiten, die sie beim Training erlernen – wie man jemanden angreift, wie man jemanden schlägt, wie man jemanden tritt, wie man sich selbst verteidigt – wie sie das alles in politische Straßengewalt und Gewalt gegen politische Gegner ummünzen"[167].

Im Herbst 2019 konnte das rechtsextremistische Kampfsportturnier „Kampf der Nibelungen" (KDN) erstmals durch die zuständigen Polizei- und Ordnungsbehörden verboten werden. Das Bundesamt für Verfassungsschutz konnte das Verbot in Kooperation mit der Polizeidirektion Görlitz und dem Landesamt für Verfassungsschutz Sachsen unterstützen.[168] Ein bekannter Dortmunder Neonazi hatte für den Zeitraum vom 11. bis zum 13.10.2019 die Kampfsportveranstaltung „Kampf der Nibelungen" in Ostritz/Sachsen angemeldet. Die Stadt Ostritz wiederum untersagte die Durchführung der Veranstaltung mit der Begründung, dass von ihr eine Gefahr für die öffentliche Sicherheit

164 Vgl. Bundesamt für Verfassungsschutz, 2019b.

165 Zit. nach: Claus, 2018.

166 Vgl. Deutschlandfunk, 2020a.

167 Zit. nach: Deutschlandfunk, 2020a.

168 Vgl. Bundesamt für Verfassungsschutz, 2019b.

und Ordnung ausgehe. Gegen den Bescheid wurde vom rechtsextremistischen Veranstalter Widerspruch eingelegt, das Oberverwaltungsgericht in Bautzen/Sachsen bestätigte das Verbot aber letztinstanzlich.

Um das Verbot dieser Veranstaltung durchzusetzen, war die Polizei am 11. und 12.10.2019 mit jeweils etwa 300 Einsatzkräften vor Ort, kontrollierte die Zufahrtswege, wies Rechtsextremisten zurück und verhinderte ein Ausweichen der Veranstalter auf andere Veranstaltungsorte.

Das Bundesamt für Verfassungsschutz betrachtet das im Herbst 2019 erfolgreich umgesetzte Verbot dieser Kampfsportveranstaltung als richtungsweisend für den Umgang mit ähnlichen rechtsextremistischen Veranstaltungen auch an anderen Orten in Deutschland. So können Polizei- und Ordnungsbehörden zukünftig bei der Durchsetzung eines Verbots von offiziell angemeldeten oder bei der Auflösung von konspirativ organisierten rechtsextremistischen Kampfsportturnieren desselben oder ähnlichen Formats auf die nunmehr vorhandene Rechtsprechung zurückgreifen.

Der Sportausschuss des Bundestages bewertet die Verbindung von Rechtsextremisten zum deutschen Kampfsport als gefährlich und besorgniserregend. Demzufolge bedürfe es dringend sowohl innen- als auch sportpolitischer Maßnahmen, um Handlungsstrategien gegen Rechtsextremismus im Kampfsport (weiter) zu entwickeln. Innenpolitisch drängt sich dabei die Frage nach möglichen Verboten und Sanktionierungen rechtsextremistischer Kampfsportschulen, -Events und -Bekleidungslabels auf. Sportpolitisch muss die Frage geklärt werden, wie Prävention von Gewalt, Diskriminierung und rechtsextremistischen Einflüssen sowohl im Vereins- und Verbandssport als auch auf dem freien Markt entwickelt, gefördert und flächendeckend etabliert werden kann.[169]

5.2 Rechtsextremistische Musik

Die rechtsextremistische Musikszene dominiert die Szene der subkulturell geprägten Rechtsextremisten und besteht aus Musikgruppen und Liedermachern sowie deren Umfeld und Anhängern. Hierzu zählen Rechtsextremisten, die Websites betreiben, Konzerte organisieren, entsprechende Musik produzieren oder vertreiben bzw. rechtsextremistische Musikveranstaltungen besuchen. Zu Beginn des Jahres 2020 – vor Corona – gab es rechtsextremistische Großveranstaltungen mit vergleichsweise hohen Besucherzahlen, die eine entsprechende Öffentlichkeit in der Presse und im politischen Raum

169 Vgl. Deutscher Bundestag, Sportausschuss, 2020, S. 2.

erzielten. Diese musikalischen Großveranstaltungen erhalten den Charakter einer politischen Versammlung. Zusammenkünfte, die auch der kollektiven Meinungsbildung und -kundgabe dienen, unterfallen dem Schutzbereich der grundgesetzlichen Versammlungsfreiheit, die nur unter hohen Voraussetzungen beschränkt werden kann. Wie in den letzten Jahren fanden die großen Musik- und Rednerveranstaltungen vor allem in Sachsen und Thüringen statt.[170]

Im Zeitraum von Juli 2017 bis Juli 2019 erschienen zu mehreren RechtsRock-Großveranstaltungen jeweils ca. 6.000 Gäste.[171] Die Teilnahme an diesen Veranstaltungen stärkt das Gemeinschaftsgefühl der Rechtsextremisten und fördert die szeneinterne Vernetzung. Daneben können Teile der Gewinne zu einem verstärkten Ausbau rechtsextremistischer Aktivitäten und Strukturen führen. Die immer noch hohen Teilnehmerzahlen bei den Großveranstaltungen zeigen, dass rechtsextremistische Musik weiterhin ihre Funktion als szenestabilisierendes und mobilisierungskräftiges Element rechtsextremistischer Agitation behält.[172]

Das im November 2018 zum zweiten Mal veranstaltete rechtsextremistische „Schild & Schwert"-Festival in Ostritz/Sachsen wurde von dem stellvertretenden Vorsitzenden der NPD organisiert. Wie bei der ersten Veranstaltung im April 2018 wurden die Komponenten Politik, Musik, Kampfsport und „rechter Lifestyle" kombiniert, um möglichst viele rechtsextremistische Szeneangehörige zu gewinnen. Neben den weit überwiegend deutschen Szeneangehörigen nahmen auch Rechtsextremisten aus Österreich, Polen, der Schweiz, der Ukraine und den USA teil. Dies beweist die Qualität der internationalen Kontakte und der Zusammenarbeit zwischen Rechtsextremisten aus ganz Europa und den USA im Bereich der Musikveranstaltungen. Die Teilnehmerzahlen lagen bei ca. 1.200 Rechtsextremisten.[173]

Im Rahmen des rechtsextremistischen Festivals wurde beim Auftritt einer rechtsextremistischen Band ein Lied gespielt, das die nationalsozialistische Parole „Blut und Ehre" enthielt. Außerdem zeigten einige Besucher im Laufe der Musikauftritte den Hitlergruß, woraufhin polizeiliche Maßnahmen durchgeführt wurden. Die Polizei leitete 18 Ermittlungsverfahren u.a. wegen Verstößen gegen das Versammlungsgesetz und des Verwendens von Kennzeichen verfassungswidriger Organisationen ein.[174]

170 Vgl. Bundesamt für Verfassungsschutz, 2019c.
171 Vgl. Kreter, 2019, S. 159.
172 Vgl. Bundesamt für Verfassungsschutz, 2019c.
173 Vgl. Bundesamt für Verfassungsschutz, 2018a.
174 Vgl. Bundesamt für Verfassungsschutz, 2018a.

Rechtsextremistische Musikveranstaltungen wie das „Schild & Schwert"-Festival besitzen nach Einschätzung der deutschen Verfassungsschutzbehörden eine herausragende Bedeutung aus Sicht der rechtsextremistischen Szene. Sie dienen zur Mobilisierung von Jugendlichen und jungen Erwachsenen, um sie an die rechtsextremistische Szene heranzuführen und zu binden. Sie fördern die Bildung von rechtsextremistischen Netzwerken und sollen den Zusammenhalt innerhalb der Szene stärken. Neben der szeneinternen Vernetzung dienen Veranstaltungen dieser Art auch der Erwirtschaftung von Gewinnen, die zur Finanzierung lokaler und überregionaler rechtsextremistischer Strukturen eingesetzt werden können.[175]

Die RechtsRock-Szene ist gut vernetzt und bietet eine lukrative Einnahmequelle sowohl für Musikverlage als auch für Organisationen wie Blood & Honour oder neonazistische „Kameradschaften". Bei keinem anderen Bereich des Rechtsextremismus haben internationale Verbindungen größere Relevanz als bei der Musik. So wird im englischsprachigen Raum rechtsextremistische Musik von Bands und Fans häufig als „White Power Music" bezeichnet. Hinter diesem Begriff steht die Idee einer angeblichen Überlegenheit einer „weißen Rasse". Diese Ideologie vereint Rechtsextremisten weltweit, weil sie über der Idee des jeweiligen Nationalstaats steht und ihre Anhänger über einen vermeintlich gemeinsamen „rassischen" Hintergrund verbindet.[176] Die unterschiedliche Gesetzgebung führt dazu, dass neonazistische Rockbands aus Deutschland ihre CDs mit strafrechtlich relevanten Inhalten bei Musikverlagen im Ausland veröffentlichen. So erschienen z.B. Tonträger der Brandenburger Band „Hassgesang" beim US-amerikanischen Label „Micetrap". Illegale CDs und LPs deutscher Bands können bis heute relativ einfach aus dem Ausland bezogen werden. Das Label und der Versand „Blackshirt Records" in Italien z.B. vertreiben in Deutschland verbotene CDs von „Hassgesang" oder der deutschen Band „Hate Society", gegen die in der Bundesrepublik Deutschland ein Beschlagnahmebeschluss vorliegt.[177]

„Schwarz ist die Nacht, in der wir euch kriegen! Weiß sind die Männer, die für Deutschland siegen! Rot ist das Blut, auf dem Asphalt" sang die Brandenburger Band „Frontfeuer" auf dem Konzert „Rock für Deutschland", organisiert von der NPD am 6.7.2013. Dieses Lied, ein Bekenntnis zu rechtsextremistischer Gewalt und Rassismus, stammt im Original von der Cottbusser Gruppe „Frontalkraft", einer der ältesten rechtsextremistischen Musikgruppen in

175 Vgl. Bundesamt für Verfassungsschutz, 2018a.

176 Vgl. Raabe, 2017.

177 Vgl. Raabe, 2017.

Deutschland.[178] Die Gruppe hat im Laufe der letzten Jahre deutlich mehr als 120 Konzerte gegeben, darunter in Frankreich, der Schweiz, in Tschechien, Österreich und Spanien. Die überwiegende Zahl der jährlich veröffentlichten RechtsRock-CDs geht auf Bands wie „Frontalkraft" zurück, die sich mit ihrer Musik einen hohen Stellenwert in der rechtsextremistischen Szene erspielt haben.[179]

Die rechtsextremistische Band „X.x.X." singt u.a.: „Im letzten Jahrhundert erkannte man die Zeichen und eine starke Kraft befreite unser Volk. Doch unter dem Einfluss dieser feinen Auserwählten, begann ab `45 eine schreckliche Zeit. Die Auserwählten, euer Ende naht [...] bald kommt der jüngste Tag [...] wir beenden auf ewig eure Zeit".[180]

Die Anhänger der verschiedenen rechtsextremistischen musikalischen Stile finden in lokalen Cliquen zusammen, die eng koordiniert sind und somit eine RechtsRock-Szene bilden. Rechtsextremistische Konzerte ziehen in der Regel ca. 1.000 Fans an. In den letzten Jahren fanden in Deutschland im Durchschnitt über 100 bis 130 rechtsextremistische Konzerte pro Jahr statt.[181]

Die Verbindung von RechtsRock und Rechtsterrorismus wurde in Deutschland lange Zeit durch „Combat 18" verkörpert, den militanten Arm der rechtsextremistischen Gruppe „Blood & Honour". Die militante Gruppe „Combat 18 Deutschland" hat enge Verbindungen zu den deutschen Bands Oidoxie, Sturmbrüder, TreueOrden, Exempel, Kommando S3, Weisse Wölfe, Strafmass, Straftat, Sonderkommando Dirlewanger, N.A.Z.I. (Nordic Anti Zionist Incorporations), Erschießungskommando, Unbeliebte Jungs, Words of Anger, Rassenhass, Division Voran, Sturmwehr und Kraftschlag.[182] Die exponiertesten Vertreter, Oidoxie, traten im Zeitraum von Juli 2017 bis Juli 2019 bei beinahe allen RechtsRock-Großveranstaltungen auf. Allerdings wurden Auftritte von Oidoxie, Unbeliebte Jungs und Sturmwehr abgebrochen, weil sie verbotene bzw. indizierte Lieder in Themar und Ostritz spielten.[183]

178 Vgl. Langebach/Raabe, 2016a, S. 384.

179 Vgl. Langebach/Raabe, 2016a, S. 385.

180 X.x.X., 2005, Die Auserwählten, zit. nach: Langebach/Raabe, 2016a, S. 386.

181 Vgl. Langebach/Raabe, 2016a, S. 413–416.

182 Vgl. Kreter, 2019, S. 170.

183 Vgl. Kreter, 2019, S. 171.

5.3 Anti-Asyl-Agitation, Islamfeindlichkeit und „Bürgerwehren“

Die deutsche rechtsextremistische Szene nutzte den Anstieg der Flüchtlingszahlen in Deutschland in den Jahren 2014 und 2015 für eine umfassende Anti-Asyl-Agitation. Deutsche Rechtsextremisten nutzen seither die Anti-Asyl-Debatte, um eine fundamentale Ablehnung der bestehenden gesellschaftlichen und politischen Ordnung zu propagieren. Anhänger der Regierungspolitik werden von Rechtsextremisten als „Volksverräter“ bezeichnet und die Medien als „Lügenpresse“, eine Terminologie, die nur noch zwischen „gut“ und „böse“ unterscheidet und einem demokratischen Diskurs den Raum nimmt.[184] In den letzten Jahren beobachteten die deutschen Verfassungsschutzbehörden, dass viele Anmelder von Anti-Asyl-Demonstrationen den deutschen Sicherheitsbehörden als Rechtsextremist bekannt sind. Auch das Motto der Veranstaltung oder die auftretenden Redner und deren Aussagen sind für die Einordnung der Anti-Asyl-Demonstrationen relevant. Allein im Jahr 2015 nahmen insgesamt 95.200 Personen an rechtsextremistischen oder maßgeblich von Rechtsextremisten gesteuerten Demonstrationen gegen Flüchtlinge teil, im Jahr zuvor waren dies noch 20.610 gewesen.

Die NPD-Jugendorganisation „Junge Nationaldemokraten“ (JN) bspw. kategorisierte Muslime pauschal rassistisch: „Auch wenn wir den Islam nicht als das Hauptproblem ansehen, ist die Bedrohung einer feindlichen Übernahme durch die Steinzeitmenschen akuter denn je. Wir müssen sie aufhalten, bevor sie unsere Kultur gänzlich verbannen und Europa ins Mittelalter katapultieren“ (Facebook-Seite JN, 3.9.2015)[185]. Eine rechtsextremistische Website rief im Kontext von Anti-Asyl zu Gewalt auf: „Der Krieg kommt zu uns, in unsere Städte und Dörfer. Es ist an der Zeit Neger und Musels wieder aus Europa zu vertreiben, sonst ist unser Fortbestehen und unsere Kultur dem Untergang geweiht. Von allen Edelmetallen ist BLEI das Wertvollste zur Zeit: als Flugblei im Kaliber.“ (Homepage „Globalecho“, 23.10.2015)[186].

Die rechtsextremistische Partei „Der III. Weg“ sah in den steigenden Flüchtlingszahlen eine existenzielle Notlage und forderte zur „Gegenwehr“ auf: „Der Rest des deutschen Volkes, die noch deutsch sein wollen und ihren Kindern eine lebenswerte Heimat hinterlassen möchten, sollten endlich die geballte Faust aus den Taschen nehmen und sich mit aller Vehemenz gegen

184 Vgl. Bundesministerium des Innern, für Bau und Heimat, 2016a, S. 56.

185 Zit. nach: Bundesministerium des Innern, für Bau und Heimat, 2016a, S. 57.

186 Zit. nach: Bundesministerium des Innern, für Bau und Heimat, 2016a, S. 58.

diese identitätsvernichtende und im Grunde für alles Deutsche todbringende Politik zur Wehr setzen" (Homepage „Der III. Weg", 20.8.2015)[187].

Auf der rechtsextremistischen Internet-Plattform „Altermedia Deutschland" wurde eine „Hassliste" abgebildet, auf der u.a. Politiker und Personen, die sich für Flüchtlinge einsetzen, in Fadenkreuzen abgebildet waren. Diese Personen seien „zum Abschuss freigegeben". Bereits im Jahr 2015 – vor dem rechtsterroristischen Attentat auf den CDU-Politiker Walter Lübcke und vor den beiden rechtsterroristischen Anschlägen in Halle und Hanau – analysierten die deutschen Verfassungsschutzbehörden, dass die Anonymität des Internets zu einer Verrohung der Sprache führe. So lösten sich in der Realwelt noch vorhandene zivilisatorische Schranken im Internet gänzlich auf und in völlig enthemmter Art und Weise werden Flüchtlinge entmenschlicht und bedroht, ebenso wie Politiker und Flüchtlingshelfer. Das Internet bietet Rechtsextremisten ein hohes Potenzial an Öffentlichkeitswirksamkeit für Propaganda- und Rekrutierungszwecke.[188]

Eine entscheidende Rolle für rechtsextremistische Propaganda kam in den Jahren 2014 bis 2016 der Internet-Plattform „Altermedia Deutschland" zu, die der Bundesminister des Innern folgerichtig am 27.1.2016 verbot. Der Hintergrund für das Verbot war vor allem die Verbreitung rassistischer, ausländerfeindlicher, antisemitischer und islamfeindlicher Inhalte.

Islamfeindlichkeit ist neben der Anti-Asyl-Agitation ein wesentliches Agitationsfeld von Rechtsextremisten. Nach Angaben der deutschen Verfassungsschutzbehörden versuchen sie, Widerstands- und Umsturzfantasien zu befeuern und Ereignisse zu instrumentalisieren, die sie mit der Religion des Islam in Verbindung bringen.[189] Ein spezielles Element deutscher Rechtsextremisten ist hierbei die Anti-Islam-Agitation, in der stereotyp eine Gegensätzlichkeit und Unvereinbarkeit von deutscher und muslimischer Kultur behauptet wird. So unterstellen Rechtsextremisten Muslimen pauschal, einen kulturellen „Eroberungsfeldzug" gegen den Westen zu führen sowie sich „gewaltbereit und kriegerisch" zu verhalten. Der deutsche Rechtsextremismus setzt „den Islam" und „die Muslime" mit einem „Krieg gegen die deutsche Art und die Kultur" gleich. Dieses ideologische Muster zielt darauf ab, Ängste, Unsicherheiten und Vorurteile gegenüber Muslimen zu schüren, und ist damit letztlich auch geeignet, den Boden für Gewalt gegenüber dieser Bevölkerungsgruppe zu bereiten. Dies zeigt beispielhaft der Songtext einer rechtsextremistischen

187 Zit. nach: Bundesministerium des Innern, für Bau und Heimat, 2016a, S. 58.

188 Vgl. Bundesministerium des Innern, für Bau und Heimat, 2016a, S. 62.

189 Vgl. Bundesministerium des Innern, für Bau und Heimat, 2017, S. 58.

Musikgruppe: „Der Muezzin verkündet von seinem Minarett: Das Abendland muss fallen, Infiltration. [...] Dies ist ein Aufruf an alle Freiheitskämpfer. Unser Abendland ist in Gefahr. Der Krieg mit dem Islam, er hat begonnen, sei bereit mein Volk. [...] Es eskaliert." (Musikgruppe „Youth of Tomorrow", CD „Lasst die schwarzen Fahnen wehen", Lied „Es eskaliert")[190].

Das Aktionsfeld „Islamfeindlichkeit" als neuartige Form der Fremdenfeindlichkeit hat im deutschen Rechtsextremismus in den vergangenen Jahren an Bedeutung gewonnen. Seit Ende 2011 konnten auf einschlägigen Internetseiten islam- und muslimfeindliche Reaktionen in Form von Leserkommentaren festgestellt werden.[191] Hierbei ist nach Auffassung des Landesamtes für Verfassungsschutz Baden-Württemberg die notwendige Abgrenzung zwischen (demokratisch) zulässiger Kritik an der Religion Islam – im Rahmen der freien Meinungsäußerung – und Islamfeindlichkeit, d.h. verfassungsfeindlicher Diffamierung, nicht immer einfach. Islamfeindlichkeit geht über die bloße Kritik einer Religion hinaus. Sie richtet sich auch gegen wesentliche Elemente der freiheitlichen demokratischen Grundordnung. Genannt seien hier speziell die im Grundgesetz konkretisierten Menschenrechte, vor allem die Menschenwürde gemäß Art. 1 Abs. 1 GG. Die festgestellten rechtsextremistischen Äußerungen sprechen den Betroffenen das Lebensrecht als gleichwertige Persönlichkeiten in der Gemeinschaft ab. Verstöße gegen den Gleichbehandlungsgrundsatz (Art. 3 GG) und die Religionsfreiheit (Art. 4 GG) weisen auf eine mögliche Verletzung des Art. 1 GG hin.[192]

Die bedeutendsten politischen Propagandisten und Träger von Islamfeindlichkeit sind gegenwärtig die rechtsextremistischen und rechtspopulistischen Parteien in Europa. Da bei derartigen Parteien die Agitation mit Feindbildern seit Langem bekannt ist, lässt sich als eigentliche Auffassung eine als Islamfeindlichkeit verkleidete Fremdenfeindlichkeit gut belegen. Ähnliche Propaganda in Verbindung mit Negativ-Bildern über den Islam findet man auf Internetseiten mit offenbar hohen Besucherzahlen wie „Die grüne Pest", „Islamkritik.at", „Politically Incorrect", „Stop Islam" oder „Akte Islam. Für Europa – gegen Eurabien".[193]

Die deutschen Verfassungsschutzbehörden beobachteten im Jahr 2017, dass das Themenfeld „Anti-Asyl" im deutschen Rechtsextremismus etwas an Bedeutung verlor, allerdings instrumentalisierten deutsche Rechtsextremisten

190 Zit. nach: Bundesministerium des Innern, für Bau und Heimat, 2017, S. 59.

191 Vgl. Landesamt für Verfassungsschutz Baden-Württemberg, 2020.

192 Vgl. Landesamt für Verfassungsschutz Baden-Württemberg, 2020.

193 Vgl. Pfahl-Traughber, 2019b.

Gewalttaten von Ausländern weiterhin in ihrem Sinne. So wurde der Messerangriff eines afghanischen Flüchtlings auf eine 15-jährige deutsche junge Frau in Kandel/Rheinland-Pfalz am 27.12.2017 auf verschiedenen Facebook-Seiten der NPD als Folge der Flüchtlingspolitik der Bundesregierung bewertet:

„Immer mehr deutsche Mädchen und Frauen werden Gewaltopfer von Krimigranten, mit denen sie zuvor Beziehungen hatten. Lasst endlich die Finger von diesen kulturfremden Psychos, die null Erfahrung mit emanzipierten Frauen haben [...]. Die Zuwanderungsfanatiker der Systemparteien schließen Mördern und anderen Kriminellen die Türen nach Deutschland auf: Der afghanische Mörder der 15-jährigen Deutschen kam als minderjähriger unbegleiteter Pseudo-Flüchtling ins Land!“ (Facebook-Seite NPD vom 29.12.2017)[194].

Die deutschen Verfassungsschutzbehörden analysieren für das Jahr 2018, dass die Beteiligung an rechtsextremistischen Aufmärschen und Demonstrationen im Anti-Asyl-Kontext weiter nachgelassen hat, die Vorfälle in Chemnitz und Köthen allerdings andererseits gezeigt haben, dass rechtsextremistische Anti-Asyl-Agitation nach wie vor ein hohes Mobilisierungspotenzial besitzt, das konkrete Gefährdungsmomente nach sich ziehen kann.[195] Nach einem mutmaßlich von Asylbewerbern verübten Tötungsdelikt in Chemnitz am 26.8.2018 kam es dort und in mehreren anderen deutschen Städten zu massiven Protesten, zu denen auch Rechtsextremisten aufgerufen hatten. Ebenso war ein von Asylbewerbern begangenes Körperverletzungsdelikt am 8.9.2018, infolgedessen ein Mensch verstarb, auch in Köthen Anlass für asylfeindliche Demonstrationen. Das Tötungsdelikt in Chemnitz wurde von der rechtsextremistischen Szene als ein Beleg für das Scheitern der „Multikulti-Gesellschaft“ und als eine Folge des „Systems Merkel“ bewertet und vor allem im Sinne der eigenen rechtsextremistischen Ideologie instrumentalisiert und emotional aufgeladen.[196] An diesen beiden Fällen zeigt sich, dass sich gewaltorientierte Rechtsextremisten durch die emotionalisierte Debatte radikalisieren und Gewalttaten begehen können. Viele Beiträge in sozialen Netzwerken enthielten unterschwellige oder offene Aufforderungen zur „Gegenwehr“, hier: Gewalt, wie bspw. der Eintrag auf der Facebook-Seite eines nordrhein-westfälischen Neonazis:

„Der politische Bodensatz bagatellisiert [...] die Mörder von Chemnitz. [...] Was in Chemnitz gerade passiert ist der Rassenkrieg, den die demokratischen Gruppierungen eingeschleppt haben. Wir wollen keine Gewalt, aber wir las-

194 Zit. nach: Bundesministerium des Innern, für Bau und Heimat, 2018, S. 45.

195 Vgl. Bundesministerium des Innern, für Bau und Heimat, 2019, S. 46.

196 Vgl. Bundesministerium des Innern, für Bau und Heimat, 2019, S. 46.

sen uns nicht kampflos ausrotten! Um zu überleben werden wir das tun, was getan werden muss, um unser Recht auf Leben zu verteidigen! #antirassismustötet“ (Facebook-Seite, 27.8.2018)[197].

Derartige rechtsextremistische Radikalisierungsverläufe können nach Auffassung der deutschen Sicherheitsbehörden bis zur Bildung rechtsterroristischer Gruppierungen führen. Auch Hooligan-Gruppierungen mobilisierten zu den flüchtlingsfeindlichen Demonstrationen in Chemnitz, was die Berührungspunkte zwischen der gewaltorientierten Hooligan-Szene und Rechtsextremisten bzw. deren Themenfeldern aufzeigt und aufgrund der Gewaltaffinität von Hooligans ein besonders hohes Gefährdungspotenzial entstehen lässt.[198]

Ob bei Debatten in sozialen Netzwerken, im Rahmen von Demonstrationen oder als Motiv für begangene Straftaten, das Thema „Anti-Asyl“ ist für die rechtsextremistische Szene weiterhin von zentraler Bedeutung. So ist anlassbezogen ein Anstieg bzw. eine Verschärfung fremdenfeindlicher, rassistischer und islamfeindlicher Inhalte in sozialen Netzwerken immer wieder möglich. Hierfür reichen nach Angaben der deutschen Verfassungsschutzbehörden punktuelle Auslöser, wie etwa von Asylbewerbern begangene Gewalttaten, aus. Weiterhin rechnen die deutschen Sicherheitsbehörden damit, „dass es zu verstärkten rechtsextremistischen Resonanzaktivitäten, von Demonstrationen und Propagandaaktionen im öffentlichen Raum bis hin zur Begehung von Straf- und Gewalttaten gegen Muslime, Asylbewerber und andere Menschen mit Migrationshintergrund sowie gegen (vermeintlich) politisch Verantwortliche, kommt“[199].

Deutsche Rechtsextremisten haben in den letzten Monaten und Jahren immer wieder auf die vermeintliche Notwendigkeit zur Bildung von „Bürgerwehren“ hingewiesen oder entsprechende Gruppierungen gegründet. Sie versuchen mit dieser leicht zu realisierenden Aktionsform, eine Anschlussfähigkeit rechtsextremistischer Positionen an die bürgerlich-demokratische Mehrheitsgesellschaft herzustellen. Dies soll aus rechtsextremistischer Sicht einerseits suggerieren, dass der Staat außerstande sei, die öffentliche Sicherheit und Ordnung zu gewährleisten, und er deshalb seine Legitimation verloren habe. Andererseits sollen Menschen mit Migrationshintergrund oder politische Gegner durch die Präsenz von rechtsextremistischen „Bürgerwehren“ vor Ort gezielt eingeschüchtert werden. Gleichzeitig wird deutlich, dass sich innerhalb dieser als „Bürgerwehren“ auftretenden Gruppierungen auch

197 Zit. nach: Bundesministerium des Innern, für Bau und Heimat, 2019, S. 47.

198 Vgl. Bundesministerium des Innern, für Bau und Heimat, 2019, S. 47.

199 Vgl. Bundesministerium des Innern, für Bau und Heimat, 2019, S. 54.

Ansätze für rechtsterroristische Potenziale herausbilden können. Die deutschen Verfassungsschutzbehörden analysieren, dass ein fließender Übergang vom Aufruf zur Bildung von „Bürgerwehren" hin zu einem eigenmächtigen Eintreten für Sicherheit und Ordnung abseits des staatlichen Gewaltmonopols oder gar hin zu gewalttätigem Handeln besteht. So traten in den letzten Monaten und Jahren zahlreiche gewalttätige rechtsextremistische Gruppierungen als „Bürgerwehr" auf. Ein Beispiel hierfür ist die rechtsterroristische „Gruppe Freital". Weitere Beispiele für die Bildung von „Bürgerwehren" sind die „Schutzzonen"-Kampagne der NPD und die „Nationalen Streifen" der Partei „Der III. Weg".[200]

5.4 Antisemitismus im Rechtsextremismus

5.4.1 Definition und Analysemerkmale

In der Wissenschaft existiert keine einheitliche, allgemeingültige Definition des Begriffs Antisemitismus. Die Bundesregierung empfiehlt daher folgende Begriffsbestimmung:

„Antisemitismus ist eine bestimmte Wahrnehmung von Juden, die sich als Hass gegenüber Juden ausdrücken kann. Der Antisemitismus richtet sich in Wort oder Tat gegen jüdische oder nichtjüdische Einzelpersonen und/oder deren Eigentum sowie gegen jüdische Gemeindeinstitutionen oder religiöse Einrichtungen."[201]

Das Bundesamt für Verfassungsschutz definiert Antisemitismus wie folgt:

„Unter dem Begriff Antisemitismus versteht man die politisch, sozial, rassistisch oder religiös begründete Feindschaft gegenüber Juden. Antisemitisch sind sämtliche Äußerungen und Verhaltensweisen, die sich gegen einen oder mehrere Juden als Juden bzw. gegen eine jüdische Gemeinschaft richten. Dabei ist es unerheblich, ob sich diese Gemeinschaft im Verband des Staates Israel organisiert oder außerhalb."[202]

Das Bundesamt für Verfassungsschutz zählt fünf Arten von Antisemitismus:

- Religiöser Antisemitismus
    - Die älteste Form von Antisemitismus stellt der religiöse Antisemitismus dar, der sich auf die jüdische Religion bezieht.

200 Vgl. Bundesministerium des Innern, für Bau und Heimat, 2019, S. 56.

201 Arbeitsdefinition der International Holocaust Remembrance Alliance (IHRA), zit. nach: Bundesministerium des Innern, für Bau und Heimat, 2019, S. 73.

202 Bundesamt für Verfassungsschutz, 2019h, S. 8.

- Sozialer Antisemitismus
  - Der soziale Antisemitismus hat seinen Ursprung in der gesellschaftlichen Außenseiterrolle der Juden, die sich in Europa seit dem Mittelalter oft auf Handel und Finanzdienstleistungen spezialisierten bzw. spezialisieren mussten. Aus den geschäftlichen Erfolgen einzelner jüdischer Personen und Familien erwuchs später der Mythos der Beherrschung der internationalen Finanzwelt durch „die Juden".
- Politischer Antisemitismus
  - Die Basis des politischen Antisemitismus bildet die Idee einer weltumspannenden geheimen Verschwörung des Judentums mit dem Ziel, die Politik sämtlicher Staaten zu kontrollieren und im jüdischen Interesse zu dirigieren.
- Rassistischer Antisemitismus
  - Der rassistische Antisemitismus bildete die ideologische Grundlage für die Ermordung der europäischen Juden durch die Nationalsozialisten.
- Sekundärer Antisemitismus
  - Der sekundäre Antisemitismus ist bestimmt durch den Versuch, das Gedenken an den Holocaust zu diffamieren oder dessen historische Existenz infrage zu stellen. Insbesondere politische Akteure im Nahen und Mittleren Osten versuchen, durch die Leugnung des Holocaust das Existenzrecht des Staates Israel, dessen Gründung im unmittelbaren Zusammenhang mit dem Völkermord an den europäischen Juden steht, zu bestreiten.[203]

Antisemitismus ist ein zentrales Ideologieelement des Rechtsextremismus und in allen seinen Äußerungsformen virulent, seien sie publizistisch, parlamentarisch oder auch aktionistisch orientiert. Er zielt auf die Diffamierung und Diskriminierung einer behaupteten Gesamtheit „der Juden" ab.[204] Antisemitismus gehört zu den ideologischen Grundüberzeugungen des Rechtsextremismus und ist in quasi allen rechtsextremistischen Organisationen präsent.[205] Nach Einschätzung des Bundesamtes für Verfassungsschutz baut der rechtsextremistische Antisemitismus insbesondere auf dem rassistischen Weltbild des Nationalsozialismus auf, der das Judentum als „nichtdeutsche, fremde Rasse" definierte und diesen „Feind der eigenen Rasse" „ausmerzen" wollte. Nicht zuletzt aufgrund der strafrechtlichen Konsequenzen mei-

203 Vgl. Bundesamt für Verfassungsschutz, 2019h, S. 9–12; Goertz, 2020c, S. 139–140.

204 Vgl. Bundesamt für Verfassungsschutz, 2020i; Goertz, 2020c, S. 141.

205 Vgl. Freter, 2017.

den Rechtsextremisten mittlerweile in ihrer Propaganda offenen, rassistisch motivierten Antisemitismus. Vielmehr weichen sie auf einen angedeuteten Antisemitismus aus, insbesondere durch die Behauptung eines übermäßigen politischen Einflusses von Juden (politischer Antisemitismus). Auch religiös begründeter Antisemitismus ist gelegentlich zu beobachten. Oftmals findet antisemitische Propaganda nur unterschwellig statt, u.a. durch subtil judenfeindlich gefärbte Zeitungsartikel oder Anspielungen.[206] Im Rechtsextremismus finden sich sowohl religiöse als auch kulturelle oder rassistische Begründungsmuster für Antisemitismus. Häufig korrespondieren diese mit verschwörungstheoretischen Ansätzen. Beide zeugen von ideologischer Nähe zum historischen Nationalsozialismus und treten meist in Verbindung mit revisionistischen Positionen auf.[207] Daneben nutzen Rechtsextremisten die im politischen und gesellschaftlichen Alltag geäußerte Kritik an der Politik Israels, um die Existenzberechtigung des Staates Israel infrage zu stellen. Die grundsätzliche Ablehnung Israels basiert auf der prinzipiellen Ablehnung des Judentums. Gleichsetzungen der israelischen Politik mit den Verbrechen an Juden im Nationalsozialismus sind ebenfalls ein gängiges Muster des antizionistischen Antisemitismus.[208]

Im Rahmen des sekundären Antisemitismus wird den Juden vorgeworfen, sie benutzten die Verantwortung Deutschlands für den Holocaust als Mittel der Erpressung, um finanzielle und politische Forderungen durchzusetzen. Antisemitischen Verschwörungstheorien zufolge wird Deutschland im Rahmen einer planvollen Konspiration instrumentalisiert, um den „jüdischen Einfluss" zu vergrößern oder das Ziel der jüdischen Weltherrschaft zu erreichen. Häufig wird ein „jüdischer Einfluss" auf politische Entscheidungen der Regierungsverantwortlichen behauptet.[209]

Nach der Auffassung der deutschen Verfassungsschutzbehörden sind in nahezu allen Teilbereichen des Rechtsextremismus in Deutschland antisemitische Einstellungs- und Agitationsmuster in unterschiedlicher Intensität und Ausprägung feststellbar. Weil in Politik, Medien und Mehrheitsgesellschaft ein klarer Konsens gegen Antisemitismus vorherrscht, stehen antisemitische Agitationsmuster oftmals nicht im Mittelpunkt rechtsextremistischer Agitation, sondern fließen in Nebensätze oder Randbemerkungen ein.[210]

206 Vgl. Bundesamt für Verfassungsschutz, 2020i; Goertz, 2020c, S. 141.

207 Vgl. Freter, 2017.

208 Vgl. Bundesamt für Verfassungsschutz, 2020i; Goertz, 2020c, S. 141

209 Vgl. Bundesamt für Verfassungsschutz, 2020i; Goertz, 2020c, S. 141.

210 Vgl. Bundesministerium des Innern, für Bau und Heimat, 2019, S. 73; Goertz, 2020c, S. 141.

Der religiös motivierte Antisemitismus wird in der deutschen rechtsextremistischen Szene nach Auffassung der deutschen Verfassungsschutzbehörden nur noch sehr selten propagiert und ist eher als unterschwelliges, aber wirkmächtiges Stereotyp verbreitet. Daneben hat der rassistische Antisemitismus, der einen angeblich genetisch bedingten Minderwert von Juden gegenüber der durchweg positiv beschriebenen „arischen", „weißen" oder „nordischen Rasse" behauptet, gemäß dem Bundesamt für Verfassungsschutz in den letzten Jahren an Bedeutung verloren. Er artikuliert sich vor allem in Teilen des neonazistischen und subkulturell geprägten Rechtsextremismus. In der Außendarstellung spielen der religiös motivierte und der rassistische Antisemitismus eine immer geringere Rolle.

Vor allem Rechtsextremisten, die versuchen, stärker in die Mehrheitsgesellschaft zu wirken, bedienen sich anderer Varianten der antisemitischen Agitation, von der sie sich eine Anschlussfähigkeit in der Mehrheitsgesellschaft erhoffen.[211]

Die deutschen Verfassungsschutzbehörden analysieren aktuell, dass der politische Antisemitismus und vielfältige Verschwörungstheorien innerhalb der rechtsextremistisch-antisemitischen Agitation eine entscheidende Rolle spielen. Der politische Antisemitismus besitzt eine lange Tradition, in Deutschland und weltweit. Danach seien „die Juden" eine einflussreiche Macht, die mit politischen Absichten als Kollektiv die Herrschaft im jeweiligen Land oder gar die Weltherrschaft anstrebten. „Die Juden" – so der politische Antisemitismus – steuern angeblich die Regierung der USA, beherrschen Wirtschaft, Finanzwelt und Medien und wollen durch ihre Verschwörung politische Umbrüche oder Wirtschaftskrisen herbeiführen. Indem die Verschwörungstheorien komplexen Phänomenen scheinbar einfache eindimensionale Erklärungen gegenüberstellen und auf „die Juden" als Verantwortliche verweisen, bieten sie gerade in Konflikten bzw. bei verunsicherten Personen vermeintliche Welterklärungsmodelle an, so das Bundesamt für Verfassungsschutz.[212]

Von einer unverhohlenen Leugnung des Holocaust haben die meisten deutschen Rechtsextremisten nach Einschätzung des Bundesamtes für Verfassungsschutz aufgrund der Gesetzeslage Abstand genommen. Aber sie stilisieren unter dem Deckmantel des vermeintlichen Kampfes um Meinungsfreiheit und für die Abschaffung des § 130 StGB inhaftierte Holocaust-Leugner zu „politischen Gefangenen". Vor allem zugunsten der Holocaust-Leugnerin und Geschichtsrevisionistin Ursula Haverbeck-Wetzel wurden mehrfach szene-

211 Vgl. Bundesministerium des Innern, für Bau und Heimat, 2019, S. 74; Goertz, 2020c, S. 141.

212 Vgl. Bundesministerium des Innern, für Bau und Heimat, 2019, S. 74; Goertz, 2020c, S. 141.

übergreifend Solidaritätsdemonstrationen veranstaltet. Anlässlich ihres 90. Geburtstages versammelten sich unter dem Motto: „Mit 90 Jahren in Gesinnungshaft: Freiheit für Ursula Haverbeck!" im November 2018 über 400 Rechtsextremisten in Bielefeld und skandierten u.a.: „Nie wieder Israel" und: „Wer Deutschland liebt, ist Antisemit".[213]

Einen breiten Raum innerhalb der rechtsextremistischen Szene nimmt im Augenblick der antizionistische Antisemitismus ein. Er negiert das Existenzrecht Israels und diffamiert Israel, indem er dem Land einen „Vernichtungskrieg" und eine Politik der „Ausrottung" gegenüber den Palästinensern vorwirft. Dadurch wird der Staat Israel zu einer Projektionsfläche für antisemitische Ressentiments. Verbunden ist damit eine starke Zunahme antisemitischer Äußerungen in den sozialen Medien, Blogs und Online-Kommentaren zu verzeichnen. Dabei werden häufig antisemitische Stereotype verwendet sowie Judenhass in vermeintliche „Israelkritik" gekleidet. Die vordergründige Anonymität des Internets verleitet zahlreiche Antisemiten zur offenen Artikulation ihres Judenhasses.[214]

5.4.2 Antisemitismus bei rechtsextremistischen Musikgruppen

Nach Auffassung des Berliner Verfassungsschutzes sind in den letzten Jahren Elemente des Rechtsextremismus in zahlreiche jugendkulturelle Szenen eingedrungen. Dies betrifft Kleidungs- und Musikstile, Aktionsformen bei Protesten und Demonstrationen bis hin zu Ernährungsweisen. Auf diese Weise ist eine vielfältige rechtsextremistische Jugendkultur entstanden, die mit fast allen Mode- und Lebensstilen kombinierbar scheint.[215]

Heute finden sich rechtsextremistische Ideologieinhalte in verschiedenen Musikszenen. Unterschiedliche Zielgruppen werden mit unterschiedlichen Musikrichtungen bedient. Gängig sind vor allem Rock und Hardrock, Heavy Metal und Black Metal, Schlager und Volkslieder. Rechtsextremistische Musik experimentiert aber auch mit anderen Musikstilen wie Hip-Hop, Punkrock, Rockabilly, Gothic und Dark Wave.[216]

Diese Szene hat sich seit den 1980er-Jahren als eigenständiger Bereich des Rechtsextremismus etabliert. Antisemitische Texte gehören seit dem Beginn

213 Vgl. Bundesministerium des Innern, für Bau und Heimat, 2019, S. 75; Goertz, 2020c, S. 141.

214 Vgl. Bundesministerium des Innern, für Bau und Heimat, 2019, S. 75; Goertz, 2020c, S. 141.

215 Senatsverwaltung für Inneres und Sport Berlin Abteilung Verfassungsschutz, 2016, S. 7.

216 Senatsverwaltung für Inneres und Sport Berlin Abteilung Verfassungsschutz, 2016, S. 9.

zum Genre. Der über das suggestiv wirkende Medium Musik transportierte Antisemitismus entfaltet vor allem bei jüngeren Rechtsextremisten eine besondere Wirkung.[217] Die Bandbreite in der rechtsextremistischen Musik reicht nach Angaben der deutschen Verfassungsschutzbehörden von „Vernichtungsfantasien bis hin zu subtileren Formen des Antisemitismus“. Unverhohlener Judenhass und die Androhung von und Aufrufe zu Gewalt und Mord finden meistens in Texten von „Untergrund“-Produktionen statt. Diese werden oft von Musikern unbekannter Identität eingespielt oder von Musikern, die sich nur für einen einzigen Tonträger oder nur für ein zeitlich begrenztes Musikprojekt zusammenschließen.[218] Zu den drastischsten antisemitischen Liedern gehören diejenigen der rechtsextremistischen Gruppe „14Winterkampf88“, deren CD „Milliarden Leichen für den Endsieg“ im Jahr 2016 von der Bundesprüfstelle für jugendgefährdende Medien (BPjM) als jugendgefährdend indiziert und als volksverhetzend eingestuft wurde. Das Bundesamt für Verfassungsschutz analysiert, dass schon der Name dieser rechtsextremistischen Gruppe klare Bezüge zum Nationalsozialismus aufweist: Die Zahl „88“ steht als Code für den Gruß „Heil Hitler“. Die Zahl „14“ bezieht sich auf die „14 words“ des amerikanischen Rassisten David Eden Lane: „We must secure the existence of our people and a future for white children.“ Auch auf dem Cover machen die rechtsextremistischen Interpreten ihre Gesinnung deutlich: Neben Adolf Hitler, der mit Hitlergruß posiert, sind zwei Hakenkreuze abgebildet.[219] In Liedtexten dieser rechtsextremistischen Gruppe werden Juden in typisch nationalsozialistischer Diktion als „Untermenschen“ und „Volksschädlinge“ herabgesetzt und als „Parasiten“ entmenschlicht, ihr Tod herbeigesehnt und ihnen Daseins- und Lebensrecht generell abgesprochen. Antisemitismus wird offen als etwas Positives bewertet und verschiedene Mordmethoden imaginiert: erschießen, vergasen, verbrennen. Im Titel „Untergang der Parasiten“ von „14Winterkampf88“ heißt es u.a.:

„Ihr müsst sterben werdet vernichtet per Kopfschuss werdet ihr gerichtet Doch auch mit Zyklon B und Flammentod befreien wir uns aus der Not [...] Tod den Untermenschen Tod den Parasiten Tod den Volksschädlingen TOD FÜR EUCH.“[220]

Ebenfalls offen antisemitisch zeigt sich auch die rechtsextremistische Gruppe „Wolfsfront“ in ihrem 2015 als volksverhetzend eingestuften Lied „Fight against ZOG“ („Zionist Occupied Government“). Schon die Verwendung die-

217 Vgl. Freter, 2017.

218 Vgl. Bundesamt für Verfassungsschutz, 2020g, S. 20.

219 Vgl. Bundesamt für Verfassungsschutz, 2020g, S. 21.

220 Zit. nach: Bundesamt für Verfassungsschutz, 2020g, S. 21.

ses in rechtsextremistischen Kreisen bekannten Kürzels „ZOG" beweist die antisemitische Haltung dieser Gruppe. Nach Angaben der deutschen Verfassungsschutzbehörden werden in diesem Text mehrere Ressentiments und antisemitische Chiffren kombiniert: konspirativ-verdeckte Machtausübung, Geldgier, die Identifikation von Juden mit Kapitalismus, Ausbeutung und dem Schüren von Kriegen auf der ganzen Welt. Gegen diese angebliche jüdische Besatzung wird zum Kampf aufgerufen:

„Seit langer Zeit kontrolliert uns eine Weltmacht Die für Geld und Kapital alles macht Schürt Elend und Krieg in der ganzen Welt [...] Fight against ZOG ... (mehrfach) Kämpft gegen ZOG ... (mehrfach) Fremde Länder werden überfallen Die Grenzen fallen weg Ganze Länder werden ausgeplündert [...] Seit langer Zeit kontrolliert uns eine Weltmacht Die für Geld und Kapital alles macht Schürt Elend und Krieg in der ganzen Welt [...] Fight against ZOG ... (mehrfach) Kämpft gegen ZOG ... (mehrfach)".[221]

5.4.3 Antisemitismus von Rechtsextremisten im Internet

Quasi jede neue Internet-Plattform wurde in den vergangenen 30 Jahren auch von rechtsextremistischen Antisemiten genutzt. Häufig kam es dabei zu Abwanderungsbewegungen der antisemitischen Rechtsextremisten, z.B., weil die Plattformanbieter strengere Moderationsregeln einführten, um menschenfeindliche Inhalte einzuschränken oder zu entfernen. Dennoch werden Plattformen des gesellschaftlichen Mainstreams immer wieder verwendet, um in der Mitte der Gesellschaft Anknüpfungspunkte für die Verbreitung antisemitischer Inhalte zu finden. Das gilt aktuell für Plattformen wie Facebook oder YouTube und galt ebenso für die Anfang des 21. Jahrhunderts in Deutschland populären Plattformen StudiVZ und Myspace.[222]

Zu diesen Internet-Plattformen hinzu kamen und kommen auch online zur Verfügung gestellte Spiele mit antisemitischen Inhalten. So wurde um die Jahrtausendwende ein antisemitisches Remake des bekannten Spiels Moorhuhnjagd verbreitet, bei dem Nutzer Jagd auf Juden machten. Und in heute beliebten Online-Games wie Minecraft oder über die Spieleplattform Roblox verbreiten Rechtsextremisten einschlägige antisemitische Inhalte.[223]

Ganz offen werden antisemitische Inhalte auf den inzwischen zahlreich vorhandenen sog. Alt-Tech-Plattformen verbreitet. Dazu gehören zum einen

221 Zit. nach: Bundesamt für Verfassungsschutz, 2020g, S. 21–22.

222 Vgl. Schwarz, 2020.

223 Vgl. Schwarz, 2020.

Plattformen und Apps, die Rechtsradikale sich angeeignet haben, wie das russische Netzwerk vk.com (VKontaktje) und der Messenger Telegram. Zum anderen gibt es eine Reihe von Plattformen, die von Rechtsextremisten bzw. von Vertretern einer absoluten Meinungsfreiheit aufgebaut wurden. Alt-Tech-Plattformen genießen in der Regel den Ruf, wenig moderiert zu werden.[224]

Viele Nutzer gängiger Internetseiten und Plattformen bestätigen den Mythos einer „jüdischen Weltverschwörung". Nach Angaben der Verfassungsschutzbehörden ist in antisemitischen „Echokammern" das Selbstverständnis vorherrschend, im Gegensatz zur restlichen Gesellschaft die vermeintlichen „Machenschaften" einer „jüdischen Clique" hinter den „Geschicken der Welt" zu erkennen. Dabei kann es zu einer Radikalisierung des einzelnen Nutzers kommen, wenn dieser keinen Widerspruch, sondern ein positiv verstärkendes Feedback durch Gleichgesinnte erfährt.

Die Internetaktivitäten des rechtsextremistischen „Volkslehrers", Nikolai N., sind ein anschauliches Beispiel dafür, wie Rechtsextremisten das sog. Video-Weblog (kurz: V-Log) als geeignetes Mittel für sich entdeckt haben, um rechtsextremistische Positionen, hier: antisemitische Verschwörungstheorien, mit verhältnismäßig geringem Aufwand und teils beachtlicher Wirkung im Internet zu verbreiten.[225] Die Videos des YouTube-Kanals „Der Volkslehrer" wurden insgesamt mehrere Millionen Mal aufgerufen. In einem Interview mit der Holocaust-Leugnerin Ursula Haverbeck-Wetzel spricht „Der Volkslehrer" diese als „Grande Dame der Freiheitsbewegung [...] und der Wahrheitsbewegung" an.[226] Der „Volkslehrer" nutzte seinen YouTube-Kanal auch, um selbst antisemitische Verschwörungstheorien zu kommunizieren. So äußerte er bspw. in dem Video „Das Pentagramm – eine gewagte Erklärung": „Die Juden haben das Geldwesen unter ihrer Kontrolle gehabt. Und haben es letztendlich immer noch. Wenn man sich mal anschaut der Prozentsatz der jüdischen Bankvorsitzenden in Aufsichtsräten, gemessen an [...] ihrem Bevölkerungsanteil; ist ja so ganz unproportional. Das ist ja weit, weit überproportional häufig."[227]

Ein Beispiel für eine offen antisemitisch agierende Gruppierung bei vk.com ist nach Angaben des Bundesamtes für Verfassungsschutz die „Goyim Partei Deutschlands"(GPD). Der Begriff „Goyim" leitet sich von „Goi" ab, eine jüdische Bezeichnung für Nichtjude. Das Selbstverständnis als „Partei" deutet da-

224 Vgl. Schwarz, 2020.

225 Vgl. Bundesamt für Verfassungsschutz, 2020g, S. 37.

226 Zit. nach: Bundesamt für Verfassungsschutz, 2020g, S. 37.

227 Zit. nach: Bundesamt für Verfassungsschutz, 2020g, S. 37.

rauf hin, dass es sich um einen Zusammenschluss von Nichtjuden handelt, der das Ziel anstrebt, gemeinsam gegen Juden vorzugehen. Auf der vk.com-Seite der GPD wird massiv antisemitische Hetze betrieben. Insgesamt bieten die zahlreichen einsehbaren Fotos, Videos und Postings Anhaltspunkte für Verstöße gegen die §§ 86a StGB (Verwenden von Kennzeichen verfassungswidriger Organisationen), 111 StGB (Öffentliche Aufforderung zu Straftaten) und 130 StGB (Volksverhetzung).[228] Allein am 21.4.2019 wurden vom Account der GPD mehrere Bilder mit antisemitischen Sprüchen gepostet: „Wer den Weltfrieden will, muß die Juden ausrotten!“, „Religionsfreiheit abschaffen! Das Judentum ist eine verfassungsfeindliche und terroristische Vereinigung!“, „Wir fordern Reparationszahlungen für die 60 Millionen getöteten Gojim des 2. Weltkriegs!“, „Deutsche wehrt euch! Rottet die Juden aus!“, „Das Vierte Reich 100% JUDENFREI!“, „JUDENTOD LÖST WELTENNOT!“[229].

Unter „unkonventionellen“ Internet-Plattformen sind Websites zu verstehen, die sich nicht den klassischen (Social-Media-)Seiten wie z.B. Facebook, Instagram oder Twitter zuordnen lassen. Beispiele für solche Plattformen sind Mikrobloggingdienste wie Gab, Imageboards wie 4chan, Gaming-Plattformen wie Steam oder Videoportale wie BitChute. Diese werden als Kommunikations- und Propagandainstrument zur Verbreitung antisemitischer Überzeugungen genutzt, indem Nutzer je nach Plattform entsprechende Postings bzw. Videobeiträge erstellen oder ideologiegeprägte Profile, Gruppen oder Spielemodifikationen gestalten.[230]

Im Zusammenhang von rechtsextremistischem Antisemitismus und Corona konstatiert der Präsident des Bundesamtes für Verfassungsschutz, Thomas Haldenwang, dass die deutschen Verfassungsschutzbehörden eine neue Qualität von Antisemitismus in Deutschland registrierten. Judenfeindliche Ressentiments reichten demnach bis hinein in bürgerliche Kreise. Antisemitismus sei „eine erstaunliche Gemeinsamkeit von verschiedenen Demokratiefeinden“, sagte er. Neuerdings würden Rechtsextremisten ihre Agitation geschickter verpacken, um breitere Schichten anzusprechen. „Der alte Hass wird salonfähiger. Die Grenzen des Sagbaren verschieben sich zugunsten der Antisemiten. Dem müssen wir Demokraten uns entgegenstellen“, so Haldenwang.[231]

228 Bundesamt für Verfassungsschutz, 2020g, S. 41–42.

229 Zit. nach: Bundesamt für Verfassungsschutz, 2020g, S. 42.

230 Bundesamt für Verfassungsschutz, 2020g, S. 43.

231 Zeit, 2020c.

Rechtsextremisten nutzen die aktuelle Corona-Krise als Anknüpfungspunkt für die Verbreitung ihrer Propaganda, die vielfach in einen verschwörungstheoretischen Kontext eingebettet wird. Verschwörungstheorien bieten nach Auffassung des Bundesamtes für Verfassungsschutz einfache und nachvollziehbare Scheinerklärungen und übertragen in irreführender Weise komplexe gesellschaftliche Prozesse in schlichte „Gut-Böse-Schemata". Diejenigen, die sie verbreiten, greifen auf zum Teil jahrhundertealte Muster zurück, nach denen „finstere Hintergrundmächte" für das jeweilige Unheil oder die Krise verantwortlich sein sollen. Das Bundesamt für Verfassungsschutz analysiert:

„Die Gruppierungen, die als solche dunklen Mächte ausgemacht werden, sind dabei austauschbar, jedoch fast immer antisemitisch konnotiert. Die diesen vermeintlichen Weltverschwörern zugeschriebenen Stereotype wie hinterlistig, gierig, blutrünstig, bösartig, manipulativ sowie die Wirtschaft, Politik, Medien, Kultur und Bildung kontrollierend sind identisch mit den Negativattributen, die der Antisemitismus seit jeher mit Menschen jüdischen Glaubens assoziiert."[232]

Verschwörungsideologen verweisen im Zusammenhang mit der Corona-Krise häufig auf die Namen von Juden oder vermeintlichen Juden wie Rockefeller, Rothschild, Soros oder Bill Gates, um diese Personen als geheime Drahtzieher zu entlarven. Rechtsextremistische Agitatoren wiederum nutzen die Corona-Pandemie, um diese in den verschwörungstheoretischen Mythos einer jüdischen Weltverschwörung einzubetten. Die antisemitische Online-Publikation „National Journal" argumentiert in folgender Weise: „Die Corona-Pandemie ist eine Verschwörung von Soros, Rothschild, und der WHO als Organ der Weltglobalisten, zur Zerstörung der Volkswirtschaften, damit auf den Trümmern eine Terror-Weltrepublik errichtet werden kann. Dafür wurde das CoV-2 Virus in Wuhan künstlich erzeugt und im Auftrag von Soros und Konsorten in Umlauf gebracht. Neben der Vernichtung der Lebensgrundlagen aller westlichen Nationen war geplant, den Erzfeind der Globalisten, Donald Trump, mithilfe der erzeugten Corona-Armut durch geplante Wirtschaftsabwürgung zu stürzen. China und die Bill-Gates-WHO arbeiten bei der Lancierung der Corona-Verschwörung Hand in Hand".[233]

232 Bundesamt für Verfassungsschutz, 2020g, S. 48.

233 Zit. nach: Bundesamt für Verfassungsschutz, 2020g, S. 48.

5.5 Rechtsextremistische Erpressungsmails, Drohmails und „Feindeslisten" sowie der „NSU 2.0"

Seit Ende 2017 beobachten die deutschen Polizei- und Verfassungsschutzbehörden einen Versand von rechtsextremistischen Erpressungsmails, die massive Beschimpfungen und rassistische Äußerungen mit Erpressungsversuchen verbinden. Der oder die Absender drohen bspw. damit, dass sie im Internet Waffen an Rechtsextremisten verkaufen oder dass sie rechtsextremistische Anschläge gegen Bezahlung begehen, wenn ihnen nicht eine hohe Geldsumme in einer Digitalwährung überwiesen wird. Die verantwortlichen Rechtsextremisten verwenden dazu wechselnde Selbstbezeichnungen.[234] Im Jahr 2019 gingen Mails mit Bombendrohungen bei Gerichten, kommunalen Einrichtungen und anderen öffentlichen Einrichtungen sowie bei diversen Politikern in ganz Deutschland ein. Die Absender firmieren bspw. unter den Bezeichnungen „Staatsstreichorchester" und „Cyber Reichswehr". In den letzten Jahren sind den Sicherheitsbehörden auch immer wieder Informationssammlungen unterschiedlicher Art über politische Gegner von Rechtsextremisten bekannt geworden, die in der medialen Berichterstattung als „Feindes-" oder „Todeslisten" bezeichnet werden. Bei den darin aufgeführten Personen handelt es sich meist um Amtspersonen und Personen des öffentlichen Lebens. Diese Listen werden zum Teil auch auf Websites veröffentlicht. Derartige Veröffentlichungen dienen dem Aufbau einer Drohkulisse, die zu einer Einschüchterung der betroffenen Personen führen soll.[235]

Mehr als 80 rechtsextremistische Drohschreiben, unterzeichnet mit „NSU 2.0" (ein Verweis auf die rechtsterroristische Gruppe „Nationalsozialistischer Untergrund"), sind in den vergangenen zwei Jahren an Politikerinnen, eine Anwältin, Künstlerinnen und Aktivistinnen verschickt worden. Seit Anfang 2018 erhalten Frauen wie die Frankfurter Rechtsanwältin Seda Başay-Yıldız, die Künstlerin İdil Baydar oder die hessische Politikerin Janine Wissler der Partei Die Linke anonyme Schreiben, in denen ihnen im Namen von „NSU 2.0" Gewalt angedroht wird. Seit Monaten weisen Spuren in Richtung der hessischen Landespolizei, denn immer wieder enthalten die Drohschreiben des „NSU 2.0" vertrauliche Daten, die kurz zuvor an Polizeicomputern in Hessen abgerufen worden sind, so im 1. Polizeirevier in Frankfurt am Main und zu-

234 Vgl. Bundesministerium des Innern, für Bau und Heimat, 2020a, S. 47.

235 Vgl. Bundesministerium des Innern, für Bau und Heimat, 2020a, S. 47.

letzt im 4. Polizeirevier in Wiesbaden.[236] Solche verdächtigen Datenabfragen von Polizisten soll es allerdings in mehreren Bundesländern gegeben haben. Im Zusammenhang mit „NSU 2.0“ laufen interne Ermittlungen der Polizei auch in Hamburg und Berlin. So sollen am 5.3.2019 persönliche Daten der Künstlerin İdil Baydar an einem Berliner Polizeicomputer abgefragt worden sein, ohne dass ein dienstlicher Grund erkennbar ist. Kurz darauf erhielt die Künstlerin, die in Frankfurt und Berlin lebt, Drohschreiben mit dem Absender „NSU 2.0“. Am selben Tag gab es eine solche Abfrage auch an einem Polizeicomputer in Wiesbaden. In Hamburg wiederum haben Ermittler festgestellt, dass die Daten von Hengameh Yaghoobifarah im Polizeisystem abgerufen worden sind. Yaghoobifarah schreibt Kolumnen für die Tageszeitung (taz). Im Juli 2020 tauchte der Name Hengameh Yaghoobifarah erstmals in einem von „NSU 2.0“ gezeichneten Drohschreiben auf.

Unberechtigte Datenabfragen durch Polizisten gab es in den letzten Jahren immer wieder. Mehr als 400 Ordnungswidrigkeits-, Straf- und Disziplinarverfahren gegen Polizisten wurden seit 2018 wegen solcher Datenabfragen eingeleitet. In Hessen ermittelt das Landeskriminalamt seit zwei Jahren im Fall „NSU 2.0“. Der oder die Urheber der Drohschreiben nutzen häufig Verschlüsselungstechnologien und Anonymisierungsdienste, um ihre Identität zu verschleiern. Daher bezog das Landeskriminalamt Hessen auch Cybercrime-Experten und Fachleute des Bundeskriminalamtes in die Ermittlungen mit ein. Es wurden linguistische Gutachten erstellt und Fallanalytiker eingesetzt, um ein Täterprofil zu erarbeiten, allerdings bisher ohne konkreten Erfolg.[237]

236 Vgl. Süddeutsche Zeitung, 2020a.
237 Vgl. Tagesschau, 2020b.

5.6 Rechtsextremisten in deutschen Sicherheitsbehörden und in der Bundeswehr

Das Bundesamt für Verfassungsschutz verzeichnet in seinem erstmals erstellten Lagebericht aus dem September 2020 zu Rechtsextremisten in den deutschen Sicherheitsbehörden folgende Zahlen:

319 Verdachtsfälle Rechtsextremismus in den Sicherheitsbehörden der Bundesländer

58 Verdachtsfälle Rechtsextremismus in den Bundessicherheitsbehörden

1.064 Verdachtsfälle Rechtsextremismus in der Bundeswehr.

Erfasst wurde hierfür ein Zeitraum von ca. drei Jahren, von Anfang Januar 2017 bis Ende März 2020. Untersucht wurden der Bundesnachrichtendienst, der Militärische Abschirmdienst, das Bundeskriminalamt, die Bundespolizei, die 16 Landespolizeien, die Verfassungsschutzämter sowie die Bundeswehr.[238] Die im Jahr 2020 bekannt gewordenen Droh-Mails unter dem Namen „NSU 2.0" mutmaßlich von hessischen Polizisten sowie rechtsextremistische Chatgruppen von Polizisten in Mecklenburg-Vorpommern und in Nordrhein-Westfalen aus dem Herbst 2020 sind noch nicht im Lagebericht des Bundesamtes für Verfassungsschutz enthalten.[239]

Das Bundesamt für Verfassungsschutz betont im aktuellen Lagebericht, dass Fälle, die den öffentlichen Dienst, vor allem Sicherheitsbehörden und die Bundeswehr, betreffen, einer besonderen Betrachtung bedürfen.[240] Denn der Staat und seine Bediensteten stehen für die freiheitliche demokratische Grundordnung (FdGO) ein und sind dieser in besonderem Maße verpflichtet. Folge dessen ist das öffentlich-rechtliche Dienst- und Treueverhältnis, einschließlich des ausdrücklichen Bekenntnisses eines jeden Beamten und Soldaten zu den im Grundgesetz verankerten Werten. So bedarf es nach Auffassung des Bundesamtes für Verfassungsschutz keiner weiteren Erläuterung, dass die weit überwiegende Mehrheit der Polizisten, Verfassungsschützer, Soldaten und weiteren Beamten und Mitarbeiter des öffentlichen Dienstes fest zu diesen Grundsätzen der freiheitlichen demokratischen Grundordnung steht. Explizit betont es in seinem Lagebericht, dass gerade diese Bediensteten des Staates, die in ihrer täglichen Arbeit für die freiheitliche demokratische Grundordnung eintreten, Unrecht erfahren, wenn sie pauschal dem

238 Vgl. Welt, 2020e.

239 Vgl. Welt, 2020e.

240 Vgl. Bundesamt für Verfassungsschutz, 2020q, S. 6.

Vorwurf einer antisemitischen, rassistischen oder demokratiefeindlichen Haltung ausgesetzt werden.[241]

Nach Angaben des Bundesamtes für Verfassungsschutz ist vor allem in Bezug auf Sicherheitsbehörden und die Bundeswehr die besonders sensible Aufgabenstellung zu beachten. Bedienstete der Sicherheitsbehörden und der Bundeswehr verfügen über Zugang zu Waffen und Munition, taktische und operative Kenntnisse sowie Zugang zu sensiblen Informationen und Datenbanken. So wichtig diese Kenntnisse und Zugänge für die professionelle Aufgabenwahrnehmung sind: Handelt es sich um eine Person, die sich extremistischen Positionen zugewandt hat, entsteht hieraus eine erhebliche Gefahr für den Staat und die Gesellschaft.[242]

Die 319 Verdachtsfälle in den Sicherheitsbehörden der Bundesländer kommen auf ca. 264.000 Mitarbeiter.[243] Dazu wurden insgesamt 303 Verfahren eingeleitet: 237 disziplinarrechtliche Verfahren (78 %), 48 Verfahren mit dem Ziel der Entlassungen/Nichternennungen in das Beamtenverhältnis auf Probe (16 %) sowie 18 arbeitsrechtliche Maßnahmen (6 %). In dem genannten Zeitraum wurden zudem 261 strafrechtliche Verfahren eingeleitet.[244]

Innerhalb der Sicherheitsbehörden des Bundes, des Bundesamtes für Verfassungsschutz, des Bundesnachrichtendienstes, der Bundespolizei, des Bundeskriminalamtes, der Polizei des Bundestages und der Zollverwaltung wurden unter 108.700 Mitarbeitern 58 Verdachtsfälle Rechtsextremismus gemeldet.[245]

Für den gleichen Zeitraum erhob das Bundesamt für den Militärischen Abschirmdienst (BAMAD) 1.064 Verdachtsfälle Rechtsextremismus in der Bundeswehr. Wegen noch anhängiger Bearbeitungen aus den Jahren 2017, 2018 und 2019 waren im Jahr 2020 etwa 550 Fälle mutmaßlicher Rechtsextremisten in Bearbeitung. Knapp 400 Bearbeitungen wurden mit dem Ergebnis abgeschlossen, dass der Verdacht auf rechtsextremistische Einstellung von Personen nicht mehr begründet war, eine Rehabilitation stattgefunden hat oder eine Täterermittlung erfolglos verlaufen ist. In dem Zeitraum vom 1.1.2017 bis Januar 2020 wurden 46 einfache Disziplinarmaßnahmen, zehn gerichtliche Disziplinarmaßnahmen sowie 40 Strafverfahren eingeleitet. Von den Strafverfahren wurden 24 eingestellt. In den Jahren 2018 und 2019 wur-

241 Vgl. Bundesamt für Verfassungsschutz, 2020q, S. 6.

242 Vgl. Bundesamt für Verfassungsschutz, 2020q, S. 6.

243 Vgl. Bundesamt für Verfassungsschutz, 2020q, S. 12.

244 Vgl. Bundesamt für Verfassungsschutz, 2020q, S. 13.

245 Vgl. Bundesamt für Verfassungsschutz, 2020q, S. 16.

den insgesamt 70 Soldaten der Bundeswehr durch das Bundesamt für das Personalmanagement der Bundeswehr wegen rechtsextremistischer Verfehlungen entlassen.[246]

Im Rahmen der Vorstellung des neuen Lageberichtes „Rechtsextremisten in Sicherheitsbehörden" im September 2020 erklärte Bundesinnenminister Horst Seehofer, er sehe „kein strukturelles Problem mit Rechtsextremismus in den Sicherheitsbehörden"[247]. Der Präsident des Bundesamtes für Verfassungsschutz, Thomas Haldenwang, erklärte, die Bandbreite der erfassten rechtsextremistischen Vorfälle in deutschen Sicherheitsbehörden sei groß und die Vorwürfe sehr heterogen.[248] Betrachtet worden seien Fälle mit typisch rechtsextremistischen Merkmalen wie Rassismus, Antisemitismus oder Verherrlichung des Nationalsozialismus. Bundesinnenminister Seehofer verwies auf die insgesamt geringe Fallzahl. „Die ganz überwiegende Mehrheit in unseren Sicherheitsbehörden steht fest auf dem Boden unseres Grundgesetzes", sagte Seehofer. Auf der anderen Seite sei jeder erwiesene Fall von Rechtsextremismus in deutschen Sicherheitsbehörden einer zu viel, da er alle Beschäftigten in Mitleidenschaft ziehe. Eine wissenschaftliche Studie eigens zum Rechtsextremismus in der Polizei lehnt der Bundesinnenminister trotz vielfacher Forderungen ab und bekräftigte, dass Rassismus ein gesamtgesellschaftliches Problem sei. Die Reduktion der Problematik auf eine Berufsgruppe greife zu kurz.[249]

Der stellvertretende Bundesvorsitzende der Gewerkschaft der Polizei (GdP), Jörg Radek, erklärte im September 2020 zu diesem Thema: „Wir haben in der deutschen Polizei keinen strukturellen Rassismus." Wenn es rassistische oder rechtsextremistische Vorfälle in den deutschen Polizeien gebe, dann seien das Einzelfälle, „und da muss dann auch mit rechtsstaatlichen Mitteln ermittelt werden"[250].

Das Bundesamt für Verfassungsschutz schlägt als präventive Maßnahme gegen Rechtsextremismus in den Sicherheitsbehörden und in der Bundeswehr vor, dass Führungskräfte aus allen Ebenen in Bezug auf das Erkennen von und den Umgang mit rechtsextremistischen Verdachtsfällen, u.a. in den Bereichen Rassismus und Antisemitismus, geschult werden müssen. Darüber hinaus schlägt es die Einrichtung der Stelle eines behördeninternen Extremis-

246 Vgl. Bundesamt für Verfassungsschutz, 2020q, S. 19.

247 Vgl. Welt, 2020g.

248 Welt, 2020g.

249 Welt, 2020g.

250 Zit. nach: Deutsche Welle, 2020.

musbeauftragten vor, die Umsetzung der Einrichtung einer entsprechenden Stelle obliegt den Behörden der jeweiligen Länder bzw. des Bundes.

Ein etabliertes Mittel zur Prävention von Rechtsextremismus ist weiterhin die Sicherheitsüberprüfung, durchgeführt von den Verfassungsschutzbehörden bzw. durch das BAMAD für die Bundeswehr. Durch Sicherheitsüberprüfungen soll gewährleistet werden, dass Personen, bei denen Zweifel am Bekenntnis zur freiheitlichen demokratischen Grundordnung (FdGO) begründet sind, nicht in einer sicherheitsempfindlichen Tätigkeit eingesetzt werden können. Dadurch wird schon im Vorfeld verhindert, dass Rechtsextremisten ihren Weg in sensible Bereiche des öffentlichen Dienstes finden.[251] Bewerber für den Polizeivollzugsdienst werden in vielen Bundesländern vor der Einstellung von den einstellenden Polizeibehörden durch eine Abfrage in den polizeilichen Datensystemen sowie im Bundeszentralregister überprüft. Zudem erfolgt in einigen Bundesländern mit Einverständnis des Bewerbers zusätzlich eine Abfrage bei den Verfassungsschutzbehörden. Ein wichtiges Element der Prävention von Rechtsextremismus in den Sicherheitsbehörden und in der Bundeswehr ist zudem die gezielte Fortbildung und Sensibilisierung von Mitarbeitern und Führungskräften, der Verfassungsschutzverbund wirkt an diesen Fortbildungen mit. Ziel ist es, Führungskräfte und Mitarbeiter für Radikalisierungsprozesse, extremistische Inhalte, Symbolik und Chiffren sowie antisemitische und rechtsextremistische Argumentationsmuster zu sensibilisieren. Die Schulungen beinhalten neben der Befähigung zum Erkennen auch den Umgang mit erkannten extremistischen Argumentationsmustern.[252]

Für die Koordinierung von Informationsaustausch und Zusammenarbeit der deutschen Sicherheitsbehörden hat das Bundesamt für Verfassungsschutz eine zentrale Koordinierungsstelle eingerichtet, um den Informationsaustausch innerhalb des Verfassungsschutzverbundes, aber auch denjenigen mit anderen (Sicherheits-)Behörden des Bundes und der Länder weiterzuentwickeln. Die Stelle dient als Ein- und Ausgangspunkt für Erkenntnisanfragen und Erkenntnismitteilungen, die eine Überprüfung von Kennlinien und Verbindungen zu Personen aus dem extremistischen Spektrum ermöglicht und Zusammenhänge zwischen rechtsextremistischen Sachverhalten aufklären soll.[253]

Der Detektion von rechtsextremistischen Verdachtsfällen muss eine konsequente Reaktion folgen. Dies betrifft die umfassende und zeitnahe Aufklärung

251 Vgl. Bundesamt für Verfassungsschutz, 2020q, S. 23.

252 Vgl. Bundesamt für Verfassungsschutz, 2020q, S. 23.

253 Vgl. Bundesamt für Verfassungsschutz, 2020q, S. 24–25.

der Kennlinien des Betroffenen zu Extremisten und etwaige Einbindungen in extremistische Netzwerke und ist Aufgabe der Verfassungsschutzbehörden, die auf die umfassenden Informationen der zuliefernden Behörden angewiesen sind. Das so gewonnene Erkenntnisbild muss nach Auffassung des Bundesamtes für Verfassungsschutz Grundlage der durchzuführenden Ermittlungen, aber auch der anzusetzenden dienstrechtlichen Disziplinarmaßnahme, der arbeitsrechtlichen Konsequenz oder Strafbemessung sein. So müssen wiederholte, andauernde oder schwerwiegende extremistische Handlungen oder eine andauernde Verletzung der beamtenrechtlichen Grundpflichten schon aufgrund generalpräventiver Erwägungen empfindliche Konsequenzen zur Folge haben.[254]

5.6.1 Rechtsextremisten in der Bundeswehr

Im Frühjahr und Sommer 2020 häuften sich Meldungen über Rechtsextremismus in der Bundeswehr, speziell im Kommando Spezialkräfte (KSK). So sprach der damalige Präsident des Militärischen Abschirmdienstes (MAD), Christof Gramm, Ende Juni bei einer öffentlichen Anhörung des Parlamentarischen Kontrollgremiums für die deutschen Nachrichtendienste von einer „neuen Dimension des Problems Rechtsextremismus in der Bundeswehr“[255]. Die Verdachtsfälle von Rechtsextremisten und „Reichsbürgern“ seien in den letzten Monaten auf mehr als 600 angestiegen. „Wir schauen genauer hin auf Extremisten und auch auf Personen mit fehlender Verfassungstreue. Dabei werden wir fündig“, erklärte der damalige Präsident des MAD.[256]

Weiter erklärte Gramm, dass die Soldatinnen und Soldaten der Bundeswehr eine Berufspflicht zur Verfassungstreue hätten (§ 8 Soldatengesetz): „Wer den Staat unseres Grundgesetzes negiert, wer in einem extrem zugespitzten Freund-Feind-Denken lebt, wer sich rassistisch, fremdenfeindlich oder antisemitisch äußert, kann und darf keine Heimat in der Bundeswehr finden.“[257]

Die Frankfurter Allgemeine Zeitung meldete Anfang Juli 2020, dass die Bundeswehr nach Sicherheitsüberprüfungen in den letzten Monaten mehr als 800 Reservisten wegen Extremismusverdachts von Reservedienstleistungen ausgeschlossen habe.[258] Ende Juni 2020 berichtete die Zeitschrift „Der Spiegel“ darüber, dass der MAD bei einem rechtsextremistischen Reservisten

254 Vgl. Bundesamt für Verfassungsschutz, 2020q, S. 25.

255 Zit. nach: Süddeutsche Zeitung, 2020c; Goertz, 2020f, S. 12.

256 Zit. nach: Süddeutsche Zeitung, 2020c; Goertz, 2020f, S. 12.

257 Zit. nach: Frankfurter Allgemeine Zeitung, 2020d; vgl. Goertz, 2020f, S. 12.

258 Zit. nach: Frankfurter Allgemeine Zeitung, 2020e; vgl. Goertz, 2020f, S. 12.

der Bundeswehr eine Politikerliste mit Handynummern und Privatadressen gefunden habe und umgehend ein Uniformtrage- und Dienstverbot verhängt worden sei.[259] Nach mehreren Hinweisen auf Rechtsextremisten unter Reservisten der Bundeswehr hatten der MAD und das Bundesamt für Verfassungsschutz 2019 eine gemeinsame Arbeitsgruppe gegründet, in der seither mehr als tausend Fälle von möglicherweise rechtsextremistischen Soldaten untersucht wurden.[260]

Bundesverteidigungsministerin Annegret Kramp-Karrenbauer erklärte im ARD-Sommerinterview, dass sie sich mit aller Kraft und Konsequenz gegen Rechtsextremisten innerhalb der Bundeswehr einsetzen werde. Wenn die Soldatinnen und Soldaten, die für eine wehrhafte Demokratie ständen und einen Amtseid für die Verfassung abgelegt hätten, „gegen diese Verfassung kämpfen, erkennbar rechtsextremistisch sind, dann gefährdet das die Stabilität der gesamten Demokratie", so die Verteidigungsministerin.[261] Deswegen bezeichnete sie das Vorgehen gegen rechtsextremistische Tendenzen in der Bundeswehr als „unserer aller Aufgabe" und „meine ganz besonders". Weiter führte die Ministerin aus, dass man es der überwiegenden Mehrheit der Soldaten, die sich verfassungstreu verhielten, gegenüber schuldig sei, „dass all diejenigen, die das nicht tun, in der Bundeswehr erkannt und aus ihr entfernt werden". Zeitgleich müssten die Rahmenbedingungen, die ein solches Verhalten begünstigen, abgestellt werden. Dieser Aufgabe stelle sich das Bundesministerium der Verteidigung, sagte die Ministerin.[262] In diesem Zusammenhang forderte die neue Wehrbeauftragte des Deutschen Bundestages, Eva Högl, dass „es keinen Generalverdacht auf Rechtsextremismus in der Bundeswehr" geben dürfe.[263]

Die Problematik „Rechtsextremismus im KSK" ist nicht neu, hat aber im Frühjahr 2020 eine neue Qualität und Quantität angenommen. Nach einem Hinweis, der beim MAD Anfang des Jahres 2020 einging, durchsuchten polizeiliche Ermittler des Landeskriminalamtes Sachsen das Privathaus und den Garten eines Kommandosoldaten und fanden dort eine große Anzahl von Munition – berichtet wurde von zehntausenden Schuss Munition und etlichen Kilo Sprengstoff – sowie Waffen. Der Oberstabsfeldwebel wurde noch in der Kaserne festgenommen und sitzt seither in Untersuchungshaft. Nach Angaben der Generalstaatsanwaltschaft Dresden ist der Kommandosoldat

259 Vgl. Der Spiegel, 2020e; Goertz, 2020f, S. 12–13.

260 Vgl. Der Spiegel, 2020e.

261 Zit. nach: Zeit, 2020f.

262 Zeit, 2020f; Goertz, 2020f, S. 12–13.

263 Zit. nach: Welt, 2020c.

dringend tatverdächtig, gegen Waffen- und Sprengstoffgesetze sowie das Kriegswaffenkontrollgesetz verstoßen zu haben. In dem Waffenversteck waren auch ein Schalldämpfer, Zündschnüre für den Sprengstoff sowie NS-Literatur. Mit diesem Vorfall, sagte die Verteidigungsministerin später, sei endgültig eine „neue Dimension" von Rechtsextremismus im KSK erreicht worden. Ebenfalls im Mai schrieb der Kommandeur des KSK, Brigadegeneral Markus Kreitmayr, einen offenen Brief an seine Soldaten, in dem er Rechtsextremismus anprangerte und Soldaten mit solchem Gedankengut aufforderte, das KSK zu verlassen.

Der Präsident des MAD erläuterte Ende Juni 2020 im Parlamentarischen Kontrollgremium für die Nachrichtendienste, dass beim Kommando Spezialkräfte (KSK) bei rund zwanzig Soldaten in Bezug auf Rechtsextremismus ermittelt werde. Es sei im Sommer 2020 gelungen, dort nach und nach mehr Licht ins Dunkel zu bringen. So habe der MAD im KSK „keine rechtsextremistische Untergrundarmee entdeckt". Nach Angaben des Präsidenten des MAD gebe es im KSK „einen ausgeprägten Korpsgeist" und eine „Mauer des Schweigens". Allerdings gelinge es dem MAD, bei dieser Mauer „Risse zu erzeugen".[264] In Bezug auf das KSK bearbeitete der MAD im Sommer 2020 rund 20 Verdachtsfälle im Bereich Rechtsextremismus, Anfang 2019 sei dies noch etwa die Hälfte gewesen, so MAD-Präsident Gramm. Damit sei die Zahl der Verdachtsfälle Rechtsextremismus beim KSK – im Verhältnis zur Personalstärke von ca. 1.400 – etwa fünf Mal so hoch wie beim Rest der Bundeswehr. Nach Angaben von Gramm habe der MAD im KSK „Extremisten und Personen mit fehlender Verfassungstreue erkannt, die sich teilweise auch untereinander kennen. Was wir aber nicht festgestellt haben, ist eine entschlossene ziel- und zweckgerichtete, vielleicht sogar gewaltbereite Gruppe, die unseren Staat beseitigen will."[265]

Anfang Juli 2020 stellte die Verteidigungsministerin die Ergebnisse einer ministeriellen Arbeitsgruppe vor: Das KSK wird auf deren Initiative hin tiefgreifend reformiert, die zweite Kompanie wird gänzlich aufgelöst. In dem Bericht der Arbeitsgruppe heißt es, Teile des KSK hätten sich über die Jahre hin verselbstständigt. Es gebe den Anschein, dass sich „eine Kultur und ein Nährboden für extremistische Tendenzen" entwickelt hätten.[266] Um diese Entwicklung zu stoppen, müssten verkrustete Strukturen im KSK aufgebrochen werden, so die Schlussfolgerung. Das BMVg löst als Antwort auf die aktuellen Fälle von

264 Zit. nach: Der Spiegel, 2020f.

265 Zit. nach: Der Spiegel, 2020f; Goertz, 2020f, S. 13.

266 Zit. nach: Zeit, 2020g; Goertz, 2020f, S. 13.

Rechtsextremismus im KSK die zweite Kompanie auf und die Aufsichten über das KSK sollen künftig „anders geführt werden", so Kramp-Karrenbauer. „Wir werden den gesamten Bereich der Ausbildung neu organisieren", erklärte sie und betonte, dass auch andere Teile der Bundeswehr von Überprüfungen und Neustrukturierungen betroffen seien: „Ich will noch mal sagen, es ist nicht nur die Frage des KSK", sagte die Ministerin.[267]

Damit in Zukunft Rechtsextremisten schneller aus der Bundeswehr entfernt werden können, wird es einen neuen Tatbestand Rechtsextremismus in der Personalführung geben, so der Generalinspekteur der Bundeswehr. Der CDU-Verteidigungspolitiker Henning Otte bezeichnete die rechtsextremistischen Vorfälle beim KSK als beunruhigend, sieht nach eigenen Angaben aber keinen Grund, das KSK unter Generalverdacht zu stellen. Weiter führte Otte im Deutschlandfunk aus, es zeige sich, dass das Problembewusstsein für Rechtsextremismus im KSK gewachsen sei und die Aufklärung funktioniere.[268] Auch die Wehrbeauftragte Högl (SPD) begrüßte die von der Verteidigungsministerin geplante Strukturreform. Högl sagte, die Vorschläge seien richtig und konsequent, man müsse aber abwarten, wie die Maßnahmen wirkten. Das Agieren des Kommandeurs des KSK, der in einem offenen Brief Verfassungstreue angemahnt hatte, und Soldaten, „die mit dem rechten Spektrum sympathisieren", zum Austritt aus der Bundeswehr aufgefordert hatte, sei „vorbildlich und gelebte innere Führung", befand Högl.[269]

Die wenigen Studien, die es zu Extremismus in Streitkräften gibt, kommen zu dem Schluss, dass Streitkräfte stärker Personen mit eher autoritären Gesellschafts- und Ordnungsvorstellungen anziehen. Hier ist festzustellen, dass es bei Rechtsradikalen und Rechtsextremisten eine grundsätzliche große Affinität zum Militär und zu Waffen gibt. Kritisch ist hier festzuhalten, dass es seit vielen Jahren Rechtsextremismus in der Bundeswehr gibt, allerdings 13 Jahre von der letzten empirischen Untersuchung von Rechtsradikalismus und Rechtsextremismus in der Truppe bis heute vergangen sind – das Ministerium hat so lange keine Studien dazu in Auftrag gegeben.[270]

Erst Anfang August 2020 wurde öffentlich gemacht, dass das Zentrum für Militärgeschichte und Sozialwissenschaften der Bundeswehr in Zusammenarbeit mit dem Beirat Innere Führung eine sozialwissenschaftliche Studie in der Bundeswehr dazu durchführen wird. Dabei sollen auch die parteipolitischen

267 Zeit, 2020f.

268 Vgl. Deutschlandfunk, 2020c.

269 Zit. nach: Das Parlament, 2020; Goertz, 2020f, S. 13.

270 Vgl. Goertz, 2020e, S. 38–39.

Präferenzen der Soldaten („Sonntagsfrage") abgefragt werden. Die Ergebnisse dieser Studie sollen 2021 veröffentlicht werden. Zuletzt wurde im Jahr 2007 der Offiziersnachwuchs an den Bundeswehruniversitäten in München und Hamburg befragt.[271]

Das damalige Sozialwissenschaftliche Institut der Bundeswehr befragte insgesamt 2.300 Studierende an beiden Universitäten zu ihren politischen Einstellungen. Problematischerweise ließen 13 % der Bundeswehr-Studierenden deutliche Sympathien für das Gedankengut der rechtsextremistischen Strömung der Neuen Rechten erkennen.[272] 38 % stimmten der Forderung zu, Deutschland solle wieder von einer „starken Elite" geführt werden. 25 % waren dafür, die Zuwanderung von Ausländern nach Deutschland zu stoppen. Man müsse dafür sorgen, dass sich in Politik und Gesellschaft immer der Stärkere durchsetzt, meinten 12 %. Zudem sprachen sich 11 % der jungen Bundeswehr-Offiziere dafür aus, die Macht des Parlaments einzuschränken. Dass deutsche Interessen gegenüber dem Ausland „hart und energisch" durchgesetzt werden müssten, bejahten 44 % der Befragten. Diese Ergebnisse der Studie unter jungen Offizieren waren in einem Querschnittsbereich von Nationalismus und Rechtspopulismus mit Tendenzen zu Rechtsextremismus zu verorten.[273]

Ende Juni berichteten verschiedene Medien, dass der MAD bei einem Reservisten eine detaillierte Liste mit 17 Politikern und Prominenten gefunden habe. Teilweise waren Handynummern und Privatadressen aufgeführt. Ermittler waren dem Unteroffizier aus Niedersachsen auf die Spur gekommen, weil er sich an zwei rechtsextremistischen WhatsApp-Gruppen beteiligt hatte und dort „eindeutig rechtsextremistisches" Propagandamaterial und Hetzschriften ausgetauscht habe.[274] Auf der Liste sollen u.a. gestanden haben: Heiko Maas, Sigmar Gabriel, Franziska Giffey, Manuela Schwesig, Olaf Scholz und Ex-SPD-Parteichef Martin Schulz, daneben auch Robert Habeck, Cem Özdemir, Katja Kipping und Christian Lindner.[275]

Abschließend ist festzustellen, dass Rechtsextremismus in der Bundeswehr die freiheitliche demokratische Grundordnung (FdGO) gefährdet und sowohl das Verteidigungsministerium als auch die zuständigen Stellen der Bundeswehr sofort alle notwendigen Maßnahmen ergreifen müssen, um Rechtsextremismus in der Bundeswehr zu unterbinden.

271 Vgl. Zeit, 2020h.
272 Vgl. Welt, 2012; Goertz, 2020e, S. 39–40.
273 Welt, 2012; Goertz, 2020e, S. 39–40.
274 Vgl. Der Spiegel, 2020g.
275 Vgl. Der Spiegel, 2020g.

5.6.2 Rechtsextremisten in den deutschen Polizeien

Das Wochenmagazin „Der Spiegel" meldete im August 2020 für den Zeitraum 2014 bis Sommer 2020 ca. 400 Verdachtsfälle für Rechtsextremismus in den deutschen Polizeien. Dazu zählen Fälle von Rechtsextremismus, Rassismus und Antisemitismus unter Polizisten und Polizeianwärtern. Dies ergab eine Umfrage des „Spiegel" bei den Innenministern der 16 Bundesländer und beim Bundesinnenministerium. Die Bundesländer zählten von 2014 bis Sommer 2020 rund 340 derartige Vorkommnisse, bei der Bundespolizei waren es von 2012 bis Sommer 2020 nach Angaben des Bundesinnenministeriums 36 rechtsextremistische und 25 rassistische Verdachtsfälle seit dem Jahr 2012 sowie zwölf Fälle, in denen Beamte der sog. Reichsbürger-Bewegung nahestehen sollen. Bayern registrierte 18 mutmaßliche „Reichsbürger" in Uniform.[276]

Im Herbst 2020 wurden mehrere Fälle von rechtsextremistischen Chats von Polizisten bekannt, z.B. in Mecklenburg-Pommern. Bei zwei von ihnen gab es Durchsuchungen. Innenminister Caffier (CDU) stellte klar: „Die Zeit, in der wir von Einzelfällen reden, ist vorbei."[277] Im Zuge dieser Ermittlungen wurden im September 2020 zwei Polizisten vom Dienst suspendiert, weil sie im Verdacht stehen, auf ihren Privathandys antisemitische, ausländerfeindliche sowie Nazis verherrlichende Nachrichten verschickt zu haben, teilte das Landesinnenministerium Mecklenburg-Vorpommern mit. Bei Durchsuchungen seien Datenträger und weitere Technik beschlagnahmt worden. Die beiden Beamten waren zuletzt in den Bereichen der Polizeipräsidien Rostock und Neubrandenburg tätig. Gegen zwei weitere Polizisten seien Disziplinarverfahren eingeleitet worden, sagte Caffier. Insgesamt standen damit 17 Beamte und ein Tarifangestellter der Landespolizei im Verdacht, rechtsextremistisches Gedankengut in Internet-Chats ausgetauscht zu haben.[278] „Solch ein Verhalten ist abscheulich und beschämend für die Landespolizei", erklärte Caffier.[279] Allerdings gebe es keine Hinweise auf ein rechtsextremistisches Netzwerk.

Ebenfalls seit dem Herbst 2020 stehen 30 Polizisten in Nordrhein-Westfalen unter Verdacht, über Jahre rechtsextremistische Propaganda in privaten Chatgruppen verschickt und empfangen zu haben. Fast alle waren oder sind Angehörige einer Dienstgruppe in Mülheim an der Ruhr. Die dortige Wache gehört zum Polizeipräsidium Essen. Mitte September wurden die

276 Vgl. Der Spiegel, 2020i.

277 Zit. nach: Welt, 2020d.

278 Vgl. Welt, 2020d.

279 Zit. nach: Welt, 2020d.

Wohnungen und Dienststellen der beschuldigten Polizisten durchsucht.[280] Da offenbar nicht alle der 30 verdächtigen Polizisten aktiv rechtsextremistische Nachrichten versendet haben sollen, laufen lediglich gegen 13 von ihnen Strafverfahren. 14 Beamte sollen laut NRW-Innenminister Herbert Reul (CDU) dauerhaft aus dem Dienst entfernt werden. Einige der Beschuldigten sollen die rechtsextremistischen Postings eingeräumt haben. Mehrere Polizisten sollen ihr eigenes Fehlverhalten gestanden und angegeben haben, dass die Inhalte der Chats nicht ihrer politischen Überzeugung entsprächen. Gegenüber den Ermittlern sollen sich alle kooperativ gezeigt haben. Der Anwalt eines Beschuldigten sagte der Nachrichtenagentur DPA, sein Mandant sei nicht rechtsextremistisch und stufe sein Verhalten als „große Gedankenlosigkeit" ein.[281] Die Chats, über welche die Polizisten Fotos von Hakenkreuzen und Adolf Hitler verschickt haben sollen, bestanden vermutlich mindestens seit 2012. Dass dies aus der Dienstgruppe offenbar niemand anprangerte, sei „das eigentliche Problem", sagte Nordrhein-Westfalens Innenminister Herbert Reul (CDU).[282] Wie Reul erklärte, werde er einen Sonderbeauftragten für rechtsextremistische Tendenzen in der nordrhein-westfälischen Polizei berufen. Er werde alles in seiner Macht Stehende dafür tun, „diese Menschen aus dem Dienst zu entfernen", sagte Reul über die betroffenen Beamten. Er sprach von einer „Schande für die Polizei".[283]

In den fünf aufgedeckten rechtsextremistischen Chatgruppen wurden Reul zufolge mindestens 126 Bilddateien verteilt, darunter Fotos von Adolf Hitler sowie die fiktive Darstellung eines Flüchtlings in einer Gaskammer. Auch von Hakenkreuzen und Reichskriegsflaggen war die Rede. Reul zufolge ist in „verächtlichmachender Darstellung" zu sehen, wie Menschen mit schwarzer Hautfarbe erschossen würden. Der Innenminister von NRW sprach von „übelster und widerwärtigster neonazistischer, rassistischer und flüchtlingsfeindlicher Hetze"[284]. Nach seiner Auffassung haben die beschuldigten Polizisten das Ansehen der rund 50.000 Polizisten in Nordrhein-Westfalen geschädigt. „Ich weiß, dass der weitaus größte Teil der Polizei anständige Menschen sind."[285]

Die Bundespolizei meldete Anfang Oktober 2020 für den Zeitraum von Januar 2017 bis Juni 2020 insgesamt 24 rechtsextremistische und 20 rassistische Verdachtsfälle. „Das entspricht einem Anteil von 0,085 Prozent der Beschäf-

280 Der Spiegel, 2020h.
281 Vgl. Der Spiegel, 2020h.
282 Zit. nach: Der Spiegel, 2020h.
283 Zit. nach: Süddeutsche Zeitung, 2020d.
284 Zit. nach: Süddeutsche Zeitung, 2020d.
285 Zit. nach: Süddeutsche Zeitung, 2020d.

tigten“, teilte das Bundespolizeipräsidium mit.[286] Die Bundespolizei hatte im Oktober 2020 51.315 Mitarbeiter. Abgeschlossen werden konnten bis Anfang Oktober 2020 21 der 44 Verfahren. Von diesen 21 Verfahren wurden zwei Fälle eingestellt, neun Mal wurden Disziplinarmaßnahmen verhängt, in zehn Fällen wurden die betroffenen Beamten entlassen oder nach der Beendigung ihrer Ausbildung nicht übernommen.[287] Von den 44 Verdachtsfällen innerhalb der Bundespolizei wurde der überwiegende Teil, 31 Fälle, durch interne Hinweise aus der Bundespolizei heraus bekannt. Bereits im Mai 2015 war dort eine interne Vertrauensstelle geschaffen worden, die auch eine „Whistleblower“-Strategie verfolgt. Die interne Vertrauensstelle ist beim Bundespolizeipräsidium in Potsdam angesiedelt und untersteht direkt dem Polizeipräsidenten. Sie nimmt Beschwerden und sachdienliche Hinweise von Beamten der Bundespolizei entgegen.[288]

Abschließend bleibt festzustellen, dass Rechtsextremisten in Sicherheitsbehörden ein besonderes Problem darstellen, weil der Staat und seine Bediensteten für die freiheitliche demokratische Grundordnung (FdGO) stehen und dieser in besonderem Maße verpflichtet sind. Daher müssen alle geeigneten Maßnahmen getroffen werden, um rechtsextremistische Verdachtsfälle in den Sicherheitsbehörden und in der Bundeswehr aufzuklären. Zur gleichen Zeit muss betont werden, wie es auch das Bundesamt für Verfassungsschutz in seinem Lagebericht „Rechtsextremisten in Sicherheitsbehörden“ tut, dass die Bediensteten des Staates, die in ihrer täglichen Arbeit für die freiheitliche demokratische Grundordnung (FdGO) eintreten, Unrecht erfahren, wenn sie *pauschal* dem Vorwurf einer antisemitischen, rassistischen oder demokratiefeindlichen Haltung ausgesetzt werden.

286 Zit. nach: Welt, 2020f.
287 Vgl. Welt, 2020f.
288 Vgl. Welt, 2020f.

5.7 Rechtsextremisten und Corona-Hygienedemonstrationen

Nach Angaben des Bundesamtes für Verfassungsschutz waren von April bis August 2020 ca. 90 Corona-Hygienedemonstrationen in Deutschland von Rechtsextremisten dominiert. Einer der regionalen Schwerpunkte der Corona-Kundgebungen war nach Angaben des Bundesamtes für Verfassungsschutz das Land Sachsen-Anhalt. In dem östlichen Bundesland fand demnach mehr als ein Drittel aller 90 zwischen dem 25.4. und dem 10.8.2020 von Rechtsextremisten durchgeführten oder dominierten Veranstaltungen statt. Unter den Zehntausenden Demonstranten, die am letzten August-Wochenende 2020 in Berlin gegen die Corona-Einschränkungen protestiert hatten, waren auch größere Gruppen von „Reichsbürgern" und „Selbstverwaltern" mit entsprechenden T-Shirts, Transparenten, Sprechchören und Flugblättern. Deutlich erkennbar waren auch einige kleinere Gruppen von Rechtsextremisten, u.a. Neonazis. Unter den Teilnehmern der Corona-Hygienedemonstrationen aus den Reihen der AfD waren auch Mandatsträger, die dem inzwischen offiziell aufgelösten „Flügel" angehören.[289]

Nach den Ausschreitungen bei Corona-Hygienedemonstrationen gegen die Corona-Maßnahmen der Bundesregierung Ende August 2020 mehren sich die Warnungen vor einer weiteren Radikalisierung der Bewegung. Rechtsextremisten seien dabei, die Bewegung der Corona-Hygienedemonstrationen „komplett zu kapern"[290], erklärte der Vizechef der Gewerkschaft der Polizei (GdP), Jörg Radek. Der Einfluss rechtsextremistischer Gruppen auf die Corona-Proteste verfestige sich. Radek warnte vor einer ähnlichen Radikalisierung wie bei der islamfeindlichen PEGIDA-Bewegung. Seit den Ausschreitungen habe die Corona-Protestbewegung „endgültig ihre Unschuld verloren", so der GdP-Vizevorsitzende.[291]

Auch der Präsident des Zentralrats der Juden in Deutschland, Josef Schuster, appellierte an die Bürger, dass sie „wissen müssen, mit wem sie mitlaufen oder wer mit ihnen mitläuft". Den Menschen müsse klar sein, „dass sie die Argumente von Antisemiten indirekt unterstützen, wenn sie sich an solchen Demonstrationen beteiligen", warnte Schuster.[292] Schon seit Monaten würden in der Corona-Debatte „Verschwörungsmythen mit antisemitischer Grundtendenz bewusst geschürt". Zwar seien nicht alle, die an den Corona-

289 Welt, 2020b.

290 Zit. nach: Tagesschau, 2020d.

291 Zit. nach: Tagesschau, 2020d.

292 Zit. nach: Tagesschau, 2020d.

Hygienedemonstrationen Ende August 2020 in Berlin demonstriert hätten, Rassisten oder Antisemiten. „Aber sie machen sich mit diesen gemein“, so der Zentralratspräsident.[293]

Im Rahmen der Corona-Hygienedemonstrationen in Berlin Ende August 2020 hatten Demonstrierende gegen die Corona-Politik der Bundesregierung – unter ihnen viele Rechtsextremisten – Absperrgitter am Reichstagsgebäude in Berlin überwunden, darunter der rechtsextremistische „Volkslehrer“ Nikolai N. Sie stiegen danach die Treppe des Gebäudes hoch, wobei schwarz-weiß-rote Reichsflaggen und andere Fahnen zu sehen waren: ein Bild, von dem die gesamte rechtsextremistische Szene seit Tagen fantasiert hatte. Anfangs stellten sich nur drei Polizisten der grölenden Menge entgegen, wie aus Videoaufnahmen hervorgeht. Die Polizisten drängten diese Demonstrierenden mithilfe von Pfefferspray zurück. Die Eskalation am Bundestagsgebäude löste allgemeines Entsetzen aus, Bundespräsident Frank-Walter Steinmeier nannte die Vorgänge „verabscheuungswürdig“. Bundesgesundheitsminister Jens Spahn warnte davor, die Stärke der Bewegung gegen die Corona-Maßnahmen zu überschätzen. Die Besetzung der Treppe durch Rechtsextremisten dürfe nicht als Ausdruck der „Gesamtstimmung im Land“ verstanden werden, sagte der CDU-Politiker. Er sehe in Umfragen und auf Veranstaltungen, dass es „insgesamt eine große Unterstützung für unsere Politik“[294] gebe.

Das Bundesamt für Verfassungsschutz sah bei den Corona-Hygienedemonstrationen am letzten August-Wochenende 2020 „eine starke rechtsextremistische Komponente, die aggressiv und gewalttätig durch Störaktionen auftrat“. Die Befürchtungen hätten sich bestätigt, sagte Verfassungsschutzpräsident Thomas Haldenwang. „Rechtsextremisten und Reichsbürgern ist es gelungen, einen Resonanzraum zu besetzen, wirkmächtige Bilder zu erzeugen und so das heterogene Protestgeschehen zu instrumentalisieren.“[295] Das Bundesamt für Verfassungsschutz habe immer davor gewarnt, dass Rechtsextremisten die Coronavirus-Pandemie für ihre Zwecke missbrauchen und versuchen könnten, sich an die Spitze des „sehr vielfältigen Demonstrationsgeschehens“ zu setzen, erklärte Haldenwang. Vor den Corona-Demonstrationen habe der Verfassungsschutz „eine verstärkte Mobilisierung durch Rechtsextremisten“ festgestellt. Mit dieser Einschätzung widersprach BfV-Präsident Haldenwang eigenen Aussagen kurz vor dem Protestwochenende. Damals sagte er hinsichtlich der in den vergangenen Wochen an verschiedensten

293 Zit. nach: Tagesschau, 2020d.

294 Zit. nach: Tagesschau, 2020d.

295 Zit. nach: Zeit, 2020c.

Orten Deutschlands veranstalteten Protestkundgebungen, Rechtsextremisten sei es „nicht gelungen, die Hoheit über das Demonstrationsgeschehen zu bekommen". Bei den Demonstrationen gebe es eine große Anzahl von Verschwörungstheoretikern, die sich aber „noch auf dem Boden des Grundgesetzes" bewegten.[296]

Im Juni 2020 hatten die Innenminister aus Bund und Ländern das Bundesamt für Verfassungsschutz beauftragt, die Corona-Demonstrationen zu untersuchen und dabei stand die Frage im Vordergrund, ob von den Corona-Demonstrationen eine Gefahr für die Innere Sicherheit ausgehe. So beobachten die deutschen Verfassungsschutzbehörden ein „heterogenes Protestfeld, bei dem sich nicht extremistische und extremistische Akteure" vermischten.[297] Dabei grenzen sich nach Auffassung des Bundesamtes für Verfassungsschutz viele Corona-Demonstrierende nicht mehr von Rechtsradikalen, Rechtsextremisten, „Reichsbürgern" und „Selbstverwaltern" oder Anhängern von Verschwörungstheorien ab. Hierbei sei eine Querfront aus unterschiedlichen Strömungen und mit unterschiedlichen Ideologieelementen entstanden. Dabei betonen die Verfassungsschutzbehörden, dass ein Teil dieser Corona-Querfront auf organisierte rechtsextremistische Strukturen zurückgehe, die aktiv für die Corona-Demonstrationen rekrutieren. Dazu käme auch noch die QAnon-Verschwörungstheorie.[298] Hier sehen die Verfassungsschutzbehörden inhaltliche Schnittmengen zwischen der bisherigen klassischen rechtsextremistischen Szene und der Szene von Verschwörungstheoretikern.[299]

Der rheinland-pfälzische Innenminister Lewentz (SPD) macht im Umfeld der „Querdenken"-Bewegung besonders schnelle Radikalisierungstendenzen aus. Die Polizei- und Verfassungsschutzbehörden seien deshalb in großer Sorge. „Denn unorganisierte Einzeltäter sind für Polizei und Verfassungsschutz extrem schwer feststellbar", sagte der Innenminister von Rheinland-Pfalz. „Die extrem denkenden Ränder tun sich im Moment zusammen." Es handele sich um „eine ganz bunte, aber für die Gesellschaft gefährliche Mischung."[300] „Die Versuche insbesondere von rechtsextremistischer Seite und aus der sogenannten Reichsbürgerszene, Einfluss auf die Proteste im Bundesgebiet zu nehmen, haben ebenso spürbar zugenommen wie die Aggressivität", stellte

296 Zit. nach: Zeit, 2020c.

297 Vgl. Zeit, 2020i.

298 Vgl. Zeit, 2020i.

299 Vgl. Goertz, 2021.

300 Vgl. SWR, 2020.

Lewentz fest. Rechtsextremisten hätten sich bei den Protesten zudem medienwirksam in Szene setzen können.[301]

In Bezug auf die Frage, welche Gruppen die Bundesregierung in Deutschland als gefährdet betrachte, Verschwörungsideologien leichter anzuhängen antwortete die Bundesregierung mit: „Sowohl ‚Reichsbürger und Selbstverwalter' als auch Rechtspopulisten und Rechtsextremisten verbreiten auch außerhalb der Corona-Krise Verschwörungsmythen, die antisemitische, fremdenfeindliche und rassistische Ideologieelemente aufweisen. Diese Themen werden mit anderen Themen, wie z.B. dem vermehrten Zuzug von Flüchtlingen vor einigen Jahren, Kritik am Regierungshandeln und der jetzigen Corona-Krise vermischt. So wird unter anderem ein sofortiger Einreisestopp für Asylsuchende gefordert, weil ‚Migranten, Asylsuchende und Flüchtlinge' noch mehr Krankheiten mitbrächten. Neben dieser fremdenfeindlichen Abwertung finden sich in Beiträgen mit verschwörungstheoretischen Inhalten im Zusammenhang mit COVID-19 Behauptungen, eine „jüdische Elite" habe die Pandemie bewusst hervorgerufen. Weitere verschwörungstheoretische Aussagen gehen davon aus, dass das Coronavirus künstlich – als biologische Waffe – erschaffen worden sei. Insofern sind die Szeneangehörigen selbst gefährdet, etwaigen Verschwörungsmythen anzuhängen."[302]

Der Bundesregierung liegen Hinweise vor, dass sowohl deutsche Rechtsextremisten als auch eine Reihe von „Reichsbürgern" und „Selbstverwaltern" der „QAnon"-Theorie folgen. Bei „QAnon" handelt es sich um eine Verschwörungsideologie, die in den USA entstanden ist. Anknüpfungspunkte für rechtsextremistische Ideologieelemente bietet nach Angaben der Bundesregierung die zuweilen mit der „QAnon"-Ideologie verbundene Behauptung, die handelnden Eliten des „Deep State" seien „Linke" jüdischen Glaubens oder von Juden gesteuert.[303] Nach Angaben der Bundesregierung birgt der „QAnon"-Mythos ein großes Radikalisierungspotenzial. So seien vor dem Hintergrund einer irrationalen und/oder verschwörungsideologischen Tatmotivation mögliche Gewalttaten polizeilich schwer einzuschätzen.[304]

301 Vgl. SWR, 2020; Goertz, 2021.

302 Deutscher Bundestag, 2020b, S. 4.

303 Deutscher Bundestag, 2020b, S. 16.

304 Goertz, 2021.

Kurzzusammenfassung:
Aktuelle Trends im deutschen Rechtsextremismus
– Rechtsextremistische Phänomene

Rechtsextremistische Kampfsportformate, u.a. „Kampf der Nibelungen"

- Teile der deutschen Kampfsportszene haben sich zu einem Ort für rechtsextremistische Rekrutierung entwickelt.
- Einige Kampfsportlabels weisen zumindest eine Nähe zum Rechtsextremismus auf: „Greifvogel", „Too White For You" (dt. „Zu weiß für dich"), „White Rex" aus Russland, „Pride France", „Sva Stone" aus der Ukraine, „Rodobran" aus Bulgarien und das deutsche Label „Black Legion".
- Der „Kampf der Nibelungen" ist die größte und bekannteste europäische Kampfsportveranstaltung der rechtsextremistischen Szene.
- Im Zentrum des Kampfsportturniers „Kampf der Nibelungen" stehen ein faschistisches Körperideal sowie die Feindschaft zum demokratischen System.
- Im Herbst 2019 konnte das rechtsextremistische Kampfsportturnier „Kampf der Nibelungen" (KDN) erstmals nach sechs seit 2013 durchgeführten Turnieren durch die zuständigen Polizei- und Ordnungsbehörden verboten werden.
- Der Sportausschuss des Bundestages bewertet die Verbindung von Rechtsextremisten zum deutschen Kampfsport als gefährlich und besorgniserregend.

Rechtsextremistische Musik

- Die rechtsextremistische Musikszene dominiert die Szene der subkulturell geprägten Rechtsextremisten und besteht aus Musikgruppen und Liedermachern sowie deren Umfeld und Anhängern.
- Die Teilnahme an den Veranstaltungen stärkt das Gemeinschaftsgefühl der Rechtsextremisten und fördert die szeneinterne Vernetzung. Daneben können Teile der Gewinne zu einem verstärkten Ausbau rechtsextremistischer Aktivitäten und Strukturen führen.
- Das „Schild & Schwert"-Festival in Ostritz/Sachsen ist eine aktuelle Veranstaltung, bei der die Komponenten „Politik", Musik, Kampfsport und „rechter Lifestyle" kombiniert werden, um möglichst viele rechtsextremistische Szeneangehörige zu gewinnen.

- An rechtsextremistischen musikalischen Veranstaltungen nehmen auch Rechtsextremisten aus Österreich, Polen, der Schweiz, der Ukraine und den USA teil.
- Die RechtsRock-Szene ist gut vernetzt und bietet eine lukrative Einnahmequelle sowohl für Musikverlage als auch für Organisationen wie „Blood & Honour“ oder neonazistische „Kameradschaften“.
- Bei keinem anderen Bereich des Rechtsextremismus hat eine internationale Vernetzung größere Relevanz als bei der Musik. So wird im englischsprachigen Raum rechtsextremistische Musik von Bands und Fans häufig als „White Power Music“ bezeichnet. Hinter diesem Begriff steht die Idee einer angeblichen Überlegenheit einer „weißen Rasse“.

Anti-Asyl-Agitation, Islamfeindlichkeit und „Bürgerwehren“

- Die deutsche rechtsextremistische Szene nutzte den Anstieg der Flüchtlingszahlen in Deutschland in den Jahren 2014 und 2015 für eine umfassende Anti-Asyl-Agitation.
- Anti-Asyl-Agitation propagiert eine fundamentale Ablehnung der bestehenden gesellschaftlichen und politischen Ordnung der Bundesrepublik Deutschland.
- In den letzten Jahren beobachteten die deutschen Verfassungsschutzbehörden, dass viele Anmelder von Anti-Asyl-Demonstrationen den deutschen Sicherheitsbehörden als Rechtsextremisten bekannt sind.
- Allein im Jahr 2015 nahmen in Deutschland ca. 95.200 Personen an rechtsextremistischen oder maßgeblich von Rechtsextremisten gesteuerten Demonstrationen gegen Flüchtlinge teil.
- Islamfeindlichkeit ist ein weiteres wesentliches Agitationsfeld von Rechtsextremisten.
- Anti-Islam-Agitation behauptet stereotyp eine Gegensätzlichkeit und Unvereinbarkeit von deutscher und muslimischer Kultur.

- Es wird Muslimen dabei pauschal unterstellt, einen kulturellen „Eroberungsfeldzug" gegen den Westen zu führen sowie sich „gewaltbereit und kriegerisch" zu verhalten. Dieses Vorgehen zielt darauf ab, Ängste, Unsicherheiten und Vorurteile gegenüber Muslimen zu schüren, und ist damit letztlich auch geeignet, den Boden für Gewalt gegenüber dieser Bevölkerungsgruppe zu bereiten.
- Die bedeutendsten politischen Propagandisten und Träger von Islamfeindlichkeit sind gegenwärtig die rechtsextremistischen und rechtspopulistischen Parteien in Europa.
- Ähnliche Propaganda in Verbindung mit Negativ-Bildern über den Islam findet man auf Internetseiten mit offenbar hohen Besucherzahlen wie „Die grüne Pest", „Islamkritik.at", „Politically Incorrect", „Stop Islam" oder „Akte Islam. Für Europa – gegen Eurabien".
- Deutsche Rechtsextremisten haben in den letzten Monaten und Jahren immer wieder auf die vermeintliche Notwendigkeit zur Bildung von „Bürgerwehren" hingewiesen bzw. entsprechende Gruppierungen gegründet.
- Deutsche Rechtsextremisten versuchen mit der leicht zu realisierenden Aktionsform der „Bürgerwehren", eine Anschlussfähigkeit rechtsextremistischer Positionen an die bürgerlich-demokratische Mehrheitsgesellschaft herzustellen.

Antisemitismus im Rechtsextremismus

- Der rechtsextremistische Antisemitismus baut vor allem auf dem rassistischen Weltbild des Nationalsozialismus auf, der das Judentum als „nichtdeutsche, fremde Rasse" definierte und diesen „Feind der eigenen Rasse" „ausmerzen" wollte.
- Rechtsextremisten nutzen die im politischen und gesellschaftlichen Alltag geäußerte Kritik an der Politik Israels, um die Existenzberechtigung des Staates Israel infrage zu stellen.
- Gleichsetzungen der israelischen Politik mit den Verbrechen an Juden im Nationalsozialismus sind ein gängiges Muster des antizionistischen Antisemitismus.

- Antisemitischen Verschwörungstheorien zufolge wird Deutschland im Rahmen einer planvollen Konspiration instrumentalisiert, um den „jüdischen Einfluss“ zu vergrößern oder das Ziel der „jüdischen Weltherrschaft“ zu erreichen. Häufig wird ein „jüdischer Einfluss“ auf politische Entscheidungen der Regierungsverantwortlichen behauptet.
- Nach rechtsextremistischem Verständnis sind „die Juden“ eine einflussreiche Macht, die mit politischen Absichten gemeinsam als Kollektiv die Herrschaft im jeweiligen Land oder gar die Weltherrschaft anstrebt. „Die Juden“ – so der politische Antisemitismus – steuern angeblich die Regierung der USA, beherrschen Wirtschaft, Finanzwelt und Medien und wollen durch ihre Verschwörung politische Umbrüche oder Wirtschaftskrisen herbeiführen.
- Einen breiten Raum nimmt derzeit der antizionistische Antisemitismus ein. Er negiert das Existenzrecht Israels und diffamiert Israel, indem er dem Land einen „Vernichtungskrieg“ und eine Politik der „Ausrottung“ gegenüber den Palästinensern vorwirft.
- Rechtsextremisten nutzen die aktuelle Corona-Krise als Anknüpfungspunkt für die Verbreitung ihrer Propaganda, die vielfach in einen verschwörungstheoretischen Kontext eingebettet wird. Die für Corona von Rechtsextremisten verantwortlich gemachten „dunklen Mächte“ sind fast immer antisemitisch konnotiert. Die diesen vermeintlichen Weltverschwörern zugeschriebenen Stereotype wie „hinterlistig, gierig, blutrünstig, bösartig, manipulativ“ sowie „die Wirtschaft, Politik, Medien, Kultur und Bildung kontrollierend“ sind identisch mit den Negativattributen, die der Antisemitismus seit jeher mit Menschen jüdischen Glaubens assoziiert.

Rechtsextremistische Erpressungsmails, Drohmails und „Feindeslisten" sowie der „NSU 2.0"

- Seit Ende 2017 beobachten die deutschen Sicherheitsbehörden einen Versand von rechtsextremistischen Erpressungsmails, die massive Beschimpfungen und rassistische Äußerungen mit Erpressungsversuchen verbinden.
- Die rechtsextremistischen Absender drohen z.B. damit, dass sie im Internet Waffen an Rechtsextremisten verkaufen oder dass sie rechtsextremistische Anschläge gegen Bezahlung begehen, wenn ihnen nicht eine hohe Geldsumme in einer Digitalwährung überwiesen wird.
- Im Jahr 2019 gingen Mails mit Bombendrohungen bei Gerichten, kommunalen Einrichtungen und anderen öffentlichen Einrichtungen sowie bei diversen Politikern in ganz Deutschland ein.
- In den letzten Jahren sind den Sicherheitsbehörden auch immer wieder Informationssammlungen unterschiedlicher Art über politische Gegner von Rechtsextremisten bekannt geworden, die in der medialen Berichterstattung als „Feindes-" oder „Todeslisten" bezeichnet werden. Bei den darin aufgeführten Personen handelt es sich meist um Amtspersonen und Personen des öffentlichen Lebens.
- Mehr als 80 rechtsextremistische Drohschreiben, unterzeichnet mit „NSU 2.0", sind in den vergangenen zwei Jahren an Politikerinnen, eine Anwältin, Künstlerinnen und Aktivistinnen verschickt worden.

Rechtsextremisten in deutschen Sicherheitsbehörden und in der Bundeswehr

- Das Bundesamt für Verfassungsschutz verzeichnet in seinem erstmals erstellten Lagebericht 2020 zu Rechtsextremisten in den deutschen Sicherheitsbehörden 319 Verdachtsfälle Rechtsextremismus in den Sicherheitsbehörden der Bundesländer, 58 Verdachtsfälle Rechtsextremismus in den Bundessicherheitsbehörden sowie 1.064 Verdachtsfälle Rechtsextremismus in der Bundeswehr.
- Das Bundesamt für Verfassungsschutz betont im Lagebericht „Rechtsextremisten in Sicherheitsbehörden", dass Fälle, die den öffentlichen Dienst, vor allem Sicherheitsbehörden und die Bundeswehr, betreffen, einer besonderen Betrachtung bedürfen. Denn der Staat und seine Bediensteten stehen für die freiheitliche demokratische Grundordnung (FdGO) ein und sind dieser in besonderem Maße verpflichtet.
- Explizit betont das Bundesamt für Verfassungsschutz in seinem Lagebericht, dass gerade die Bediensteten des Staates Unrecht erfahren, wenn sie pauschal dem Vorwurf einer antisemitischen, rassistischen oder demokratiefeindlichen Haltung ausgesetzt werden.
- Im Rahmen der Vorstellung des neuen Lageberichtes erklärte Bundesinnenminister Horst Seehofer, er sehe „kein strukturelles Problem mit Rechtsextremismus in den Sicherheitsbehörden".
- Der stellvertretende Bundesvorsitzende der Gewerkschaft der Polizei (GdP), Jörg Radek, erklärte im September 2020 zu diesem Thema: „Wir haben in der deutschen Polizei keinen strukturellen Rassismus". Wenn es rassistische oder rechtsextremistische Vorfälle in den deutschen Polizeien gebe, dann seien das Einzelfälle, „und da muss dann auch mit rechtsstaatlichen Mitteln ermittelt werden".
- Das Bundesamt für Verfassungsschutz schlägt als präventive Maßnahme gegen Rechtsextremismus in den Sicherheitsbehörden und in der Bundeswehr vor, dass Führungskräfte aus allen Ebenen in Bezug auf das Erkennen von und den Umgang mit rechtsextremistischen Verdachtsfällen, u.a. in den Bereichen Rassismus und Antisemitismus, geschult werden müssen. Darüber hinaus schlägt es die Einrichtung der Stelle eines behördeninternen Extremismusbeauftragten vor, die Umsetzung der Einrichtung einer entsprechenden Stelle obliegt den Behörden der jeweiligen Länder bzw. des Bundes.

- Die Verdachtsfälle von Rechtsextremisten und „Reichsbürgern" in der Bundeswehr sind im Sommer 2020 auf mehr als 600 angestiegen.
- Das Wochenmagazin „Der Spiegel" meldete im August 2020 für den Zeitraum von 2014 bis Sommer 2020 ca. 400 Verdachtsfälle für Rechtsextremismus in den deutschen Polizeien. Dazu zählen Fälle von Rechtsextremismus, Rassismus und Antisemitismus unter Polizisten und Polizeianwärtern.
- Die Bundespolizei meldete Anfang Oktober 2020 für den Zeitraum von Januar 2017 bis Juni 2020 24 rechtsextremistische und 20 rassistische Verdachtsfälle. „Das entspricht einem Anteil von 0,085 Prozent der Beschäftigten", teilte das Bundespolizeipräsidium mit.

Rechtsextremisten und Corona-Hygienedemonstrationen

- Unter den Zehntausenden Demonstranten, die am letzten August-Wochenende 2020 in Berlin gegen die Corona-Einschränkungen protestiert hatten, waren auch größere Gruppen von „Reichsbürgern" und „Selbstverwaltern" mit entsprechenden T-Shirts, Transparenten, Sprechchören und Flugblättern. Deutlich erkennbar waren auch einige kleinere Gruppen von Rechtsextremisten, u.a. Neonazis.
- Nach den Ausschreitungen warnte der Vizechef der Gewerkschaft der Polizei (GdP), Jörg Radek, davor, dass Rechtsextremisten dabei seien, die Bewegung der Corona-Hygienedemonstrationen „komplett zu kapern". Radek warnte vor einer ähnlichen Radikalisierung wie bei der islamfeindlichen PEGIDA-Bewegung.
- Auch der Präsident des Zentralrats der Juden in Deutschland, Josef Schuster, appellierte an die Bürger, dass sie „wissen müssen, mit wem sie mitlaufen oder wer mit ihnen mitläuft". Den Menschen müsse klar sein, „dass sie die Argumente von Antisemiten indirekt unterstützen, wenn sie sich an solchen Demonstrationen beteiligen", warnte Schuster.

- Das Bundesamt für Verfassungsschutz sah bei den Corona-Hygienedemonstrationen am letzten August-Wochenende 2020 „eine starke rechtsextremistische Komponente, die aggressiv und gewalttätig durch Störaktionen auftrat“. Die Befürchtungen des Bundesamtes für Verfassungsschutz hätten sich bestätigt, sagte Verfassungsschutzpräsident Thomas Haldenwang. „Rechtsextremisten und Reichsbürgern ist es gelungen, einen Resonanzraum zu besetzen, wirkmächtige Bilder zu erzeugen und so das heterogene Protestgeschehen zu instrumentalisieren.“

6 Übergang von Rechtsextremismus zu Rechtsterrorismus – aktuelle Fälle

6.1 „Weisse Wölfe Terrorcrew“ (WWT)

Der Bundesminister des Innern verbot am 16.3.2016 die gewaltbereite rechtsextremistische „Weisse Wölfe Terrorcrew“ (WWT). Dieser rechtsextremistische Verein lief nach Zweck und Tätigkeit den Strafgesetzen zuwider und richtete sich gegen die verfassungsmäßige Ordnung der Bundesrepublik Deutschland. Die Mitglieder der 2008 erstmals in Erscheinung getretenen und zum Schluss bundesweit aktiven Gruppierung waren nach Angaben der deutschen Verfassungsschutzbehörden durch Neonazi-Propaganda und Gewaltstraftaten aufgefallen. Auf dem Höhepunkt ihrer Ausbreitung hatte die WWT ca. 70 bis 100 größtenteils gewaltbereite Mitglieder in zehn Bundesländern. Sie engagierte sich verstärkt für die Ausrichtung von rechtsextremistischen Szenekonzerten und sah sich in einer Konkurrenzsituation zu den zahlenmäßig stärkeren und szeneintern dominierenden „Hammerskins“. Gleichzeitig führte die WWT bei Kundgebungen ihre neonationalsozialistische Propaganda fort.[305] Im Zusammenhang der Treffen von Vertretern einzelner Landesstrukturen („Sektionen“), überregionalen Zusammenkünften der Führungsebene und aus alltäglichen Situationen heraus kam es immer wieder zu gewalttätigen Übergriffen z.B. auf Menschen mit Migrationshintergrund, (vermeintliche) Angehörige der linksextremistischen Szene und Polizeibeamte. Mitglieder der WWT traten bei ihren Aktivitäten zum Teil in Vereinskleidung auf. Gemeinsam begangene Gewaltdelikte hatten für die WWT-Angehörigen nach Einschätzung der deutschen Verfassungsschutzbehörden „Event-Charakter“ und eine integrative Funktion. Mitglieder der WWT waren auch mit anderen gewaltorientierten Rechtsextremisten vernetzt und in einschlägigen Gruppen organisiert. Solch einen Personenzusammenschluss bildete bspw. eine Gruppierung aus dem Raum Bamberg (Bayern), der neben WWT-Angehörigen auch Mitglieder der neonazistischen Partei „Die Rechte“ und rechtsextremistische Hooligans umfasste. Die Beklagten der „Bamberger Gruppe“ der WWT sollen u.a. Anschläge auf Flüchtlingsheime geplant und im Mai 2015 einen Übergriff auf einen Treffpunkt von Angehörigen der „linken“ Szene in Würzburg (Bayern) begangen haben.[306]

305 Vgl. Bundesministerium des Innern, für Bau und Heimat, 2017, S. 43.

306 Vgl. Bundesministerium des Innern, für Bau und Heimat, 2017, S. 44.

Der damalige Bundesminister des Innern, Thomas de Maizière, erklärte zum Verbot der WWT:

„Die WWT agitiert offen und aggressiv gegen unseren Staat und unsere Gesellschaft, gegen Migranten und Andersdenkende. Sie verbreitet fremdenfeindliche und menschenverachtende Ideologie, sie trägt rechtsextremistische Hetze auf die Straße und schreckt nicht vor Gewalttaten zurück.

Wir gehen konsequent gegen Gruppierungen vor, die es sich zum Ziel gesetzt haben, Angst und Schrecken gerade unter den Menschen zu verbreiten, die bei uns Schutz und Asyl suchen. Dem müssen wir entschlossen mit den Mitteln der wehrhaften Demokratie entgegentreten. Das haben wir mit dem heutigen Verbot getan.“[307]

Das Landgericht Bamberg verurteilte im Dezember 2018 vier führende Mitglieder der WWT wegen gefährlicher Körperverletzung, Sachbeschädigung und Verwendung von Kennzeichen verfassungswidriger Organisationen. Das Gericht verhängte Freiheitsstrafen zwischen einem Jahr und fünf Monaten zur Bewährung und drei Jahren sowie eine Geldstrafe. Die Angeklagten sollen mit Straftaten gegen eine Asylbewerberunterkunft gedroht haben.[308]

6.2 „Oldschool Society“ (OSS)

Am 27.4.2016 begann vor dem Oberlandesgericht München die Hauptverhandlung gegen vier mutmaßliche Mitglieder der rechtsextremistischen Gruppierung „Oldschool Society“ (OSS). Den Angeklagten wurde zur Last gelegt, spätestens im Winter 2014 unter dem Namen „Oldschool Society“ eine rechtsterroristische Vereinigung gegründet und Vorbereitungen für ein Explosionsverbrechen getroffen zu haben. Als Anschlagsziel wurde u.a. eine bewohnte Asylbewerberunterkunft in Betracht gezogen. Nachdem Erkenntnisse des Bundesamtes für Verfassungsschutz und der betroffenen Landesbehörden für Verfassungsschutz den Ausgangspunkt für entsprechende Ermittlungen geliefert hatten, erfolgten angeordnet durch den Generalbundesanwalt am 6.5.2015 Exekutivmaßnahmen, die eine Umsetzung der Planungen vereitelten.[309] Bereits im Jahr 2016 analysierten die deutschen Verfassungsschutzbehörden im Fall der „Oldschool Society“ (OSS) und der

307 Zit. nach: Bundesministerium des Innern, für Bau und Heimat, 2016b.

308 Vgl. Zeit, 2018a.

309 Vgl. Bundesministerium des Innern, für Bau und Heimat, 2017, S. 45.

„Gruppe Freital" die Möglichkeit eines Übergangs von Rechtsextremismus zu Rechtsterrorismus.[310]

Im Prozess gegen die rechtsextremistische Gruppe „Oldschool Society" (OSS) am Oberlandesgericht Dresden wurden im Oktober 2019 die Urteile gesprochen. Die zwei angeklagten Männer wurden zu Haft- bzw. Bewährungsstrafen verurteilt. Die OSS verfolgte laut Gericht flüchtlingsfeindliche und antimuslimische Ziele und plante rechtsterroristische Anschläge. Die beiden Mitglieder der OSS erhielten Haftstrafen von zwei Jahren und vier Monaten sowie zwei Jahre auf Bewährung. Die Richter sahen es als erwiesen an, dass sie zur Führungsriege der Gruppe gehört haben. Sie hätten im Chat „erheblich" zur Radikalisierung beigetragen. Ziel der Vereinigung, die sich im Internet gegründet hatte, sei vor allem der Kampf gegen Flüchtlinge und Muslime gewesen. Spätestens von Januar 2015 an planten sie nach Überzeugung des Gerichts Brand- und Sprengstoffanschläge auf bewohnte Asylbewerberunterkünfte. Vor einer Umsetzung dieser Anschlagspläne wurden sie von der Polizei verhaftet.[311] Laut einem Chatbeitrag eines der Angeklagten sei ein „moderner Nationalsozialismus" das Ziel der OSS gewesen. Fünf weitere Beschuldigte der OSS waren bereits im Juli 2019 zu einer Bewährungsstrafe von einem Jahr und fünf Monaten sowie zu Haftstrafen zwischen drei und fünf Jahren verurteilt worden.[312]

Nach dem Bekanntwerden der rechtsterroristischen Gruppe „Nationalsozialistischer Untergrund" (NSU) entstanden weitere rechtsterroristische Gruppen, eine davon die „Oldschool Society". Die Gründung der OSS erfolgte im November 2014 in Frohburg in Sachsen. Die Aktivisten der OSS kommunizierten offen im Internet: Auf Facebook richtete die OSS eine eigene Website ein, auf YouTube wurden selbsterstellte Videos hochgeladen. Auf der Facebook-Seite der OSS wurden rechtsterroristische Gewaltfantasien in Kommentaren ganz offen ausgebreitet. Eine Bilderfolge dokumentierte das erste Treffen der OSS, ein weiteres wurde mit dem Schriftzug „OSS – Eine Kugel reicht nicht" kommentiert.[313] Am Ende eines Videos der OSS nannten die Beteiligten, die „den Kampf gegen den Staat" gefordert hatten, gar ihre Vornamen. Die Mitglieder planten offensichtlich Anschläge, als Anschlagsziele galten Asylbewerberheime, Moscheen und Salafisten.[314]

310 Vgl. Bundesministerium des Innern, für Bau und Heimat, 2017, S. 39.

311 Vgl. MDR, 2019a.

312 Vgl. MDR, 2019a.

313 Vgl. Pfahl-Traughber, 2019a, S. 248.

314 Vgl. Pfahl-Traughber, 2019a, S. 248.

6.3 „Nordadler“

Das Ermittlungsverfahren des Generalbundesanwaltes gemäß § 129a StGB gegen die mutmaßlich rechtsterroristische, bisher überwiegend virtuell kommunizierende Gruppe mit der Bezeichnung „Nordadler“ belegt nach Auffassung des Bundesamtes für Verfassungsschutz die Annahme, dass sich rechtsterroristische Ansätze außerhalb etablierter rechtsextremistischer Organisationen und Strukturen bilden können. Im Internet sollen sich Mitglieder der Gruppe „Nordadler“ über die Beschaffung von militärischen Ausrüstungsgegenständen und Waffen sowie über die Herstellung von Sprengkörpern ausgetauscht haben. Daneben werden die Beschuldigten verdächtigt, Personenlisten über Politiker sowie politische Gegner angelegt zu haben, um diese anzugreifen.[315]

Der Bundesinnenminister, Horst Seehofer, verbot am 23.6.2020 die rechtsextremistische Vereinigung „Nordadler“ auf der Grundlage des Vereinsgesetzes und löste sie auf. Er erklärte dazu:

„Rechtsextremistische Vereine brauchen heute keinen Stammtisch, keinen Kassenwart und keine Satzung mehr, um ihre Ziele zu verfolgen. Das Verbot von ‚Nordadler‘ richtet sich gegen eine Vereinigung, die überwiegend im Internet und in den sozialen Medien agiert. Vereine und Gruppierungen, die Hass und Hetze verbreiten und die Wiedererrichtung eines nationalsozialistischen Staates herbeisehnen, werde ich verbieten. Rechtsextremismus und Antisemitismus haben bei uns keinen Platz, weder in der realen noch in der virtuellen Welt.“[316]

Das Verbot gegen die Vereinigung „Nordadler“ stützte sich auf § 3 Abs. 1 Satz 1 des Vereinsgesetzes. Die Gruppe „Nordadler“ (auch handelnd und auftretend unter den Bezeichnungen „Völkische Revolution“, „Völkische Jugend“, „Völkische Gemeinschaft“ und „Völkische Renaissance“) richtete sich sowohl gegen die verfassungsmäßige Ordnung als auch gegen den Gedanken der Völkerverständigung.[317] Zudem liefen Zweck und Tätigkeit des Vereins den Strafgesetzen zuwider. Es war eine rechtsextremistische Vereinigung, die ihre nationalsozialistische und antisemitische Ideologie überwiegend im Internet propagierte. Dafür nutzte sie offene und geschlossene Chatgruppen und Kanäle auf diversen Plattformen, in den sozialen Medien (Telegram, Instagram und Discord) sowie eine eigene Website. Der Anführer der Gruppe versuchte auf dieser Website gezielt jüngere Internetnutzer anzuwerben, zu

315 Vgl. Bundesministerium des Innern, für Bau und Heimat, 2019, S. 60.

316 Zit. nach: Bundesamt für Verfassungsschutz, 2020f.

317 Vgl. Süddeutsche Zeitung, 2020b.

indoktrinieren und damit Verfassungsfeinde zu schaffen.[318] Charakteristisch war für die Gruppe vor allem die Wesensverwandtschaft zum Nationalsozialismus. Diese manifestierte sich in der Organisationsstruktur mit Bezügen zur SS, in der Nutzung nationalsozialistischer Symbole und Sprache durch die Mitglieder sowie in deren Bekenntnis zu Adolf Hitler und anderen maßgeblichen Repräsentanten des Nationalsozialismus. Der Anführer dieser Gruppe hat öffentlich erklärt, dass er sich als Nationalsozialist bezeichne und seine Gruppe die Rückkehr eines NS-Staats mit der weltanschaulichen „Ideologie von damals" ersehne. Weiter analysieren die deutschen Verfassungsschutzbehörden, dass kennzeichnend für die Gruppe „Nordadler" ein sehr stark ausgeprägter Antisemitismus und eine kämpferisch-aggressive Grundhaltung waren, die z.B. in Gewaltfantasien zum Ausdruck kamen. So befürwortete der Anführer der Gruppe „Nordadler" in einer öffentlichen Telegram-Gruppe den rechtsterroristischen Anschlag mit zwei Toten auf die Synagoge in Halle.[319]

6.4 „Kameradschaft Aryans"

Am 12.9.2018 durchsuchte die Polizei in Bayern und Hessen die Wohnungen und Arbeitsstätten von sechs Beschuldigten, die der gewaltorientierten neonazistischen Gruppierung „Kameradschaft Aryans" zugerechnet werden. Bei der „Kameradschaft Aryans" handelt es sich um eine im Dezember 2016 gegründete rechtsextremistische Gruppierung mit ungefähr 15 Mitgliedern in den Bundesländern Bayern, Hessen, Nordrhein-Westfalen, Rheinland-Pfalz und Sachsen-Anhalt. Sie wurde mit dem Ziel gegründet, den bewaffneten Kampf gegen die aus ihrer Sicht von der Politik betriebene „Ausrottung des deutschen Volkes" zu führen. Die Durchsuchungen fanden aufgrund eines durch den Generalbundesanwalt eingeleiteten Ermittlungsverfahrens wegen des Verdachts der Gründung einer terroristischen Vereinigung gemäß § 129a StGB statt.[320] Die Mitglieder der „Kameradschaft Aryans" treten oft in schwarzen Pullis mit dem Schriftzug „Aryans" auf, auf dem Rücken steht „Support your Race".[321] Der Generalbundesanwalt beim Bundesgerichtshof führt seit März 2018 ein Ermittlungsverfahren gegen fünf Beschuldigte aus Hessen und Bayern wegen des Verdachts der Gründung einer und Mitgliedschaft in einer terroristischen Vereinigung („Aryans") gemäß § 129a StGB. Die Ermittlungen erstrecken sich seit Juli 2018 auf einen weiteren Beschuldigten

318 Vgl. Bundesamt für Verfassungsschutz, 2020j.

319 Vgl. Bundesamt für Verfassungsschutz, 2020j.

320 Vgl. Bundesministerium des Innern, für Bau und Heimat, 2019, S. 60.

321 Vgl. Handelsblatt, 2019.

aus Hessen wegen des Tatvorwurfs der Mitgliedschaft in einer terroristischen Vereinigung.[322] Nach Angaben der Bundesregierung nimmt die „Kameradschaft Aryans" regelmäßig an rechtsextremistischen Versammlungen teil und zeichnete sich in den vergangenen Jahren durch ein vergleichsweise hohes Aktivitätsniveau aus. Hinsichtlich ihrer ideologischen Ausrichtung nimmt die „Kameradschaft Aryans" sowohl Anleihen an (neo-)nationalsozialistischem Gedankengut als auch an diffusen sonstigen rechtsextremistischen Ideologiefragmenten. Ein durchgängiges (neo-)nationalsozialistisches Weltbild ist nach Angaben der Bundesregierung nicht bei allen Mitgliedern der „Kameradschaft Aryans" festzustellen.[323]

6.5 „Gruppe Freital"

Ein Beispiel für den Übergang von Rechtsextremismus zu Rechtsterrorismus, der sich aus „Bürgerwehren" ergeben kann, ist die rechtsterroristische „Gruppe Freital". Gegen Mitglieder der „Gruppe Freital" verkündete der 4. Strafsenat des Oberlandesgerichts Dresden am 7.3.2018 nach einjährigem Prozess das Urteil im Strafverfahren. Acht Angeklagte im Alter von 20 bis 40 Jahren wurden wegen Mitgliedschaft in einer terroristischen Vereinigung in Tateinheit mit versuchtem Mord, Herbeiführen einer Sprengstoffexplosion, versuchter gefährlicher Körperverletzung und Sachbeschädigung zu Haftstrafen zwischen vier und zehn Jahren verurteilt.[324] Nachdem der Generalbundesanwalt beim Bundesgerichtshof im Juni 2016 ein zweites Ermittlungsverfahren zunächst gegen neun mutmaßliche Unterstützer der „Gruppe Freital" eröffnete, dieses jedoch im Jahr 2017 an die Generalstaatsanwaltschaft Dresden abgegeben hatte, fanden am 28.3.2018 Exekutivmaßnahmen im Rahmen dieses Ermittlungsverfahrens gegen dann zehn mutmaßliche Unterstützer der rechtsterroristischen „Gruppe Freital" statt. Alle Angeklagten hatten sich bei den Protesten gegen eine Asylbewerberunterkunft im Sommer 2015 in Freital kennengelernt und innerhalb kürzester Zeit zur „Gruppe Freital" zusammengeschlossen, um schwere Straf- und Gewalttaten zu verüben.[325]

Im Juni 2019 verwarf der Bundesgerichtshof die Revision von sechs der insgesamt acht wegen rechten Terrors und versuchten Mordes verurteilten Mitglieder der „Gruppe Freital". Die Urteile sind damit gültig.[326]

322 Vgl. Deutscher Bundestag, 2019, S. 2.

323 Vgl. Deutscher Bundestag, 2019, S. 4.

324 Vgl. Bundesamt für Verfassungsschutz, 2020h.

325 Vgl. Bundesamt für Verfassungsschutz, 2020h.

326 Vgl. Der Spiegel, 2019a.

Ende April 2020 hat die Generalstaatsanwaltschaft Dresden gegen vier weitere mutmaßliche Mitglieder Anklage erhoben. Betroffen sind drei Männer im Alter von 26, 31 und 52 Jahren sowie eine 31-jährige Frau. Sie müssen sich vor dem Staatsschutzsenat des sächsischen Oberlandesgerichts in Dresden wegen der Mitgliedschaft in bzw. der Unterstützung einer terroristischen Vereinigung verantworten.[327] Zwei dieser Angeschuldigten sollen an einem Sprengstoffanschlag auf das Auto eines Freitaler Stadtrats im Juli 2015 beteiligt gewesen sein. Darüber hinaus sollen zwei Angeschuldigte der „Gruppe Freital" an einem Anschlag auf ein Büro der Partei Die Linke im September 2015 beteiligt gewesen sein, einer davon wird zudem der Beteiligung an einem Sprengstoffanschlag auf eine Asylbewerberunterkunft im November 2015 beschuldigt. Die Anklage gegen S. lautet u.a. auf mitgliedschaftliche Beteiligung an einer terroristischen Vereinigung, Herbeiführen einer Sprengstoffexplosion und Beihilfe zum versuchten Mord. Dirk A. wird die Mitgliedschaft in einer terroristischen Vereinigung, Herbeiführen einer Sprengstoffexplosion, Sachbeschädigung und Verwenden von Kennzeichen verfassungswidriger Organisationen vorgeworfen.[328]

6.6 „Revolution Chemnitz"

Am Nachmittag des 14.9.2018 fand in Chemnitz eine von „Pro Chemnitz" angemeldete Demonstration mit bis zu 3.500 Personen unter dem Motto „Sicherheit für Chemnitz" statt. Nach dieser Demonstration kam es am Rande der Chemnitzer Innenstadt zu einer tätlichen Auseinandersetzung zwischen einer Gruppe von deutschen Staatsangehörigen, die sich selbst als „Revolution Chemnitz" bezeichnete, und einer Gruppe von Menschen mit Migrationshintergrund. Die Angehörigen der Gruppe „Revolution Chemnitz" sollen sich gegenüber Passanten als „Bürgerpatrouille" ausgegeben und auch Personenkontrollen durchgeführt haben. Einzelne Angehörige dieser Gruppe sollen schwarze T-Shirts mit der Aufschrift „Angriff" und „Kampf" getragen haben.[329]

Im März 2020 wurden die acht Mitglieder der rechtsextremistischen Terrorgruppe „Revolution Chemnitz" zu mehrjährigen Haftstrafen verurteilt, wegen Mitgliedschaft in einer terroristischen Vereinigung, der Rädelsführer Christian K. zudem wegen deren Gründung. Das Oberlandesgericht Dresden sah dies als erwiesen an. Die Haftstrafen liegen zwischen zwei Jahren und drei Monaten sowie fünfeinhalb Jahren. Mit den Strafmaßen folgte das Dresdner

327 Vgl. Zeit, 2020d.

328 Vgl. Zeit, 2020d.

329 Vgl. Bundesministerium des Innern, für Bau und Heimat, 2019, S. 55.

Oberlandesgericht teilweise den Anträgen der Bundesanwaltschaft. Diese hatte für Freiheitsstrafen zwischen drei Jahren sowie fünf Jahren und sechs Monaten plädiert. Die Bundesanwaltschaft attestierte den Beschuldigten eine „offen nationalsozialistische Gesinnung“.

Gemäß der Anklage hatte sich die „Revolution Chemnitz“ am 10.9.2018 in einem Chat formiert. Der mutmaßliche Rädelsführer, der die höchste Haftstrafe erhielt, stellte eine Art Pamphlet in den Chat. Das Schriftstück war sehr deutlich, es sei an der Zeit, „nicht nur Worte sprechen zu lassen, sondern Taten: Linke, Parasiten, Merkel-Zombies, die Mediendiktatur und deren Sklaven“ sollten angegriffen werden, mit Waffengewalt.[330]

Das Oberlandesgericht Dresden sah es als erwiesen an, dass sich die Männer in einer geschlossenen Chatgruppe unter dem Namen „Planung zur Revolution“ organisiert hatten. Sie verfolgten das Ziel, sich Schusswaffen zu beschaffen und unter Inkaufnahme der Tötung von Menschen einen Umsturz der demokratischen Ordnung in der Bundesrepublik Deutschland in Gang zu setzen, sodass sich Anhaltspunkte hinsichtlich des Tatbestands der Bildung einer terroristischen Vereinigung nach § 129a StGB ergaben. So waren bei Exekutivmaßnahmen am 1. und 2.10.2018 u.a. die Mobiltelefone der Tatverdächtigen beschlagnahmt worden, auf denen sich auch Protokolle der Chatgruppe „Planung zur Revolution“ befanden.[331] Aus diesen Protokollen ging hervor, dass die Beschuldigten gewalttätige Angriffe auf Ausländer und politische Gegner – darunter Repräsentanten gesellschaftlicher Gruppen und politischer Parteien – geplant hatten. Vor allem sollen sie Absprachen für einen möglichen Anschlag am Tag der Deutschen Einheit am 3.10.2018 in Berlin getroffen haben, der einen bürgerkriegsähnlichen Zustand herbeiführen und in dessen Zuge eine Revolution zur Beseitigung der demokratischen Ordnung entstehen sollte. Die Planungen sahen vor, den Anschlag so aussehen zu lassen, als sei er von einer Gruppe aus dem „linken“ Spektrum ausgeführt worden. Zu dem verabredeten Anschlag kam es allerdings nicht, nachdem gegen die acht Tatverdächtigen im Zuge der an den Vortagen durchgeführten Exekutivmaßnahmen Haftbefehle erlassen worden waren.[332]

330 Vgl. Tagesschau, 2020c.

331 Vgl. Bundesamt für Verfassungsschutz, 2020k.

332 Vgl. Bundesamt für Verfassungsschutz, 2020k.

6.7 „Combat 18"

Der Bundesminister des Innern, Horst Seehofer, verbot mit Wirkung vom 23.1.2020 die neonazistische Organisation „Combat 18 Deutschland" (C18 Deutschland). Gegen das Verbot hat die Organisation Ende Februar 2020 beim Bundesverwaltungsgericht Leipzig Klage eingereicht. Das Verbot gegen die Vereinigung stützt sich auf Art. 9 Abs. 2 des Grundgesetzes i.V.m. § 3 Abs. 1 des Vereinsgesetzes. Zwecke und Tätigkeiten von „C18 Deutschland" liefen den Strafgesetzen zuwider und richteten sich gegen die verfassungsmäßige Ordnung. „C18 Deutschland" war nach Angaben des Bundesamtes für Verfassungsschutz eine neonazistische, rassistische und fremdenfeindliche Vereinigung, die in ihrer Zweckrichtung eine Wesensverwandtschaft mit dem Nationalsozialismus aufwies. Zudem belegten ihre Aktivitäten im Bereich der rechtsextremistischen Musik die aggressiv-kämpferische Grundhaltung der Organisation.[333] Die Organisation „Combat 18" (C18) wurde im Jahr 1992 in England von Angehörigen der „British National Party" als deren „Saalschutz" gegründet. Dort erlangte C18 in der Folgezeit auch mediale Bekanntheit durch Gewaltakte und Einschüchterung politischer Gegner. Von Großbritannien aus entwickelte sich ein Netzwerk, das in vielen europäischen Ländern aktiv war. C18 propagierte Gewalt als legitimes Mittel im politischen Kampf, um ihr Ziel, einen nationalsozialistisch geprägten Staat, zu verwirklichen. Die Zahlen 1 und 8 im Namen der Organisation stehen für den ersten und achten Buchstaben des Alphabets und symbolisieren die Initialen Adolf Hitlers. Der Name „Combat 18" kann somit als „Kampfgruppe Adolf Hitler" übersetzt werden.[334]

In Deutschland lagen den Sicherheitsbehörden seit den 2000er-Jahren immer wieder vereinzelte Hinweise auf lokale C18-Sektionen vor. Die Organisation „C18 Deutschland" (C18 Deutschland) existierte spätestens seit dem Jahr 2014. Zur Gruppierung zählten etwa 20 Personen, wobei zwischen „Vollmitgliedern" und „Supportern" unterschieden wurde. Ein gemeinsames Marken- und Erkennungszeichen war ein Drache, der als Symbol auf T-Shirts, Aufklebern, Flyern und CDs Verwendung fand. Der von „C18 Deutschland" verfolgte Zweck lag zum einen im Aufbau einer für die Mitglieder verbindlichen, durch festgelegte Pflichten zusammengeschweißten Gemeinschaft, die eine gemeinsame nationalsozialistische, rassistische, fremdenfeindliche und antisemitische Ideologie teilte. Zum anderen lag der zentrale Fokus von „C18 Deutschland" auf der Produktion und Verbreitung von rechtsextremis-

333 Vgl. Bundesamt für Verfassungsschutz, 2020l.

334 Vgl. Bundesamt für Verfassungsschutz, 2020l.

tischen Tonträgern sowie der Organisation und dem Besuch von rechtsextremistischen Musikveranstaltungen. Musik mit rechtsextremistischen Texten war primäres Propagandamittel. Eine Reihe der von Mitgliedern von „C18 Deutschland“ vertriebenen Tonträger enthielten Lieder mit volksverhetzendem Inhalt oder verbotener NS-Symbolik.[335]

Bundesinnenminister Seehofer erklärte zum Verbot:

„Das heutige Verbot ist eine klare Botschaft: Rechtsextremismus und Antisemitismus haben in unserer Gesellschaft keinen Platz! Insbesondere durch die Produktion und den Vertrieb von rechtsextremistischer Musik sowie die Organisation von rechtsextremistischen Konzerten hat ‚Combat 18 Deutschland‘ die menschenverachtende Gesinnung mit rechtsextremistischer und antisemitischer Hetze in unsere Gesellschaft hineingetragen. Die Terrorserie des NSU, der abscheuliche Mord an Regierungspräsident Dr. Walter Lübcke und nicht zuletzt der Terrorakt in Halle im letzten Jahr haben uns auf brutale Weise vor Augen geführt, dass Rechtsextremismus und Antisemitismus eine erhebliche Gefahr für unsere freiheitliche Gesellschaft sind. Das Grundgesetz gibt uns mit dem Vereinsverbot ein scharfes Schwert in die Hand, um unsere freiheitliche demokratische Grundordnung und unser Wertesystem wirksam zu schützen.“[336]

Der Präsident des Bundesamtes für Verfassungsschutz, Thomas Haldenwang, wies im Januar 2020 die Kritik der Opposition im Bundestag zurück, das Verbot des rechtsextremistischen neonazistischen Vereins „Combat 18“ sei zu spät ergangen. „Das Bundesinnenministerium ist eingeschritten, als deutlich wurde, dass die Gruppe innerhalb der rechtsextremen Szene großes Gewicht hat und klar war, dass gehandelt werden muss“, erklärte er.[337] Weiter führte Haldenwang aus, es sei immer eine Frage der Opportunität, inwiefern man gegen solche Vereine vorgehe: „Seit der Gründung war uns wichtig, den Verein und seine Mitglieder unter enger Beobachtung zu haben. Wir hatten die Bewegung stets auf dem Schirm. In der Vergangenheit schien keine unmittelbare Gefahr von dieser Gruppe auszugehen.“ Nach dem Mord an Walter Lübcke hätten die Verfassungsschutzämter von Bund und Ländern sämtliche Erkenntnisse zu „Combat 18“ zusammengetragen. Allerdings hätten Juristen dazu geraten, Sorgfalt vor Schnelligkeit walten zu lassen, damit das Verbot juristisch fundiert sei. „Das haben wir inzwischen erreicht“, erklärte Halden-

335 Vgl. Bundesamt für Verfassungsschutz, 2020l.

336 Zit. nach: Bundesministerium des Innern, für Bau und Heimat, 2020d.

337 Frankfurter Allgemeine Zeitung, 2020b.

wang. Nach dem Verbot sei es wichtig, Nachfolgeaktivitäten zu unterbinden, sagte Haldenwang.[338]

6.8 Gruppe „Nordkreuz“

Die rechtsextremistische Gruppe „Nordkreuz“ soll politisch motivierte Morde in ganz Deutschland geplant haben. Sie habe auf „Todeslisten“ Namen und Adressen von politischen Gegnern bundesweit gesammelt, berichteten Zeitungen des Redaktionsnetzwerks Deutschland unter Verweis auf Vernehmungsprotokolle des Bundeskriminalamtes.[339] Die Gruppe „Nordkreuz“ soll über mindestens zwei weitere Ableger verfügen: „Südkreuz“ und „Westkreuz“. Auch in und um Berlin soll eine Unterstützergruppe tätig sein. In Akten und auf elektronischen Datenträgern, die bei Durchsuchungen von „Nordkreuz“-Mitgliedern im August 2017 und April 2018 in Mecklenburg-Vorpommern sichergestellt wurden, sind demnach Namen und Adressen von fast 25.000 politischen Gegnern aus Deutschland verzeichnet.

Nach Einschätzung von Ermittlern planten die Rechtsextremisten, politische Gegner gezielt zu töten. Diesen Verdacht hätten zwei Vernehmungen eines der „Nordkreuz“-Angehörigen durch das BKA erhärtet. So habe Horst S., ehemals Vizechef im Bundeswehr-Reservistenverband Mecklenburg-Vorpommern, ausgesagt, die Listen mit „linken Persönlichkeiten“ hätten dem Ziel gedient, diese „im Konfliktfall“ zu liquidieren.[340]

Nach Vernehmungsprotokollen des BKA plante ein weiteres „Nordkreuz“-Mitglied, der Rostocker Rechtsanwalt Jan Hendrik H., seine Kameraden ab dem „Tag X“ mit Passierscheinen auszustatten, um schneller in die „Einsatzgebiete“ für die geplanten politischen Morde zu kommen. Die Passierscheine sollten mit Stempeln und auf Kopfbögen der Bundeswehr ausgestellt werden.

Der Gründer der Gruppe „Nordkreuz“, der SEK-Beamte Marko G., sitzt seit Juni 2019 in Untersuchungshaft. Zusammen mit drei weiteren Polizisten soll er Munition aus Polizeibeständen entwendet und tausende Patronen gehortet haben. Die Bundesanwaltschaft ermittelt seit August 2017 gegen Mitglieder der Gruppe „Nordkreuz“ wegen des Verdachts der Vorbereitung einer terroristischen Straftat.[341]

338 Vgl. Frankfurter Allgemeine Zeitung, 2020b.
339 Vgl. Tagesspiegel, 2019; ZDF, 2019.
340 Zit. nach: Tagesspiegel, 2019; ZDF, 2019.
341 Vgl. Tagesspiegel, 2019; ZDF, 2019.

6.9 „Gruppe S“

Die rechtsextremistisch-terroristische „Gruppe S“ ist nach Werner S. benannt. Ihr sollen insgesamt 13 Männer zwischen 31 und 60 Jahren angehören. Werner S. aus Mickhausen bei Augsburg, 53 Jahre alt, der sich selbst „Teutonico“ nennt, soll der „unbestrittene Kopf“ der Truppe gewesen sein und wurde von den deutschen Sicherheitsbehörden seit mehreren Monaten als rechtsextremistischer Gefährder eingestuft. Vier Gruppenmitglieder, jetzt in Untersuchungshaft, bildeten den Kern der „Gruppe S“, neun weitere sollen sie unterstützt haben, Waffen und Geld für Anschläge zu beschaffen. Den Kontakt untereinander hielten die Rechtsextremisten vor allem über Mails und Telegram-Chats. Ein Teil der „Gruppe S“ traf sich mindestens zwei Mal konspirativ in Baden-Württemberg und Nordrhein-Westfalen. Ziel der „Gruppe S“ waren nach Angaben des Generalbundesanwaltes Anschläge auf Moscheen, Politiker und Migranten in Deutschland, um „bürgerkriegsähnliche Zustände“ herbeizuführen.[342]

Nach aktuellem Informationsstand besteht die „Gruppe S“ aus Neonazis, Mitgliedern von rechtsextremistischen „Bürgerwehren“, „Reichsbürgern“ und Verschwörungstheoretikern. Anders als die Mitglieder anderer rechtsterroristischer Gruppen wie der „Bamberger Gruppe“, der „Revolution Chemnitz“, der „Gruppe Freital“ und auch des „Nationalsozialistischen Untergrundes“ (NSU) rekrutierten sich die Mitglieder der „Gruppe S“ nicht aus derselben Stadt oder Region. Sie tauschten sich zwar in der gemeinsamen Chatgruppe namens „Der harte Kern“ aus, stammen aber aus ganz Deutschland: Vier leben in Nordrhein-Westfalen, drei in Bayern, drei in Baden-Württemberg, zwei in Sachsen-Anhalt und ein Mann kommt aus Niedersachsen. Ein Teil von ihnen war bereits vor dem Zugriff auf die „Gruppe S“ als rechtsextremistische Gefährder eingestuft.[343]

Die Gruppenmitglieder sollen ferner Verbindungen zur rechtsextremistischen Gruppierung „Soldiers of Odin“ haben. Bei Letzterer handelt es sich um Mitglieder einer 2015 in Finnland gegründeten rechtsextremistischen „Bürgerwehr“. Diese bildete sich später auch in Deutschland. Die Mitglieder dieser „Bürgerwehr“ treten meist einheitlich in Schwarz gekleidet und in Jacken mit Wikingerschädel auf.

342 Vgl. Zeit, 2020e.

343 Vgl. Zeit, 2020e.

Die „Gruppe S“ erwog offenbar Anschläge auf die Grünen-Politiker Robert Habeck und Anton Hofreiter. So ergaben die Ermittlungen der Bundesanwaltschaft, dass die Beschuldigten über „weiche“ und „harte“ Ziele diskutiert hatten. Als „weiche Ziele“ seien etwa Afrikaner genannt worden, als „harte Ziele“ hätten deutsche Politiker wie die Grünen-Spitze gegolten.[344] Einer der Hauptverdächtigen der „Gruppe S“ soll erklärt haben, die Zeiten von „Bürgerwehren“ seien vorbei, sie seien viel weiter, er sei bereit, sein „Leben liegen zu lassen“. Der mutmaßliche Rädelsführer der „Gruppe S“, Werner S., beschrieb in einem abgehörten Gespräch die mutmaßlichen Anschlagspläne so: „Zehn Männer, zehn Bundesländer, fertig oder meinetwegen nur fünf, wenn's Zweiergruppen sind.“[345]

344 Vgl. Frankfurter Allgemeine Zeitung, 2020c.

345 Zit. nach: Frankfurter Allgemeine Zeitung, 2020c.

Kurzzusammenfassung: Übergang von Rechtsextremismus zu Rechtsterrorismus – Aktuelle Fälle

„Weisse Wölfe Terrorcrew"

- Der Bundesminister des Innern verbot am 16.3.2016 die gewaltbereite rechtsextremistische „Weisse Wölfe Terrorcrew" (WWT).
- Die Mitglieder der WWT waren nach Angaben der deutschen Verfassungsschutzbehörden durch Neonazi-Propaganda und Gewaltstraftaten aufgefallen.
- Auf dem Höhepunkt ihrer Ausbreitung hatte die WWT ca. 70 bis 100 größtenteils gewaltbereite Mitglieder in zehn Bundesländern.
- Mitglieder der WWT waren mit anderen gewaltorientierten Rechtsextremisten vernetzt und in einschlägigen Gruppen organisiert.

„Oldschool Society"

- Die rechtsextremistische Gruppe „Oldschool Society" (OSS) plante im Jahr 2015 Sprengstoffanschläge gegen eine bewohnte Asylbewerberunterkunft.
- Bereits im Jahr 2016 haben die deutschen Verfassungsschutzbehörden im Fall der „Oldschool Society" (OSS) und der „Gruppe Freital" die Möglichkeit eines Übergangs von Rechtsextremismus zu Rechtsterrorismus festgestellt.
- Die OSS hatte nach Angaben des Oberlandesgerichts Dresden flüchtlingsfeindliche und antimuslimische Ziele und plante rechtsterroristische Anschläge.

„Nordadler"

- Das Ermittlungsverfahren des Generalbundesanwaltes gemäß § 129a StGB gegen die mutmaßlich rechtsterroristische Gruppe mit der Bezeichnung „Nordadler" belegt nach Auffassung des Bundesamtes für Verfassungsschutz die Annahme, dass sich rechtsterroristische Ansätze außerhalb etablierter rechtsextremistischer Organisationen und Strukturen bilden können.
- Im Internet sollen sich Mitglieder der Gruppe „Nordadler" über die Beschaffung von militärischen Ausrüstungsgegenständen und Waffen sowie über die Herstellung von Sprengkörpern ausgetauscht haben.
- Daneben wurden Mitglieder verdächtigt, Personenlisten über Politiker sowie politische Gegner angelegt zu haben, um diese anzugreifen.
- Die Gruppe „Nordadler" richtete sich sowohl gegen die verfassungsmäßige Ordnung als auch gegen den Gedanken der Völkerverständigung.

  Diese rechtsextremistische Vereinigung propagierte ihre nationalsozialistische und antisemitische Ideologie überwiegend im Internet. Dafür nutzte sie offene und geschlossene Chatgruppen und Kanäle auf diversen Plattformen, in den sozialen Medien (Telegram, Instagram und Discord) sowie eine eigene Website. Der Bundesinnenminister verbot diese Gruppe am 23.6.2020 und löste sie auf.

„Kameradschaft Aryans"

- Die „Kameradschaft Aryans" wurde mit dem Ziel gegründet, den bewaffneten Kampf gegen die aus ihrer Sicht von der Politik betriebene „Ausrottung des deutschen Volkes" zu betreiben.
- Sie bezieht sich auf (neo-)nationalsozialistisches Gedankengut und auf diffuse sonstige rechtsextremistische Ideologiefragmenten.

„Gruppe Freital"

- Ein Beispiel für den Übergang von Rechtsextremismus zu Rechtsterrorismus, der sich aus „Bürgerwehren" ergeben kann, ist die rechtsterroristische „Gruppe Freital".
- 2018 wurden nach einjährigem Prozess acht Angeklagte der „Gruppe Freital" im Alter von 20 bis 40 Jahren wegen Mitgliedschaft in einer terroristischen Vereinigung in Tateinheit mit versuchtem Mord, Herbeiführen einer Sprengstoffexplosion, versuchter gefährlicher Körperverletzung und Sachbeschädigung zu Haftstrafen zwischen vier und zehn Jahren verurteilt.
- Alle Angeklagten der „Gruppe Freital" hatten sich bei den Protesten gegen eine Asylbewerberunterkunft im Sommer 2015 in Freital kennengelernt und innerhalb kürzester Zeit zur „Gruppe Freital" zusammengeschlossen, um schwere Straf- und Gewalttaten zu verüben.

„Revolution Chemnitz"

- Im März 2020 wurden die acht Mitglieder der rechtsextremistischen Terrorgruppe „Revolution Chemnitz" zu mehrjährigen Haftstrafen verurteilt. Das Oberlandesgericht Dresden sah es als erwiesen an, dass sie einer terroristischen Vereinigung angehört hatten. Die Haftstrafen liegen zwischen zwei Jahren und drei Monaten sowie fünfeinhalb Jahren.
- Aus bei Exekutivmaßnahmen am 1. und 2.10.2018 beschlagnahmten Mobiltelefonen der Tatverdächtigen, auf denen sich auch Protokolle der Chatgruppe „Planung zur Revolution" befanden, geht hervor, dass die Beschuldigten gewalttätige Angriffe auf Ausländer und politische Gegner geplant hatten.

„Combat 18 Deutschland"

- Im Januar 2020 verbot der Bundesminister des Innern die neonazistische Organisation „Combat 18 Deutschland" (C18 Deutschland).
- Zwecke und Tätigkeiten von „C18 Deutschland" liefen den Strafgesetzen zuwider und richteten sich gegen die verfassungsmäßige Ordnung. „C18 Deutschland" war nach Angaben des Bundesamtes für Verfassungsschutz eine neonazistische, rassistische und fremdenfeindliche Vereinigung, die in ihrer Zweckrichtung eine Wesensverwandtschaft mit dem Nationalsozialismus aufwies. Zudem belegten ihre Aktivitäten im Bereich der rechtsextremistischen Musik die aggressiv-kämpferische Grundhaltung der Organisation.

„Nordkreuz"

- Die rechtsextremistische Gruppe „Nordkreuz" soll politisch motivierte Morde in ganz Deutschland geplant haben. Sie habe auf „Todeslisten" Namen und Adressen von politischen Gegnern bundesweit gesammelt, berichteten Zeitungen des Redaktionsnetzwerks Deutschland unter Verweis auf Vernehmungsprotokolle des Bundeskriminalamtes.
- Nach aktuellem Informationsstand besteht die „Gruppe S" aus Neonazis, Mitgliedern von rechtsextremistischen „Bürgerwehren", „Reichsbürgern" und Verschwörungstheoretikern. Sie erwog offenbar Anschläge.

7 Rechtsterroristische Akteure und Anschläge in Deutschland – aktuelle Fälle

7.1 Der „Nationalsozialistische Untergrund" (NSU)

Der „Nationalsozialistische Untergrund" (NSU) war eine rechtsterroristische Gruppe, die gemäß dem Gerichtsverfahren („NSU-Prozess") für neun Morde an Kleinunternehmern mit Migrationshintergrund, für den Mord an einer Polizistin, zwei Sprengstoffanschläge und 15 Raubüberfälle sowie insgesamt 43 Mordversuche verantwortlich war. Das Oberlandesgericht München verurteilte Beate Zschäpe am 11.7.2018 wegen Mittäterschaft an diesen Taten und Mitgliedschaft in der terroristischen Vereinigung NSU sowie schwerer Brandstiftung zu lebenslanger Freiheitsstrafe. Ralf Wohlleben, Carsten Schultze, Holger Gerlach und André Eminger wurden wegen verschiedener Beihilfehandlungen zu Freiheitsstrafen zwischen zehn und zweieinhalb Jahren verurteilt. Alle Angeklagten legten Revision ein, die Bundesanwaltschaft nur hinsichtlich des Angeklagten Eminger.[346] Das Oberlandesgericht München stellte im Fall der Hauptangeklagten Zschäpe zudem die besondere Schwere der Schuld fest, womit eine vorzeitige Haftentlassung nach 15 Jahren rechtlich zwar möglich, in der Praxis aber so gut wie ausgeschlossen ist. Eine Sicherungsverwahrung im Anschluss an ihre Haftstrafe, wie von der Bundesanwaltschaft gefordert, ordnete das Gericht nicht an.[347]

Vom 9.9.2000 bis zum 6.4.2006 ermordete der NSU in deutschen Großstädten neun männliche Kleinunternehmer mit Migrationshintergrund (*Česká*-Mordserie), die ersten vier innerhalb von elf Monaten, fünf weitere 2004 bis 2006. Acht der Opfer stammten aus der Türkei, ein Opfer aus Griechenland. Auf sie alle wurde – wie bei einer Hinrichtung – mehrmals aus kurzer Distanz geschossen, dazu wurde ab dem fünften Mord ein Schalldämpfer benutzt. Die Tatwaffe bei diesen neun Morden war immer eine Pistole des Typs *Česká* ČZ 83, Kaliber 7,65 mm, diese wurde am 11.11.2011 im Schutt der Zwickauer NSU-Wohnung gefunden.[348]

Bei dem Polizistenmord des NSU wurde eine Polizeibeamtin am 25.4.2007 in Heilbronn mit einem gezielten Kopfschuss getötet und ein Polizeibeamter

346 Vgl. Goertz, 2019b; Frankfurter Allgemeine Zeitung, 2018b.

347 Vgl. Goertz, 2019b; Frankfurter Allgemeine Zeitung, 2018b.

348 Vgl. Tagesschau, 2012; Goertz, 2019b.

mit einem Kopfschuss lebensgefährlich verletzt. Seit November 2011 wird das Verbrechen dem NSU zugerechnet.

Am 4.11.2011 kam es in der letzten Zwickauer NSU-Wohnung zu einer Explosion, die das Wohnhaus in Brand setzte, daher fahndete die Polizei auch nach Zschäpe, die sich nach einer ziellosen mehrtägigen Bahnreise durch verschiedene ost- und norddeutsche Städte am 8.11.2011 der Polizei in Jena stellte. Am 13.11.2011 erließ der Bundesgerichtshof Haftbefehl gegen Zschäpe wegen des dringenden Verdachts der Gründung und Mitgliedschaft in einer terroristischen Vereinigung sowie der besonders schweren Brandstiftung. Laut Anklage des Generalbundesanwalts hatte Zschäpe vom Suizid von Mundlos und Böhnhardt erfahren und kurz darauf die gemeinsame Wohnung mit Benzin in Brand gesetzt, um Spuren zu vernichten. Zschäpe bestätigte im Verlauf des Prozesses, dass Mundlos und Böhnhardt seit Langem geplant hatten, sich selbst zu töten, sollten sie von der Polizei entdeckt werden.[349]

Im August 2013 legte der NSU-Untersuchungsausschuss des Bundestages seinen Schlussbericht vor. Auf 1.400 Seiten wurden Versäumnisse und Fehler der Sicherheitsbehörden, vor allem der Verfassungsschutzbehörden, dokumentiert und Reformvorschläge unterbreitet. Der Bericht zeigte schwere Versäumnisse der deutschen Inlandsnachrichtendienste – des Bundesamtes für Verfassungsschutz und der Landesämter für Verfassungsschutz – bei der Analyse und der Bekämpfung von Rechtsextremismus und rechtsextremistischem Terrorismus auf.[350]

Der NSU war eine rechtsterroristische Gruppe, die nicht durch Anschläge und Attentate als solche bekannt war, da die Ermittler jahrelang davon ausgingen, dass die Morde einen kriminellen Hintergrund hatten und keinen rechtsterroristischen Hintergrund. So kam es zur Entdeckung des NSU erst durch dessen Ende: Am 4.11.2011 flohen die NSU-Mitglieder Uwe Bönhardt und Uwe Mundlos nach einem Banküberfall in Eisenach, woraufhin nach ihnen gefahndet wurde. Als Polizeibeamten ein Wohnmobil auffiel und sie sich ihm annäherten, erfolgten im Wohnmobil Schüsse, nach aktuellem Ermittlungsstand tötete Mundlos Bönhardt und beging danach Suizid.[351] Kurz danach zündete Beate Zschäpe das gemeinsame Wohnhaus in Zwickau an und floh. Vier Tage später, am 8.11.2011, stellte sich Zschäpe der Polizei in Jena. Alle drei Mitglieder des NSU entstammten der ostdeutschen Neonazi-Szene und gehörten zu den Aktivisten des rechtsextremistischen „Thüringer Heimat-

349 Vgl. Welt, 2015; Goertz, 2019b.

350 Vgl. Kleffner/Feser, 2013.

351 Vgl. Pfahl-Traughber, 2019a, S. 253–254.

schutzes". Über 13 Jahre hatten sie unentdeckt im Untergrund gelebt und von dort aus mindestens zehn Menschen ermordet.

Zum Radikalisierungshintergrund der drei NSU-Terroristen ist anzuführen, dass Uwe Bönhardt (geboren 1977) gelernter Hochbaufacharbeiter, aber meist arbeitslos und Mitte der 1990er-Jahre führender Aktivist der neonazistischen „Kameradschaft Jena" war. Uwe Mundlos (geboren 1973) stammte aus einer Akademikerfamilie, brach die Schule ab und war lange arbeitslos. Ab 1996 nahm Mundlos regelmäßig an Neonazi-Demonstrationen teil. Beate Zschäpe wiederum war gelernte Gärtnerin, hatte mit Mundlos und Bönhardt eine sexuelle Beziehung und gehörte früh zur Neonazi-Szene.[352]

7.2 Frank S., Anschlag auf die Kölner Oberbürgermeisterkandidatin Henriette Reker

Im Juli 2016 verurteilte das Oberlandesgericht Düsseldorf den 45-jährigen Rechtsterroristen Frank S. wegen versuchten Mordes und gefährlicher Körperverletzung an der damaligen Kölner Oberbürgermeisterkandidatin Henriette Reker zu einer Freiheitsstrafe von 14 Jahren. Frank S. hatte Reker am 17.10.2015 im Rahmen einer Wahlkampfveranstaltung mit einem Messer attackiert und wollte nach eigenen Aussagen damit ein Zeichen gegen die in Deutschland angeblich verfehlte Politik, insbesondere gegen die Ausländer und Flüchtlingspolitik, setzen.[353]

Frank S. „wollte ein Signal gegen die Flüchtlingspolitik der Bundesregierung setzen", erklärte die Vorsitzende Richterin Barbara Havliza in ihrer Urteilsbegründung. „Er wollte ein Klima der Angst schaffen und die Politik beeinflussen."[354] Bei der Verkündung des Urteils schüttelte S. mit dem Kopf, die Bundesanwaltschaft hatte lebenslange Haft gefordert, der Verteidiger von S. höchstens 15 Jahre. S. hatte Reker einen Tag vor der Oberbürgermeisterwahl ein großes Jagdmesser in den Hals gerammt und vier weitere Menschen verletzt. Reker war vor ihrer Wahl zur Oberbürgermeisterin von Köln als Sozialdezernentin für die Unterbringung von Flüchtlingen in Köln zuständig. Nach dem Messerangriff schwebte sie in Lebensgefahr und lag mehrere Tage im künstlichen Koma. Während des Prozesses beklagte sich S. über „stümperhaft manipulierte Akten", bezeichnete seinen Anwalt als einen „Totalausfall" und die Polizisten, die ihn belasteten, als „schwer kriminell". Reker warf er vor,

352 Vgl. Pfahl-Traughber, 2019a, S. 255.
353 Vgl. Bundesministerium des Innern, für Bau und Heimat, 2017, S. 46–47; Goertz, 2020a, S. 34.
354 Zit. nach: Der Spiegel, 2016b; vgl. Goertz, 2020a, S. 34.

sie führe einen „Rachefeldzug" gegen ihn.[355] Der psychiatrische Gerichtsgutachter Norbert Leygraf stellte bei S. eine „paranoid-narzisstische Persönlichkeitsstörung" fest, dennoch sei er voll schuldfähig. Frank S. hatte in Bonn der rechtsextremistischen Szene angehört und wegen einer Reihe überwiegend rechtsextremistisch motivierter Gewalttaten drei Jahre im Gefängnis gesessen. Darüber hinaus hatte er an Neonazi-Aufmärschen für Hitler-Stellvertreter Rudolf Heß teilgenommen.[356] Der Leiter des nordrhein-westfälischen Landesamtes für Verfassungsschutz hatte S. wenige Tage nach der Tat als „Randperson" im rechtsextremistischen Lager bezeichnet. Es sei bekannt gewesen, dass Frank S. sich in den 1990er-Jahren in der rechtsextremistischen Szene bewegt hatte.[357]

Im Rahmen des Prozesses wurden zwar keine Hinweise auf eine Einbindung von S. in rechtsextremistische Strukturen oder Organisationsformen festgestellt, jedoch hatte sich S. in den 1990er-Jahren im Umfeld der 1995 verbotenen neonazistischen „Freiheitlichen Deutschen Arbeiterpartei" (FAP) bewegt und an diversen rechtsextremistischen Kundgebungen teilgenommen.[358] Scheinbar stellte S. danach seine offen rechtsextremistischen Aktivitäten ein, behielt aber – so wurde es im Prozess erörtert – seine grundsätzlichen rechtsextremistischen Einstellungsmuster bei. Als Indiz dafür wertete das Gericht, dass S. vor seinem Messerangriff auf die Kölner Oberbürgermeisterkandidatin mögliche Erkenntnisquellen beseitigte, wie bspw. die Festplatte seines Computers, was auf eine langfristige Planung der Gewalttat schließen ließ und nicht auf eine situative Handlung.[359]

Nach Auffassung des Bundesamtes für Verfassungsschutz kann S. dem Phänomenbereich rechtsterroristischer Einzeltäter zugeordnet werden. S. habe als „Einzeltäter, ohne Einbindung in extremistische Strukturen bzw. Hierarchien", gehandelt.[360] Mit seiner rechtsextremistisch motivierten schweren Gewalttat habe S. nach Auffassung des Bundesamtes für Verfassungsschutz

„mehrere Ziele verfolgt, einerseits die aus seiner Sicht für einen fortdauernden Missstand unmittelbar verantwortliche Person zu töten [...] andererseits richtete sich die Tat auch symbolisch gegen alle weiteren Personen mit einer ähnlichen Funktion wie Frau Reker als ehemalige Integrationsbeauftragte der Stadt Köln: Durch den Mordanschlag sollte Angst und Schrecken insbeson-

355 Zit. nach: Der Spiegel, 2016b; vgl. Goertz, 2020a, S. 34.
356 Vgl. Zeit, 2016; Goertz, 2020a, S. 34.
357 Vgl. Zeit, 2016; Goertz, 2020a, S. 34.
358 Vgl. Bundesministerium des Innern, für Bau und Heimat, 2017, S. 47; Goertz, 2020a, S. 34.
359 Vgl. Bundesministerium des Innern, für Bau und Heimat, 2017, S. 47; Goertz, 2020a, S. 34.
360 Bundesministerium des Innern, für Bau und Heimat, 2017, S. 47; Goertz, 2020a, S. 34.

dere bei Amts- und Mandatsträgern des politischen Systems, aber auch der Gesellschaft in Gänze geschürt werden."[361]

Frank S. handelte allein und ohne Auftrag einer rechtsterroristischen Organisation, Gruppe oder Zelle.

7.3 David Sonboly und der rechtsterroristische Anschlag am Olympia-Einkaufszentrum in München

Am 22.7.2016, fünf Jahre nach dem rechtsterroristischen Anschlag des Norwegers Anders Breivik, tötete der Rechtsterrorist David Sonboly am Münchner Olympia-Einkaufszentrum (OEZ) neun Menschen. Die meisten der neun Todesopfer waren jung und hatten einen Migrationshintergrund. Der Attentäter hatte seine Tat ein Jahr lang vorbereitet und wie der Rechtsterrorist Anders Breivik ein Manifest verfasst. Das Datum am fünften Jahrestag des Breivik-Attentats war bewusst gewählt.[362] Bayerns Innenminister Joachim Herrmann erklärte, nach Abschluss der umfassenden Ermittlungen sei die Einschätzung als rechtsextremistisch motivierter Anschlag folgerichtig: „Auch wenn die Ermittlungen ein ganzes Bündel an Motiven zutage gefördert haben, hatte der Täter zweifelsohne auch rassistische Beweggründe."[363] Sonboly litt vor seinem Anschlag an psychischen Problemen. Zudem bestätigten die polizeilichen Ermittlungen die Einzeltäterschaft. Über seinen Radikalisierungshintergrund wurde drei Jahre lang gestritten, bis das bayerische Landeskriminalamt seine Tat schließlich als rechtsterroristisch politisch motiviert bewertete. Sonbolys Eltern kamen als Asylbewerber aus dem Iran nach Deutschland, er wurde als Ali geboren und benannte sich 2016 in David um. Bereits seit frühester Kindheit wurden bei ihm psychische Störungen festgestellt, die zu regelmäßigen Klinikaufenthalten führten. Innerhalb seiner Klasse war Sonboly sozial isoliert und Opfer von Mobbing.[364] Die dafür verantwortlichen Schüler sollen überwiegend Migrationshintergrund gehabt haben, was ein Faktor für seine rechtsextremistische Radikalisierung gewesen sein kann. Dafür, dass Sonboly eine Nachahmer-Tat verübte, spricht, dass er seinen Anschlag ein Jahr lang plante und in seinem Zimmer Literatur und Medienberichte über *school shootings* in den USA gefunden wurden. Daneben befanden sich auf seinem

361 Bundesministerium des Innern, für Bau und Heimat, 2017, S. 47; Goertz, 2020a, S. 34.

362 Vgl. Welt, 2019c.

363 Zit. nach: Welt, 2019c.

364 Vgl. Pfahl-Traughber, 2020a, S. 75–76.

Computer eine Fülle von rassistischen Kommentaren und fremdenfeindlichen Bezeichnungen von Migranten als „Kakerlaken“ und „Untermenschen“. Ferner stand er in Kontakt mit einer rechtsextremistischen Chatgruppe namens „Anti-Refugee-Club“[365].

7.4 Stephan Ernst und das rechtsterroristische Attentat auf Walter Lübcke

Der hessische CDU-Politiker und Regierungspräsident von Kassel, Dr. Walter Lübcke, wurde am 2.6.2019 vor seinem Wohnhaus durch einen Kopfschuss ermordet. Am 15.6.2019 nahm ein hessisches Spezialeinsatzkommando (SEK) Ernst in seinem Wohnhaus in Kassel fest, weil seine in einer DNA-Analysedatei gespeicherte Probe mit einer DNA-Spur an Lübckes Kleidung übereinstimmte. Kurz nach dem Mord an Walter Lübcke haben Kriminaltechniker die Tatwaffe zweifelsfrei identifiziert und ihr Gutachten belastet den Tatverdächtigen Stephan Ernst schwer. Demnach wurde der tödliche Schuss auf Lübcke mit einer Waffe des Kalibers 38 Spezial abgegeben, die Ernst mit anderen Waffen auf dem Gelände seines Arbeitgebers vergraben hatte.[366] Nachdem der Generalbundesanwalt am 29.4.2020 gegen die beiden Beschuldigten Stephan Ernst und Markus H. Anklage erhoben hatte, begann am 16.6.2020 der Prozess vor dem Oberlandesgericht Frankfurt am Main. Stephan Ernst wurde vorgeworfen, den Kasseler Regierungspräsidenten Dr. Walter Lübcke in der Nacht zum 2.6.2019 auf der Terrasse seines Hauses in Wolfhagen (Hessen) erschossen zu haben. Markus H., der der Beihilfe zum Mord angeklagt ist, soll Stephan Ernst in seinem Vorhaben bestärkt und den Mordanschlag durch gemeinsame Schießübungen gefördert haben.[367]

Am 25.6.2019 legte Ernst ein Geständnis ab. Als Motiv für den Mord an Lübcke nannte Ernst Äußerungen Lübckes während der Flüchtlingskrise 2015, als sich dieser für die Aufnahme von Flüchtlingen in Deutschland eingesetzt hatte und zahlreichen Anfeindungen und Morddrohungen ausgesetzt war. Am 2.7.2019 widerrief Ernst sein Geständnis, die Ermittler gingen jedoch von einem Widerruf taktischer Natur aus. Das ursprüngliche Geständnis von Ernst sei so detailreich gewesen, „dass durch den Widerruf keine Auswirkungen auf die weiteren Ermittlungen zu erwarten seien“, erklärten die Ermittler.[368]

365 Vgl. Pfahl-Traughber, 2020a, S. 75–76.

366 Vgl. Goertz, 2020a, S. 36.

367 Vgl. Bundesamt für Verfassungsschutz, 2020m.

368 Vgl. Goertz, 2020a, S. 36.

Der Generalbundesanwalt ging nach seinem Stand der Ermittlungen davon aus, dass der rechtsterroristische Anschlag auf Walter Lübcke maßgeblich durch eine Bürgerversammlung am 14.10.2015 ausgelöst wurde, an der die beiden Angeklagten teilgenommen hatten. Die Veranstaltung, bei der das spätere Opfer Walter Lübcke über die Unterbringung von Flüchtlingen informierte, war von einer aufgeheizten Stimmung geprägt. Seit dieser Bürgerversammlung habe Ernst, der nach Einschätzung des Generalbundesanwalts eine von Rassismus und Fremdenfeindlichkeit getragene völkisch-nationalistische Grundhaltung besitzt, seinen Fremdenhass zunehmend auch auf Walter Lübcke projiziert.[369] Der eigentliche Tatentschluss sei nach Angaben des Bundesamtes für Verfassungsschutz später im Zuge der Geschehnisse in der Silvesternacht 2015 in Köln sowie dem islamistisch-terroristischen Attentat in Nizza im Jahr 2016 entstanden. Es sei Ernst einerseits darum gegangen, das spätere Opfer für dessen aus Sicht des Angeklagten verfehlte Haltung in der Flüchtlingspolitik zu bestrafen. Andererseits habe er durch die Ermordung des Regierungspräsidenten ein öffentlich beachtetes Fanal gegen die staatliche Ordnung der Bundesrepublik Deutschland setzen wollen. Das Attentat habe Ernst über einen längeren Zeitraum geplant und dabei auch die Lebensumstände des Opfers ausgespäht. Markus H. sei zwar nicht in die konkreten Anschlagspläne eingeweiht gewesen, er habe es nach Überzeugung des Generalbundesanwalts jedoch seit spätestens Juli 2016 für möglich gehalten, dass Ernst ein Attentat auf einen politischen Entscheidungsträger begehen könnte.[370] Markus H. habe eine solche Tat ebenso billigend in Kauf genommen wie die Tatsache, dass er durch die gemeinsamen Schießübungen im Wald und in einem Schützenverein Ernst einen besseren Umgang mit Schusswaffen vermittelte und dieser die dadurch erworbenen Fähigkeiten zur Tötung eines Menschen einsetzen konnte. Neben dem Mord an Walter Lübcke wurde Ernst ein Mordversuch in Tateinheit mit gefährlicher Körperverletzung vorgeworfen. Er soll am Abend des 6.1.2016 einem irakischen Asylbewerber von hinten mit einem Messer gezielt in den oberen Rücken gestochen haben. Die mögliche Täterschaft von Ernst in diesem Fall war erst im Zuge der Ermittlungen im Mordfall Walter Lübcke bekannt geworden.[371]

Der Blick auf den Radikalisierungsverlauf von Ernst zeigt, dass seine ideologische Prägung durch Rechtsextremismus schon früh begann. Außerdem ist er mehrfach vorbestraft und einige seiner Straftaten waren ausländerfeindlich und rassistisch motiviert. Im Jahr 1989 bspw. legte er ein Feuer im Keller eines

369 Vgl. Bundesamt für Verfassungsschutz, 2020m.

370 Vgl. Bundesamt für Verfassungsschutz, 2020m.

371 Vgl. Bundesamt für Verfassungsschutz, 2020m.

überwiegend von türkischen Staatsbürgern bewohnten Hauses in Michelbach. Im November 1992 griff er im Wiesbadener Hauptbahnhof einen Mann erst von hinten und dann von vorn mit einem Messer an und verletzte ihn lebensgefährlich. Vor Gericht gab er an, er habe sich sexuell belästigt gefühlt und es „als besonders belastend empfunden, dass es sich bei dem Zeugen [...] erkennbar um einen Ausländer handelte“[372]. Er wurde wegen versuchten Totschlags auf Bewährung verurteilt. Im Jahr 1993 griff Ernst im Alter von 20 Jahren mit einer Rohrbombe eine Asylbewerberunterkunft im hessischen Hohenstein-Steckenroth an. Der Sprengsatz war in einem Auto untergebracht gewesen, das in Brand gesetzt wurde, der aber gerade noch rechtzeitig von Bewohnern der Unterkunft gelöscht werden konnte, bevor der Sprengsatz detonierte. In Bezug auf die Frage, ob Ernst „Teil eines rechtsextremistischen Netzwerkes“ war oder ein rechtsterroristischer Einzeltäter, haben die Ermittlungen der Bundesanwaltschaft ergeben, dass Ernst ein rechtsterroristischer Einzeltäter war.

Das Oberlandesgericht Frankfurt verurteilte den Rechtsterroristen Stephan Ernst im Mordfall Walter Lübcke am 28.1.2021 zu lebenslanger Haft. Die Richter stellten bei der Urteilsverkündung zudem die besondere Schwere der Schuld fest, wodurch eine vorzeitige Haftentlassung sehr unwahrscheinlich ist. Die Entscheidung über eine anschließende Sicherungsverwahrung soll einer zweiten Gerichtsverhandlung zum Ende der Haftzeit vorbehalten sein, erklärte der Vorsitzende Richter Thomas Sagebiel bei der Urteilsverkündung. Das Urteil ist noch nicht rechtskräftig, weil Ernst die Revision zum Bundesgerichtshof offensteht.

372 Zit. nach: Goertz, 2020a, S. 36.

7.5 Roland K. und sein Mordversuch am eritreischen Flüchtling Bilal M.

Wenige Wochen nach dem rechtsterroristischen Anschlag auf den Kasseler Regierungspräsidenten Walter Lübcke, am achten Jahrestag des vom Rechtsterroristen Anders Breivik in Norwegen verübten Massakers an Kindern und Jugendlichen, bei dem 77 Menschen ermordet wurden, schoss der Rechtsterrorist Roland K. im hessischen Wächtersbach sechs Mal auf den eritreischen Flüchtling Bilal M., den er aufgrund seiner Hautfarbe als Opfer ausgewählt hatte. Schwer verletzt wurde der Eritreer M. im Industriegebiet von Wächtersbach, östlich von Frankfurt am Main, von Passanten aufgefunden und später notoperiert. Ein Sprecher der Frankfurter Staatsanwaltschaft erklärte, dass hinter diesem rechtsterroristischen Anschlag „ganz klar ein fremdenfeindliches Motiv“ steckte.[373] Kurze Zeit später wurde der 55 Jahre alte Attentäter von der Polizei in seinem Wohnort Biebergemünd aufgefunden. Er hatte sich mit einer halbautomatischen Waffe selbst in den Kopf geschossen und starb kurz darauf im Krankenhaus. Roland K. war gelernter Metzger und später Lkw-Fahrer, er soll diverse Nazi-Devotionalien wie Dolche mit Hakenkreuzen gesammelt haben. Er besaß seine Waffen legal und war nicht vorbestraft.[374] Nach Angaben von verschiedenen Zeugen hatte der Attentäter unmittelbar zuvor seinen Anschlag auf einen Flüchtling in seiner Stammkneipe mit den Worten, er werde „jetzt einen Flüchtling abknallen“, angekündigt.[375] Von verschiedenen Mitbürgern in Biebergemünd wurde Roland K. als Außenseiter beschrieben, der durch Gewaltfantasien aufgefallen war. Der Wirt seiner Stammkneipe beschrieb K. als „Asylantenhasser“. „Wenn ich gehe, dann nehme ich einen mit“, habe K. angekündigt.[376] Auf seinem Abschiedsbrief lag ein Koppelschloss, das ein Hakenkreuz und ein SS-Motto aufwies: „Meine Ehre heißt Treue“[377]. In seinem Schützenverein dagegen soll K. angeblich nicht aufgefallen sein: „Er hat sich immer korrekt, freundlich und vorbildlich verhalten. Er war lebenslustig und gesellig“, sagte der Vorsitzende des Schützenvereins Neudorf 61. „Er hat sich politisch nie verdächtig geäußert.“ Indizien dafür, dass K. in rechtsextremistische Netzwerke eingebunden war, gibt es nach Angaben der Generalstaatsanwaltschaft bisher nicht.

373 Vgl. Frankfurter Allgemeine Zeitung, 2019a.
374 Vgl. Frankfurter Allgemeine Zeitung, 2019a.
375 Zit. nach: Zeit, 2019a.
376 Zit. nach: Zeit, 2019a.
377 Vgl. Der Spiegel, 2019b.

7.6 Stephan Balliet und der rechtsterroristische Anschlag in Halle

Stephan Balliet versuchte am 9.10.2019, dem wichtigsten jüdischen Feiertag Jom Kippur, einen Anschlag mit Schusswaffen auf eine Synagoge in Halle zu verüben. Nachdem es ihm nicht gelang, in die Synagoge zu gelangen, ermordete er zwei Menschen in der Nähe der Synagoge und verletzte zwei weitere schwer. Das Video der Tat, das der Attentäter live auf der Video-Plattform Twitch streamte, stellt eine Parallele zum rechtsextremistischen Anschlag auf zwei Moscheen in Christchurch/Neuseeland dar, bei dem 51 Menschen ermordet und 50 verletzt wurden.[378] Nach Angaben des Generalbundesanwaltes wollte der Rechtsterrorist Stephan Balliet unter den bis zu 80 Besuchern der Synagoge ein Massaker verüben.

In einem elf Seiten langen „Manifest", das Balliet vor seiner Tat veröffentlichte, legte er seine Gedanken dar, auf Englisch, um möglichst viel Verbreitung zu erlangen. Das Manifest liest sich stellenweise wie die Anleitung zu einem Computerspiel, lakonisch-lapidar geht es um „Ziele", „Ergebnisse" und „Bonus", gemeint war damit ein Massenmord. Es wimmelt darin von antisemitischen Begriffen. So spricht Balliet bspw. von einer „zionistisch besetzten Regierung", ein klassisch-antisemitischer Begriff aus der rechtsextremistischen Szene.[379] Nähere Angaben über den Radikalisierungshintergrund von Balliet und Antworten auf die Frage, welche rechtsextremistischen Kontakte er hatte, wird erst der Gerichtsprozess bringen.

Im Video seiner Tat nennt sich Balliet „Anon". Darin leugnet er den Holocaust, wütet gegen den Feminismus und bezeichnet „den Juden" als Wurzel allen Übels. Im Hintergrund läuft Musik aus japanischen Zeichentrickserien. Die von ihm benutzte Sprache zeigt, dass er intensiv in der rechtsextremistischen Internetszene unterwegs war, in Imageboards wie 4chan und 8chan. Solche Foren sind weltweit bei Rechtsextremisten beliebt. Auffällig an Balliets Video ist die Diskrepanz zwischen seinem guten geschriebenen Englisch und dem miserablen gesprochenen, was darauf hindeutet, dass Balliet sich all die Formulierungen, vor allem die Szene-Ausdrücke, in Internetforen angeeignet hat.

Nach Angaben des Generalbundesanwaltes plante Balliet aus seiner rechtsextremistischen und antisemitischen Gesinnung heraus einen Mordanschlag auf Mitbürger jüdischen Glaubens. Zu diesem Zweck bewaffnete sich Balliet

378 Vgl. Neue Zürcher Zeitung, 2019.

379 Vgl. Frankfurter Allgemeine Zeitung, 2019b.

mit insgesamt vier Schusswaffen, darunter zumindest eine vollautomatische Schusswaffe, und mehreren Sprengsätzen und fuhr am 9.10.2019 mit einem Mietfahrzeug zur Synagoge in der Humboldtstraße in Halle (Saale). Balliet wollte sich Zutritt zur Synagoge verschaffen und möglichst viele Personen jüdischen Glaubens töten. Zu diesem Zeitpunkt hielten sich in der Synagoge anlässlich der Feierlichkeiten des höchsten jüdischen Feiertags Jom Kippur 51 Gläubige auf.[380]

Der rechtsterroristische Attentäter von Halle wurde am 21.12.2020 zu lebenslanger Haft mit anschließender Sicherungsverwahrung verurteilt. Das Gericht stellte zudem die besondere Schwere der Schuld fest. Der Angeklagte nahm das Strafmaß ohne Regung zur Kenntnis. Die Vorsitzende Richterin Ursula Mertens erklärte, in diesem Verfahren habe sie „in die Abgründe des Menschlichen geschaut" (MDR 2020). Weiter führte Mertens aus, es sei eine „abscheuliche, feige, menschenverachtende Tat" gewesen, das Motiv: niedere Beweggründe und Heimtücke. Zudem gab sie an, sie wolle den Betroffenen und allen im Saal ersparen, welche Motive den Angeklagten antrieben und seine Worte nicht wiederholen. „Nur so viel: Sie sind absurd und logischen Überlegungen nicht zugänglich", betonte die Richterin. Der Angeklagte hätte sich von der Gesellschaft isoliert und mit Verschwörungstheorien beschäftigt (MDR 2020). In der Urteilsbegründung wurde auch der Tathergang nachgezeichnet. Mehr als sieben Minuten lang hatte der Attentäter an der Synagoge versucht, seinen Plan umzusetzen, möglichst viele Menschen zu töten. Als das misslang, habe er „aus Frust heimtückisch und feige Jana L. mit der Maschinenpistole in den Rücken geschossen". Den 20-jährigen Mann im Döner-Imbiss habe er „regelrecht hingerichtet". Das hilf- und wehrlose Opfer habe „ihn angefleht, nicht zu schießen" (MDR 2020).

7.7 Tobias Rathjen und der rechtsterroristische Anschlag in Hanau

Der rechtsterroristische Attentäter Tobias Rathjen ermordete am 19.2.2020 in Hanau nach aktuellem Informationsstand aus rassistischer Motivation neun Menschen mit Migrationshintergrund sowie seine Mutter und tötete sich am Ende selbst. In einem YouTube-Video und einem Manifest äußerte Rathjen wenige Tage vor der Tat seine rechtsextremistischen und paranoiden Ansichten. In diesem Video sprach der Attentäter in fließendem Englisch von einer „persönlichen Botschaft an alle Amerikaner". Darin fantasiert Rathjen

380 Vgl. Der Generalbundesanwalt beim Bundesgerichtshof, 2019.

über unterirdische Militäreinrichtungen in den USA, in denen Kinder misshandelt und getötet würden. Dort werde auch dem Teufel gehuldigt. Amerikanische Staatsbürger sollten aufwachen und gegen diese Zustände „jetzt kämpfen". Außerdem äußerte er sich negativ über Migranten aus arabischen Ländern und der Türkei.[381] Nach Informationen aus Sicherheitskreisen soll Rathjen überzeugt gewesen sein, in allen möglichen Lebensphasen und -bereichen überwacht zu werden, von „einer Organisation, die auf Basis eines Geheimdienstes operiert, offiziell namentlich aber nicht in Erscheinung tritt". Dies habe er bereits wenige Tage nach der Geburt bemerkt. Weiter führte er aus, dass eine Reihe Völker „komplett vernichtet werden" müssten, darunter halb Asien, diverse Volksgruppen aus Nordafrika und Israel.[382] Weiter könne er sich eine Halbierung der Bevölkerungszahl vorstellen.

Rathjen war Sportschütze und hatte zwei Pistolen in einer Waffenbesitzkarte eingetragen. Erst im August 2019 fand eine turnusmäßige Überprüfung von Rathjen statt. Bei dieser Routinekontrolle ging es um formale Kriterien, die Frage der psychischen Gesundheit wurde nicht behandelt. Dabei wurden Auskünfte aus dem Bundeszentralregister, dem staatsanwaltschaftlichen Verfahrensregister und der Polizei eingeholt. „Es wurden keine Auffälligkeiten mitgeteilt", sagte ein Sprecher der Polizei. Neben den Routinekontrollen können auch anlassbezogene Kontrollen durchgeführt werden, eine solche gab es allerdings bei Ratjen nicht.[383] In seinem Manifest schrieb er davon, dass er in der Vergangenheit mehrere Anzeigen bei der Polizei gemacht habe. Generalbundesanwalt Peter Frank bestätigte, dass Rathjen im November 2019 eine Anzeige bei der Bundesanwaltschaft eingereicht habe, in der es um eine „unbekannte geheimdienstliche Organisation" gegangen sei.

Rathjen war vor seinem Anschlag offenbar weitestgehend unauffällig, sodass sein sozialer Nahbereich keinen Radikalisierungsprozess beobachten konnte.[384]

381 Vgl. Welt, 2020a.
382 Vgl. Welt, 2020a.
383 ZDF, 2020.
384 Vgl. Hartleb, 2020a.

7.8 Rechtsterroristische Einzeltäter – Ein Problem für die Sicherheitsbehörden

Pfahl-Traughber führt für den Phänomenbereich rechtsterroristische Einzeltäter aus, dass ein Einzeltäter durchaus einer extremistischen Organisation angehört haben kann, der entscheidende Aspekt jedoch darin bestehe, dass der Anschlag oder das Attentat als konkrete Handlung von ihm selbst ohne direkte Einwirkung von anderen Personen umgesetzt wurde. So ist es bei einem Einzeltäter weder ausgeschlossen, dass er von einer extremistischen Gruppe ideologisiert, noch dass er von gesellschaftlicher Stimmung motiviert wurde. Der Begriff „Einzeltäter" bezieht sich also auf die Tatplanung und -umsetzung.[385] Rechtsterroristische Einzeltäter planen die Tat alleine und agieren alleine, aber natürlich ist die rechtsextremistische Ideologie ein wichtiger Radikalisierungsfaktor. Sie sind in der Regel vor dem Anschlag polizeilich nicht bekannt, oftmals sozial isoliert und gehören keiner Organisation oder Partei an und verbringen ihre Zeit beinahe ausschließlich in virtuellen Räumen. Die Fälle rechtsterroristischer Einzeltäter häufen sich in den letzten Jahren, international mit den rechtsterroristischen Anschlägen in Christchurch und El Paso und in Deutschland mit den rechtsterroristischen Einzeltätern Stephan Ernst, Stephan Balliet und Tobias Rathjen. Im Fall von Stephan Balliet und Tobias Rathjen kann eine kausale Logik „vom virtuellen Hass zum Livestream-Attentat" beobachtet werden.[386]

Pfahl-Traughber verweist darauf, dass die Bedeutung des Internets für die individuelle Radikalisierung entscheidend ist, wobei eine formale und inhaltliche Komponente unterschieden werden müsse.[387] Während vor dem Zeitalter des Internets die konspirative Gruppe für einen Terroristen von hoher Relevanz war, wird die persönliche Einbindung des Einzeltäters im 21. Jahrhundert zunehmend durch eine kommunikative Vernetzung ersetzt. Dennoch darf nicht vergessen werden, dass es Einzeltäter auch schon vor der weltweiten Verbreitung des Internets gab. Das Internet ermöglicht allerdings aufgrund der besonderen Kommunikationsweise, dass sich Einzelne ohne persönliche Kontakte politisieren und in Richtung eines ideologisch geprägten Terrorismus, hier: Rechtsterrorismus, radikalisieren. Dabei können sie in einem kommunikativen Austausch mit entsprechenden Extremisten im Internet stehen, sie können aber auch nur deren Propaganda konsumieren.[388]

385 Vgl. Pfahl-Traughber, 2020b.

386 Vgl. Hartleb, 2020b, S. 313.

387 Vgl. Pfahl-Traughber, 2020b.

388 Vgl. Pfahl-Traughber, 2020b.

Der Präsident des Bundeskriminalamtes (BKA), Holger Münch, spricht von rechtsterroristischen Einzeltätern als Individuen „ohne jedwede polizeiliche Vorerkenntnisse – von uns noch unbekannten Personen also, die sich offenbar von den Sicherheitsbehörden unbemerkt im Hintergrund radikalisiert haben, um dann scheinbar aus dem Nichts zum ersten Mal zuzuschlagen“[389].

Rechtsterroristische Einzeltäter operieren unabhängig von einem Netzwerk oder einer Gruppe, ohne Teil einer Hierarchie zu sein. Wenn rechtsterroristische Einzeltäter vor einem Anschlag nicht kommunizieren – weder virtuell noch realweltlich –, ist es für die Sicherheitsbehörden sehr schwer, Anschläge von Einzeltätern zu verhindern. Deswegen müssen die Verfassungsschutzbehörden ebenso virtuelle Netzwerke von Rechtsextremisten und Rechtsterroristen als auch realweltliche Zusammenschlüsse beobachten, was die Sicherheitsbehörden vor Probleme stellt. Rechtsextremistischer Einzeltäter-Terrorismus ist verbunden mit der neonazistischen Idee eines „führerlosen Widerstandes“ (*leaderless resistance*) des amerikanischen Ku-Klux-Klans, namentlich seines Anführers Louis Beam. Der texanische Ku-Klux-Klan-Führer Beam warb für eine Taktik von Kleinstzellen und Einzeltätern ohne organisatorisch-hierarchische Struktur. Die Erfahrungen rechtsterroristischer Organisationen in den USA lehrten, dass, je größer und zentraler geführt gewaltbereite Neonazigruppen waren, desto schneller und leichter diese von US-Sicherheitsbehörden detektiert und bekämpft werden konnten.

Für die deutschen Sicherheitsbehörden stellen rechtsterroristische Einzeltäter als allein agierende Täter ein großes Problem dar, dies bestätigt auch Holger Münch, der Präsident des BKA:

„Wir sehen keine direkte Einwirkung von Strukturen bei diesen Tätern. Das ist ja das Schwierige. Das ist bei anderen anders, die sich gemeinschaftlich verabreden, bestimmte Taten zu begehen oder eben auch interagieren in solchen Vorbereitungen. Und insofern ist unsere Aufgabe, hier zu schauen: Wie kann man diesen Typus besser detektieren? Was enorm schwierig ist, weil sie sehr wenig interagieren. Und das wird ein Thema sein, das wir in den nächsten Jahren sehr stark intensivieren müssen.“[390]

Das Bundesamt für Verfassungsschutz warnt aktuell vor ca. 13.000 gewaltorientierten Rechtsextremisten, das Bundeskriminalamt hat aber zur gleichen Zeit nur ca. 65 rechtsextremistische Gefährder im Fokus.[391] Für die Sicher-

389 Bundeskriminalamt, 2019.

390 Zit. nach: Deutschlandfunk, 2020b.

391 Vgl. Deutschlandfunk, 2020b.

heitsbehörden bedeutet das Internet als Radikalisierungsfaktor für rechtsterroristische Einzeltäter, dass zu den organisierten Strukturen ca. 13.000 gewaltbereiter Rechtsextremisten ein unüberschaubares Spektrum von Menschen hinzukommt, das Gefahr läuft, durch Verschwörungstheorien, Memes und rechtsextremistische Propaganda radikalisiert zu werden.[392]

7.9 Potenzielle Anschlagsszenarien von rechtsterroristischen Gruppen und/oder Einzeltätern

Aus der Analyse verübter und geplanter terroristischer Anschläge der letzten Jahre ergeben sich hier folgende potenzielle Anschlagsziele, Modi Operandi und Wirkmittel.

7.9.1 Anschlagsziele

- Anschläge auf Ausländer und Menschen mit Migrationshintergrund
- Anschläge auf politische „Gegner“
- Anschläge auf Muslime und Juden, Anschläge auf Moscheen und Synagogen
- Homosexuelle
- Flughäfen und Bahnhöfe, öffentliche Verkehrsmittel im Allgemeinen (Busse, U-Bahnen, S-Bahnen, Züge, Gondeln), Hindernisse auf Gleisen, Sprengstoffexplosionen in Zügen. In Flughäfen und auf Bahnhöfen ist mit einem second hit-Anschlagsszenario durch herrenlose Gepäckstücke zu rechnen.
- Schiffe, Fähren und Tanker
  - Gefahrgut wie Chemikalien etc. auf Tankern auf Flüssen wie dem Rhein, der Donau, der Elbe etc.
  - Sprengstoffexplosion auf einem Schiff in unmittelbarer Nähe zu einem symbolischen Gebäude, z.B. vor dem Bundestag, dem Bundeskanzleramt, dem Gebäude des Bundesinnenministeriums etc.

392 Vgl. Deutschlandfunk, 2020b.

  - Bodensee (mit Grenzen zu Österreich und der Schweiz, sicherheitspolitisch komplexer durch die Beteiligung zahlreicher verschiedener Sicherheitsbehörden, Problem: Kommunikation, unterschiedliche Rechtsgrundlagen, unterschiedliche Ausbildungs- und Ausrüstungszustände der Sicherheitsbehörden)
  - Mittelgroße und kleinere Seen wie z.B. der Starnberger See, Ammersee, Chiemsee, die Mecklenburger Seenplatte u.a.
  - Die Nordsee-Schifffahrt, u.a. zu den Inseln Borkum, Juist, Norderney, Langeoog, Spiekeroog, Wangerooge, Helgoland, Pellworm, Amrum, Föhr, Sylt
  - Die Ostsee-Schifffahrt, u.a. von Kiel nach Dänemark, Schweden, von Lübeck-Travemünde nach Schweden, nach Liepaja, Lettland, nach Klaipeda, Litauen, von Rostock nach Dänemark und Schweden und von Rügen nach Litauen
  - Angriffe auf die Außenwand von Schiffen, Fähren und Tankern
  - Geiselszenarien bzw. terroristische Massaker wie in Christchurch/Neuseeland am 15.3.2019.[393]
- Große Menschenmengen im Rahmen von Fußballspielen, Konzerten, Weihnachtsmärkten, Großereignissen (Events), u.a. das Oktoberfest in München, der Wiener Prater, Fußgängerzonen, Kirchentage, Christopher Street Day, Fridays for Future, Freizeitparks
- Öffentliche und religiöse Einrichtungen von symbolischem Charakter (Kirchen, Synagogen, Moscheen, Tempel, Kindergärten, Schulen, Universitäten)
- Kritische Infrastrukturen mit hoher Bedeutung für die Zivilbevölkerung (Krankenhäuser, Stromversorgung, Wasser etc.)
- Lüftungen, Klimaanlagen in großen Gebäuden
- Atomkraftwerke
- Botschaften, Konsulate und militärische Einrichtungen (z.B. von Israel – antisemitische Motivation –, von arabischen, afrikanischen und asiatischen Staaten)
- Politik/Politiker, Ministerien, Behörden (z.B. Universitäten, Akademien, Ausbildungs- und Schulungseinrichtungen der Sicherheitsbehörden, um die personelle Zukunft der Sicherheitsbehörden zu schwächen)

393 Vgl. Goertz, 2020g, S. 20.

- Polizisten, Soldaten, Mitarbeiter von Sicherheitsbehörden und andere Vertreter staatlicher Behörden und Einrichtungen[394]

7.9.2 Modi Operandi

- Sprengstoffanschlag
- Simultananschläge
- Zeitlich versetzte Anschläge (Doppel, Tripel etc.), Second Hit auf die Polizei, Rettungskräfte und Schaulustige
- Anschlag mit einem Fahrzeug, mehreren Fahrzeugen, KfZ, LKW
- Szenarien auf der Basis von Schusswaffen (Attentäter auf Motorrädern, Beschuss aus Fahrzeugen etc.)
- Sprengfallen
- Geiselnahme als ein Teil des Szenarios, Massaker statt Geiselnahme[395]

7.9.3 Wirkmittel

- Sprengstoff (unkonventionelle Spreng- und Brandvorrichtung, Selbstlaborate – z.B. Triacetonperoxid, TATP – oder industrieller Sprengstoff) in Koffern, Rucksäcken, KfZ, LKW etc.
- Selbstlaborate (Aluminiumpulver und Kaliumpermanganat etc.)
- Drohnen mit/als USBV (weißes Pulver mit dem Verdacht auf biologische oder chemische Stoffe aus einer Drohne, über einem Marktplatz oder einer Fußgängerzone ausgebracht, könnte eine Massenpanik auslösen)
- USBV mit Nägeln, Schrauben, Muttern, Splittern versetzt, um einen möglichst drastischen Personenschaden zu erzielen
- Gasflaschen und Schnellkochtöpfe als USBV
- Vollautomatische und halbautomatische Schusswaffen, Gewehre, Pistolen
- Handgranaten
- Hieb- und Stichwaffen, Äxte, Schwerter, Messer
- Fahrzeuge, gehärtete Fahrzeuge

394 Vgl. Goertz, 2020g, S. 20–21.
395 Vgl. Goertz, 2020g, S. 21.

- Steine, schwere Gegenstände (von Brücken, aus Gebäuden geworfen etc.)
- Gift (z.B. Rattengift in nicht abgepackte Lebensmittel wie Obst, Gemüse und Fleisch mischen)
- Giftstoffe in geschlossene Räume in Lüftungen und Klimaanlagen einbringen
- Reizgas
- Atomare, biologische und chemische Waffen (CBRN-Szenarien, u.a. Rizin)[396]

396 Vgl. Goertz, 2020g, S. 21–22.

Kurzzusammenfassung: Rechtsterroristische Akteure und Anschläge in Deutschland – aktuelle Fälle

NSU

- Der „Nationalsozialistische Untergrund" (NSU) war eine rechtsterroristische Gruppe, die für neun Morde an Kleinunternehmern mit Migrationshintergrund, für den Mord an einer Polizistin, zwei Sprengstoffanschläge und 15 Raubüberfälle sowie insgesamt 43 Mordversuche verantwortlich ist.
- Das Oberlandesgericht München verurteilte Beate Zschäpe wegen Mittäterschaft an diesen Taten und Mitgliedschaft in der terroristischen Vereinigung NSU sowie schwerer Brandstiftung zu lebenslanger Freiheitsstrafe.
- Vom 9.9.2000 bis zum 6.4.2006 ermordete der NSU in deutschen Großstädten neun männliche Kleinunternehmer mit Migrationshintergrund (*Česká*-Mordserie). Acht der Opfer stammten aus der Türkei, ein Opfer aus Griechenland. Auf sie alle wurde – wie bei einer Hinrichtung – mehrmals aus kurzer Distanz geschossen, dazu wurde ab dem fünften Mord ein Schalldämpfer benutzt.
- Bei dem Polizistenmord des NSU wurde eine Polizeibeamtin am 25.4.2007 in Heilbronn mit einem gezielten Kopfschuss getötet und ein Polizeibeamter mit einem Kopfschuss lebensgefährlich verletzt.
- Im August 2013 legte der NSU-Untersuchungsausschuss des Bundestages seinen Schlussbericht vor. Auf 1.400 Seiten wurden Versäumnisse und Fehler der Sicherheitsbehörden, vor allem der Verfassungsschutzbehörden, dokumentiert und Reformvorschläge unterbreitet.

Frank S.

Nach Auffassung des Bundesamtes für Verfassungsschutz kann der Rechtsterrorist S. dem Phänomenbereich rechtsterroristischer Einzeltäter zugeordnet werden.

- Im Juli 2016 verurteilte das Oberlandesgericht Düsseldorf den Rechtsterroristen Frank S. wegen versuchten Mordes und gefährlicher Körperverletzung an der damaligen Kölner Oberbürgermeisterkandidatin, jetzt Oberbürgermeisterin, Henriette Reker zu einer Freiheitsstrafe von 14 Jahren.
- Der Rechtsterrorist Frank S. hatte die damalige Oberbürgermeisterkandidatin Reker im Rahmen einer Wahlkampfveranstaltung mit einem Messer attackiert und wollte nach eigenen Aussagen damit ein Zeichen gegen die in Deutschland angeblich verfehlte Politik, insbesondere gegen die Ausländer und Flüchtlingspolitik, setzen.

David Sonboly

- Am 22.7.2016, fünf Jahre nach dem rechtsterroristischen Anschlag des Norwegers Anders Breivik, tötete der Rechtsterrorist David Sonboly am Münchner Olympia-Einkaufszentrum (OEZ) neun Menschen. Die meisten der neun Todesopfer waren jung und hatten einen Migrationshintergrund. Der Attentäter hatte seine Tat ein Jahr lang vorbereitet und wie der rechtsextremistische Terrorist Anders Breivik ein Manifest verfasst.

Stephan Ernst

- Der hessische CDU-Politiker und Regierungspräsident von Kassel, Dr. Walter Lübcke wurde am 2.6.2019 vor seinem Wohnhaus von Stephan Ernst durch einen Kopfschuss ermordet.
- Am 25.6.2019 legte Ernst ein Geständnis ab, als Motiv für den Mord an Lübcke nannte Ernst Äußerungen Lübckes während der Flüchtlingskrise 2015, als sich dieser für die Aufnahme von Flüchtlingen in Deutschland eingesetzt hatte und zahlreichen Anfeindungen und Morddrohungen ausgesetzt war.
- Am 2.7.2019 widerrief Ernst sein Geständnis, die Ermittler gingen jedoch von einem Widerruf taktischer Natur aus.
- Nach Angaben des Generalbundesanwaltes hat Ernst das Attentat auf Walter Lübcke über einen längeren Zeitraum geplant und dabei auch die Lebensumstände des Opfers ausgespäht.

- Der Blick auf den Radikalisierungsverlauf von Ernst zeigt, dass seine ideologische Prägung durch Rechtsextremismus schon früh begann. Außerdem ist er mehrfach vorbestraft und einige seiner Straftaten waren ausländerfeindlich und rassistisch motiviert.

Roland K.

- Wenige Wochen nach dem rechtsterroristischen Anschlag auf den Kasseler Regierungspräsidenten Walter Lübcke, am achten Jahrestag des vom Rechtsterroristen Anders Breivik in Norwegen verübten Massakers an Kindern und Jugendlichen, bei dem 77 Menschen ermordet wurden, schoss der Rechtsterrorist sechs Mal auf den eritreischen Flüchtling Bilal M., den er aufgrund seiner Hautfarbe als Opfer ausgewählt hatte.
- Ein Sprecher der Frankfurter Staatsanwaltschaft erklärte, dass hinter diesem rechtsterroristischen Anschlag „ganz klar ein fremdenfeindliches Motiv" steckte.
- Nach Angaben von verschiedenen Zeugen hatte der Attentäter unmittelbar vor seinem Anschlag auf einen Flüchtling in seiner Stammkneipe mit den Worten, er werde „jetzt einen Flüchtling abknallen" angekündigt.

Stephan Balliet

- Stephan Balliet versuchte am 9.10.2019, dem wichtigsten jüdischen Feiertag Jom Kippur, einen Anschlag mit Schusswaffen auf eine Synagoge in Halle zu verüben. Nachdem es ihm nicht gelang, in die Synagoge einzudringen, ermordete er zwei Menschen in der Nähe der Synagoge und verletzte zwei weitere schwer. Das Video der Tat, das der Attentäter live auf der Video-Plattform Twitch streamte, stellt eine Parallele zum rechtsextremistischen Anschlag auf zwei Moscheen in Christchurch/Neuseeland, bei dem 51 Menschen ermordet und 50 verletzt wurden, dar.
- Nach Angaben des Generalbundesanwaltes wollte er unter den bis zu 80 Besuchern der Synagoge ein Massaker verüben.
- In einem elf Seiten langen „Manifest", das Balliet vor seiner Tat veröffentlichte, legte er seine Gedanken dar, auf Englisch, um möglichst viel Verbreitung zu erlangen. Das Manifest liest sich stellenweise wie die Anleitung zu einem Computerspiel, lakonisch-lapidar geht es um „Ziele", „Ergebnisse", „Bonus" – gemeint war damit ein Massenmord.

- In seinem Manifest wimmelt es vor antisemitischen Begriffen. So sprach Balliet bspw. von einer „zionistisch besetzten Regierung", ein klassisch-antisemitischer Begriff aus der rechtsextremistischen Szene.
- Im Video seiner Tat nennt sich Balliet „Anon". Darin leugnet er den Holocaust, wütet gegen den Feminismus und bezeichnet „den Juden" als Wurzel allen Übels. Im Hintergrund lief Musik aus japanischen Zeichentrickserien. Die von ihm benutzte Sprache zeigt, dass er intensiv in der rechtsextremistischen Internetszene unterwegs war, in Imageboards wie 4chan und 8chan. Solche Foren sind weltweit bei Rechtsextremisten beliebt.

Tobias Rathjen

- Der rechtsterroristische Attentäter Tobias Rathjen ermordete am 19.2.2020 in Hanau nach aktuellem Informationsstand aus rassistischer Motivation neun Menschen mit Migrationshintergrund sowie seine Mutter und tötete sich am Ende selbst.
- In einem YouTube-Video und einem Manifest äußerte Rathjen wenige Tage vor der Tat seine rechtsextremistischen und paranoiden Ansichten.
- Er führte aus, dass eine Reihe Völker „komplett vernichtet werden" müssten, darunter halb Asien, diverse Volksgruppen aus Nordafrika und Israel. Weiter könne er sich eine Halbierung der Bevölkerungszahl vorstellen.

Rechtsterroristische Einzeltäter

- Rechtsterroristische Einzeltäter können durchaus einer extremistischen Organisation angehören, jedoch wird der Anschlag oder das Attentat als konkrete Handlung vom Einzeltäter selbst ohne direkte Einwirkung von anderen Personen umgesetzt.
- Rechtsterroristische Einzeltäter planen die Tat alleine und agieren alleine, aber natürlich ist die rechtsextremistische Ideologie ein wichtiger Radikalisierungsfaktor.
- Rechtsterroristische Einzeltäter sind in der Regel vor dem Anschlag polizeilich nicht bekannt, sie sind oftmals sozial isoliert und gehören keiner Organisation oder Partei an und verbringen ihre Zeit beinahe ausschließlich in virtuellen Räumen.

- Während vor dem Zeitalter des Internets die konspirative Gruppe für einen Terroristen von hoher Relevanz war, wird die persönliche Einbindung des Einzeltäters im 21. Jahrhundert zunehmend durch eine virtuelle kommunikative Vernetzung ersetzt.
- Der Präsident des Bundeskriminalamtes (BKA), Holger Münch, spricht von rechtsterroristischen Einzeltätern als Individuen „ohne jedwede polizeiliche Vorerkenntnisse – von uns noch unbekannten Personen also, die sich offenbar von den Sicherheitsbehörden unbemerkt im Hintergrund radikalisiert haben, um dann scheinbar aus dem Nichts zum ersten Mal zuzuschlagen".
- Wenn rechtsterroristische Einzeltäter vor einem Anschlag nicht kommunizieren – weder virtuell noch realweltlich – ist es für die Sicherheitsbehörden sehr schwer, Anschläge von Einzeltätern zu verhindern. Daher müssen die Verfassungsschutzbehörden ebenso virtuelle Netzwerke von Rechtsextremisten und Rechtsterroristen als auch realweltliche Zusammenschlüsse beobachten, was die Sicherheitsbehörden vor Probleme stellt.

8 Rechtsextremistische und rechtsterroristische Inhalte im Internet

Rechtsextremistische Inhalte im Internet werden durch Einzelpersonen, Gruppen, Netzwerke, Parteien, Vereine und Stiftungen verbreitet. Rechtsextremisten nutzen Internetdienste zur Selbstdarstellung, Werbung, Vernetzung, politischen Einflussnahme und teilweise auch zur Verabredung von Straftaten. Nach Angaben der deutschen Verfassungsschutzbehörden verwenden Angehörige und Sympathisanten der rechtsextremistischen Szene in Deutschland intensiv das Internet, um z.B. Kampagnen zu bewerben, für Veranstaltungen zu mobilisieren oder Aktionen zu planen. Dabei ist eine zeitnahe und regelmäßige Berichterstattung und Dokumentation des gesamten Agitationsspektrums im Internet ein fester Bestandteil ihres Auftretens. Soziale Netzwerke, Kurznachrichtendienste oder Videoplattformen bilden hierfür die zentralen Plattformen, auf denen sich die Szene bewegt, offen oder in geschlossenen Gruppen kommuniziert oder ihr rechtsextremistisches Gedankengut propagandistisch zu verbreiten versucht.[397] Die Zahl der von den deutschen Verfassungsschutzbehörden festgestellten Websites, Profile oder Portale, die von Rechtsextremisten genutzt werden, unterliegt einem hohen Fluktuationsgrad. In Extremfällen reagieren die Administratoren von Profilen der rechtsextremistischen Szene auf Löschungen innerhalb von Stunden, indem sie bspw. an anderer Stelle oder unter einem ähnlichen Namen eine neue Internetpräsenz erstellen.[398]

Um rechtsextremistische Inhalte im Internet zu vermitteln, emotionalisieren Rechtsextremisten Sachverhalte und schüren Vorurteile. Das Internet ermöglicht außerdem, leicht mit bisher nicht rechtsextremistisch geprägten Personen in Kontakt zu treten und sie für die eigenen rechtsextremistischen Ansichten zu gewinnen und zu radikalisieren. Nicht zuletzt durch eine konsequentere Lösch- und Sperrpraxis von Internetdienstanbietern hat sich das Betätigungsfeld von sozialen Netzwerken auch auf Videostreamingdienste und Gamingplattformen ausgedehnt.[399]

Auffällig war nach Angaben des Bundesamtes für Verfassungsschutz im August 2018 die Intensität und Effektivität der Mobilisierung zu asylfeindlichen Demonstrationen in Chemnitz. Sie erfolgte nicht wie in Kandel (Rheinland-Pfalz) oder Cottbus (Brandenburg) Anfang des Jahres 2018 zeitversetzt, son-

397 Vgl. Bundesamt für Verfassungsschutz, 2020o.

398 Vgl. Bundesamt für Verfassungsschutz, 2020o.

399 Vgl. Bundesamt für Verfassungsschutz, 2020o.

dern bereits am Tag des Tötungsdelikts. Über soziale Netzwerke erfolgte eine virale Verbreitung von Demonstrationsaufrufen. Eine Mobilisierung durch Rechtsextremisten fand bundesweit in den sozialen Medien statt und blieb nicht auf einzelne Spektren des Rechtsextremismus begrenzt, vielmehr einte das Thema die gesamte Szene. Wie schnell und breit die lokale Mobilisierung in Chemnitz schon am Tag der Tat erfolgte, zeigt der Aufruf auf der Facebook-Seite der rechtsextremistischen Hooligan-Gruppierung „Kaotic Chemnitz", der bereits wenige Stunden nach der Gewalttat in sozialen Netzwerken kursierte.[400]

Rechtsextremisten nutzen das Internet als „digitalen Brandbeschleuniger". Nach Einschätzung der deutschen Verfassungsschutzbehörden hat sich das Internet zum wichtigsten Propagandainstrument der rechtsextremistischen Szene entwickelt.[401] Der YouTube-Kanal „Der Volkslehrer" hatte rund 72.000 Abonnenten und damit mehr als die zehnfache Reichweite der YouTube-Angebote „klassischer" Rechtsextremisten wie der Kanal der NPD-Zeitschrift „Deutsche Stimme". „Die Zeit der Infostände mit Fahnen und Flyern ist vorbei", sagt der nordrhein-westfälische Innenminister Herbert Reul. Rechtsextremistische Propaganda werde heute überwiegend im Internet betrieben, was es für die Sicherheitsbehörden schwerer mache, die rechtsextremistische Szene im Blick zu behalten.[402]

Auf einschlägigen rechtsextremistischen Plattformen dominieren antisemitische, fremden- und islamfeindliche Argumentationsmuster oder Verschwörungstheorien wie jene vom „großen Bevölkerungsaustausch", die von der „Identitären Bewegung" verbreitet wird. Das Ziel der rechtsextremistischen Netzagitatoren besteht darin, auch Personen zu aktivieren und zu radikalisieren, die bisher nicht als Angehörige der rechtsextremistischen Szene aufgefallen sind. Dabei machen sie sich die Anscheinerweckungs-, Verstärker-, Relevanzsimulations- und Bestätigungsmechanismen des Netzes zunutze: Die Propagandisten können ihre Botschaften nicht nur verbreiten, ohne auf Widerspruchs-, Filter- oder Prüfinstanzen zu stoßen, auf ihre Angebote wird – dank der im Netz eingesetzten Algorithmen – zudem automatisch durch inhaltlich ähnliche Seiten verwiesen, wodurch Nutzern der Eindruck vermittelt wird, Teil einer großen „Bewegung" zu sein.[403] Einzelne radikalisierte Rechtsextremisten sollen dann mit „Drohszenarien gegen Politiker oder Bevölkerungsgruppen" sowie „Endzeit- und Bürgerkriegsszenarien dazu bewegt

400 Vgl. Bundesamt für Verfassungsschutz, 2020o.
401 Vgl. Frankfurter Allgemeine Zeitung, 2019c.
402 Vgl. Frankfurter Allgemeine Zeitung, 2019c.
403 Vgl. Frankfurter Allgemeine Zeitung, 2019c.

werden, Worten Taten folgen zu lassen", erklärt der nordrhein-westfälische Verfassungsschutz. Auch mit einem leichtfertig geklickten ‚Gefällt mir' machten sich die Nutzer der einschlägigen Seiten zu Motivatoren von Mördern und ideologischen Brandstiftern, warnt der Innenminister von Nordrhein-Westfalen. Rechtsextremistische Radikalisierungsprozesse verlaufen mittlerweile immer häufiger virtuell, nicht mehr „in verrauchten Vereinsheimen oder Hinterzimmern".[404]

Hass und Propaganda rechtsextremistischer Akteure sind im Internet alltägliche Erscheinungen. Social Media wird als Aktionsfeld begriffen, in dem in öffentliche Diskurse eingegriffen, Aufmerksamkeit für die eigene Weltdeutung gewonnen und neue Gefolgschaft rekrutiert werden soll.[405] Während Dienste wie YouTube oder Facebook genutzt werden, um eine möglichst große Reichweite zu erzielen und die eigene Propaganda breit auszurollen, dienen rechtsextremistische Angebote auf Plattformen wie u.a. Instagram dezidiert dazu, junge Menschen zielgruppengenau in ihren Lebenswelten anzusprechen.[406] Daneben nutzen Rechtsextremisten auch Dienste, die als Ausweichplattformen dienen, da Löschungen dort im Vergleich zu den bekannteren Plattformen nur selten erfolgen und der Verfolgungsdruck als geringer empfunden wird. Recherchen und das kontinuierliche Monitoring rechtsextremistischer Angebote belegen, dass sich dort, wo kaum Moderation und Community-Management stattfinden und sich Kommunikation ins vermeintliche Dunkelfeld verlagert, drastische, extremistische Inhalte leichter finden lassen und schnell sog. „Echokammern" entstehen.[407] Die jüngsten rechtsterroristischen Anschläge verdeutlichen, dass es zahlreiche rechtsextremistische Online-Subkulturen gibt. Alternative Plattformen wie 4chan und Gab, Messenger-Dienste wie Telegram und Gaming-Apps wie Discord bilden einen Raum, in welchem sich Rechtsextremisten vernetzen, radikalisieren, inspirieren und Gewalt planen.[408]

Seit Juni 2017 verpflichtet das Netzwerkdurchsetzungsgesetz große Social-Media-Unternehmen in Deutschland dazu, illegale Inhalte von ihren Plattformen zügig und umfänglich zu entfernen. Als eine der ersten Regierungen hat die deutsche Bundesregierung Gesetze ausgearbeitet, welche die großen Social-Media-Unternehmen dazu zwingen sollen, illegale Hassrede von ihren Plattformen zu entfernen. Mit dem Netzwerkdurchsetzungsgesetz drohen

404 Frankfurter Allgemeine Zeitung, 2019c.

405 Vgl. Jugendschutz.net et al., 2019, S. 7.

406 Vgl. Jugendschutz.net et al., 2019, S. 7.

407 Vgl. Jugendschutz.net et al., 2019, S. 7.

408 Vgl. Institute for Strategic Dialogue, 2020, S. 7.

ihnen hohe Bußgelder, wenn sie gesetzeswidrige Inhalte nicht innerhalb von 24 Stunden entfernen. Dadurch sind alternative Plattformen für rechtsextremistische Akteure immer bedeutsamer geworden. Bei diesen Akteuren handelt es sich u.a. um muslimfeindliche deutsche Bewegungen wie PEGIDA, die „Identitäre Bewegung" sowie internationale rechtsterroristische Gruppen wie die Atomwaffen Division (AWD). Auf diesen Plattformen werden Rechtsextremismus und Rechtsterrorismus verherrlicht. Darüber hinaus spielen sie eine erhebliche Rolle bei der Verbreitung von Desinformation, der koordinierten Belästigung von Politikerinnen sowie der Organisation von sog. Meme-Kampagnen, mit denen Wahlen und politische Debatten beeinflusst werden sollen.[409]

Das Institute for Strategic Dialogue hat aktuell auf zehn alternativen Plattformen 379 rechtsextremistische und rechtspopulistische Kanäle identifiziert. Dazu gehören: der Messenger-Dienst Telegram (129 Kanäle), das russische soziale Netzwerk VK (115 Gruppen), das Videoportal BitChute (79 Kanäle) sowie die sozialen Netzwerke Gab (38 Kanäle), Reddit (8 Gruppen), Minds (5 Communities) und Voat (5 Communities). Ein Teil dieser Plattformen war für unpolitische Zwecke (etwa Gaming) konzipiert, wird aber von rechtsextremistischen Communities zweckentfremdet. Ein weiterer Teil dieser Plattformen basiert auf libertären Idealen und verteidigt die Präsenz rechtsextremistischer Communities auf der Grundlage der Meinungsfreiheit. Nach Angaben des Institute für Strategic Dialogue nutzen 15.000 bis 50.000 deutschsprachige Personen mit rechtsextremistischen Ansichten diese Plattformen.[410] Telegram scheint zur wichtigsten Plattform für rechtsextremistische Influencer und Gruppen geworden zu sein, die von Accountsperrungen auf den großen Social-Media-Plattformen betroffen waren oder solche befürchten. Rechtsextremistische Verschwörungstheorien sind auf dem Videoportal BitChute besonders zahlreich.[411]

Rechtsextremistische Hasspropaganda im Internet kreiert eine Legitimationsbasis, die realweltliche Gewalt rechtfertigen soll. Mit jugendaffinen Memes, Videos, Fake News und anderen propagandistischen Mitteln zielen Rechtsextremisten vor allem auf eine emotionale Ansprache ab. Menschen, die sich offline und online gegen Rechtsextremismus positionieren und für Vielfalt und Menschenrechte einstehen, werden häufig zu Zielscheiben rechtsextremistischer Hasskampagnen. Sie werden in Kommentaren und Posts dif-

409 Vgl. Institute for Strategic Dialogue, 2020, S. 7.
410 Vgl. Institute for Strategic Dialogue, 2020, S. 8.
411 Vgl. Institute for Strategic Dialogue, 2020, S. 10.

famiert, in herabwürdigenden Memes verächtlich gemacht oder mit dem Tod bedroht. Auf nahezu allen Social-Media-Plattformen wird solcher Hass verbreitet. In geschlossenen Gruppen wird gehetzt oder Engagierten via Direktnachricht gedroht.[412] Das Attentat auf Walter Lübcke zeigt, dass „Online-Hass" sich nicht auf das Netz beschränkt. So sah sich Lübcke seit dem Jahr 2015 mit Anfeindungen konfrontiert, da er aktiv für die Unterstützung von Flüchtlingen eintrat. Ein Video mit Statements von Lübcke wurde genutzt, um Hass zu schüren. Im Internet fanden sich unzählige Beiträge, die zu Gewalt gegen ihn aufriefen. Und auch nach dem Mord posteten Rechtsextremisten relativierende bzw. den Mord verherrlichende Inhalte.[413]

Im Internet hat sich eine hasserfüllte rechtsextremistische Online-Subkultur entwickelt, die antisemitische Verschwörungstheorien verbreitet, rechtsterroristischen Attentätern als „Märtyrern" huldigt und ihre Menschenverachtung offen zur Schau trägt. Sie bedient sich an der Gaming- und Internetkultur und dockt so an die Seh- und Hörgewohnheiten junger Menschen an. Dieser virtuelle Resonanzboden ist es, der den Rechtsterroristen Stephan Balliet bestärkte, der im Oktober 2019 bei einem Anschlag auf die Synagoge in Halle zwei Menschen tötete. Deutlich machte dies auch die Inszenierung seiner Tat via Livestream aus der „Ego-Shooter-Perspektive", die Selbstbezeichnung als „Anon" sowie die teils englischsprachige Kommentierung seiner Tat.[414] Über Plattformen wie VK, den Messenger-Dienst Telegram und Imageboards wie 4Chan werden Anleitungen für den bewaffneten Kampf oder die Herstellung von Waffen und Sprengstoff offen ausgetauscht. Dort werden perfide „Highscores" rechtsterroristischer Attentäter geführt und über mögliche Anschlagsziele diskutiert.[415]

8.1 Rechtsextremistische Inhalte im Internet und rechtsterroristische Anschläge

Mehrere rechtsterroristische Anschläge der jüngsten Vergangenheit zeigen, welch wichtige Rolle virtuelle Kommunikationsräume für Radikalisierungen und die Verbreitung rechtsextremistischer Narrative spielen können. Beim rechtsterroristischen Anschlag auf zwei Moscheen in Christchurch (Neuseeland) im März 2019 tötete der Rechtsterrorist Brenton Tarrant aus islamfeind-

412 Vgl. Jugendschutz.net et al., 2019, S. 10.
413 Vgl. Jugendschutz.net et al., 2019, S. 10.
414 Vgl. Jugendschutz.net et al., 2019, S. 11.
415 Vgl. Jugendschutz.net et al., 2019, S. 11.

licher Motivation insgesamt 51 Menschen und verletzte weitere 50 Menschen zum Teil schwer. Seinen Anschlag streamte Tarrant live auf Facebook.[416] Bis zur Sperrung des Videos durch Facebook wurde es millionenfach weiter verbreitet. Beim rechtsterroristischen Anschlag in El Paso (Texas/USA) im August 2019 tötete der Rechtsterrorist Patrick Wood Crusius in einem Supermarkt 22 Menschen und verletzte mehrere schwer. Den Anschlag kündigte er mit einer Erklärung auf der Plattform 8chan an.[417] Beim rechtsterroristischen Anschlag von Stephan Balliet am 9.10.2019 wollte dieser aus antisemitischer Gesinnung einen Massenmord in der Synagoge verüben. Balliet lud wenige Minuten vor seinem Anschlag verschiedene Schriftstücke auf dem Imageboard Meguca (meguca.org/meadhall/) hoch. Der Titel des ersten Dokumentes lautete „Dedomesticate yourself and KILL ALL JEWS“. Das zweite Dokument „A short pre-action report“ enthielt u.a. Waffenbeschreibungen sowie einen kurzen Abschnitt, in dem seine Ziele, „The Objectives“, definiert wurden. Das dritte Dokument war überschrieben mit dem Titel „READ THIS FIRST“ und enthielt einen Link zum Livestream. Balliet streamte die Tat live über die Streaming-Plattform Twitch. Das Video begann mit einer Vorstellung seiner politischen Überzeugungen, die er mit dem antisemitischen Statement „Hi, my name is ‚Anon‘ and I think, the Holocaust never happened“ einleitete. Bis zur Löschung des Videos, etwa 65 Minuten nach der Tat, sollen es rund 2.200 Personen online gesehen haben. Darüber hinaus konnten diverse Links und Verlinkungen des Videos und der Dokumente auf unterschiedlichen Internet-Plattformen festgestellt werden, weshalb die genaue Zahl der Personen, die sich das Video angeschaut hatten, nicht ermittelt werden konnte. Sie weisen Parallelen vor allem zur Tatbegehung Tarrants in Neuseeland im Hinblick auf dessen Waffenfokussierung und detaillierte Beschreibungen sowie zur Gaming-Subkultur auf.

Nach dem Anschlag in Halle an der Saale kam es zu umfangreichen Reaktionen der rechtsextremistischen Szene, von Beileidsbekundungen, Verurteilungen der Tat bis hin zu Verschwörungstheorien. Die mediale Berichterstattung wurde mit dem Vorwurf kritisiert, dass entsprechende Taten durch Islamisten und Flüchtlinge als Einzeltaten verharmlost und rechtsmotivierte Taten als strukturelles Problem dargestellt würden. Kritisiert wurde u.a. die hohe Aufmerksamkeit für „Juden“, obwohl kein „Jude“ ums Leben gekommen sei.[418] Der Anschlag in Halle an der Saale wird vom Bundesamt für Verfassungsschutz als plastisches Beispiel für eine globalisierte Form des Antisemitismus,

416 Vgl. Bundesamt für Verfassungsschutz, 2020g, S. 46.

417 Vgl. Bundesamt für Verfassungsschutz, 2020g, S. 46.

418 Vgl. Bundesamt für Verfassungsschutz, 2020g, S. 47.

Rechtsterrorismus und einen digitalisierten internationalen Ideologietransfer bewertet. Die Sprache und der Habitus in Balliets Dokumenten lassen auf eine starke Internetradikalisierung schließen. Die deutschen Verfassungsschutzbehörden bewerten das Ausmaß dieser virtuellen Kommunikation als nahezu unüberschaubar und eine Eingrenzung daher als kaum möglich.[419]

Die rechtsterroristischen Anschläge in Pittsburgh, Christchurch, Poway, El Paso und Halle verdeutlichen einen Trend zu postorganisatorischen Formen des Rechtsterrorismus. Obwohl die Attentäter nicht oder nur sehr oberflächlich mit organisierten rechtsextremistischen Gruppen oder Bewegungen in Verbindung standen, waren sie tief in die Ideologie, Symbolik und Sprache der rechtsextremistischen Subkulturen eingetaucht, die auf Plattformen wie 4chan, 8chan und Gab zu finden sind.[420]

Gegenmaßnahmen wie die „Hashing"-Datenbank des Global Internet Forum to Counter Terrorism (GIFCT), die ein erneutes Hochladen von einmal als terroristisch gekennzeichnetem Inhalt verhindern, sollten mit einer umfassenderen und einheitlicheren Liste von Inhalten arbeiten, die von rechtsextremistischen Terrorgruppen oder Terroristen stammen bzw. diese unterstützen. Dies könnte mit rechtsterroristischen Gruppen beginnen, die wie die „Atomwaffen Division", „Combat 18" und „Blood & Honour" von verschiedenen Regierungen verboten wurden. Das deutsche Netzwerkdurchsetzungsgesetz verlangt von den Plattformen, „offenkundig gesetzeswidrigen" Inhalt innerhalb von 24 Stunden nach dessen Meldung durch Nutzer zu entfernen. Es konzentriert sich also auf die Entfernung von gesetzeswidrigem Inhalt, ist jedoch nicht auf die Bekämpfung der häufig legalen, aber extremistischen oder abwertenden Inhalte ausgerichtet, die ein Hauptproblem innerhalb rechtsextremistischer Communities auf alternativen Plattformen darstellen.[421] Die Ausweitung des Netzwerkdurchsetzungsgesetzes auf die kleineren alternativen Plattformen wird wahrscheinlich in vielen Fällen nicht umsetzbar sein. Plattformen, die nicht über die gleichen Kapazitäten und Ressourcen wie die großen Social-Media-Plattformen verfügen, werden möglicherweise nicht in der Lage sein, rechtswidrige Inhalte auf ihren Plattformen zu moderieren, wie es das Netzwerkdurchsetzungsgesetz von den großen Plattformen verlangt.

419 Vgl. Bundesamt für Verfassungsschutz, 2020g, S. 47.

420 Vgl. Institute for Strategic Dialogue, 2020, S. 49.

421 Vgl. Institute for Strategic Dialogue, 2020, S. 50.

Kurzzusammenfassung:
Rechtsextremistische und rechtsterroristische Inhalte im Internet

- Rechtsextremistische Inhalte im Internet werden durch Einzelpersonen, Gruppen, Netzwerke, Parteien, Vereine und Stiftungen verbreitet. Rechtsextremisten nutzen Internetdienste zur Selbstdarstellung, Werbung, Vernetzung, politischen Einflussnahme und teilweise auch zur Verabredung von Straftaten.
- Soziale Netzwerke, Kurznachrichtendienste oder Videoplattformen bilden hierfür die zentralen Plattformen, auf denen sich die Szene bewegt, offen oder in geschlossenen Gruppen kommuniziert oder ihr rechtsextremistisches Gedankengut propagandistisch zu verbreiten versucht.
- In Extremfällen reagieren die Administratoren von Profilen der rechtsextremistischen Szene auf Löschungen innerhalb von Stunden, indem sie bspw. an anderer Stelle oder unter einem ähnlichen Namen eine neue Internetpräsenz erstellen.
- Um rechtsextremistische Inhalte im Internet zu ermitteln, emotionalisieren Rechtsextremisten Sachverhalte und schüren Vorurteile. Das Internet ermöglicht außerdem, leicht mit anderen bisher nicht rechtsextremistisch geprägten Personen in Kontakt zu treten und sie für die eigenen rechtsextremistischen Ansichten zu gewinnen und zu radikalisieren.
- Durch eine konsequentere Lösch- und Sperrpraxis von Internetdienstanbietern hat sich das Betätigungsfeld von sozialen Netzwerken auch auf Videostreamingdienste und Gamingplattformen verlagert.
- Auf einschlägigen rechtsextremistischen Plattformen dominieren antisemitische, fremden- und islamfeindliche Argumentationsmuster oder Verschwörungstheorien wie jene vom „großen Bevölkerungsaustausch“, die von der „Identitären Bewegung“ verbreitet wird.

- Seit Jahren stehen rechtsextremistische Gruppen auf Mainstream-Plattformen wie Facebook, Twitter und YouTube im Mittelpunkt der Aufmerksamkeit. Die jüngsten rechtsterroristischen Anschläge verdeutlichen, dass es zahlreiche rechtsextremistische Online-Subkulturen gibt. Alternative Plattformen wie 4chan und Gab, Messenger-Dienste wie Telegram und Gaming-Apps wie Discord bilden einen Raum, in dem sich Rechtsextremisten vernetzen, radikalisieren, inspirieren und Gewalt planen.
- Seit Juni 2017 verpflichtet das Netzwerkdurchsetzungsgesetz große Social-Media-Unternehmen in Deutschland dazu, illegale Inhalte von ihren Plattformen zügig und umfänglich zu entfernen. Als eine der ersten Regierungen hat die deutsche Bundesregierung Gesetze ausgearbeitet, welche die großen Social-Media-Unternehmen dazu zwingen sollen, illegale Hassrede von ihren Plattformen zu entfernen. Mit dem 2017 beschlossenen Netzwerkdurchsetzungsgesetz drohen Social-Media-Unternehmen hohe Bußgelder, wenn sie gesetzeswidrige Inhalte nicht innerhalb von 24 Stunden entfernen.
- Das Institute for Strategic Dialogue hat aktuell auf zehn alternativen Plattformen 379 rechtsextremistische und rechtspopulistische Kanäle identifiziert. Zu den alternativen Plattformen mit rechtsextremistischen Communities gehören der Messenger-Dienst Telegram (129 Kanäle), das russische soziale Netzwerk VK (115 Gruppen), das Videoportal BitChute (79 Kanäle) sowie die sozialen Netzwerke Gab (38 Kanäle), Reddit (8 Gruppen), Minds (5 Communities) und Voat (5 Communities). Ein Teil dieser Plattformen waren für unpolitische Zwecke (etwa Gaming) konzipiert, werden aber von rechtsextremistischen Communities zweckentfremdet.
- Rechtsextremistische Hasspropaganda im Internet kreiert eine Legitimationsbasis, die realweltliche Gewalt rechtfertigen soll. Mit jugendaffinen Memes, Videos, Fake News und anderen propagandistischen Mitteln zielen Rechtsextremisten vor allem auf eine emotionale Ansprache ab.
- Über Plattformen wie VK, den Messenger-Dienst Telegram und Imageboards wie 4Chan werden Anleitungen für den bewaffneten Kampf oder die Herstellung von Waffen und Sprengstoff offen ausgetauscht. Dort werden perfide „Highscores“ rechtsterroristischer Attentäter geführt und über mögliche Anschlagsziele diskutiert.

- Die rechtsterroristischen Anschläge in Pittsburgh, Christchurch, Poway, El Paso und Halle verdeutlichen einen Trend zu postorganisatorischen Formen des Rechtsterrorismus. Obwohl die Attentäter nicht oder nur sehr oberflächlich mit organisierten rechtsextremistischen Gruppen oder Bewegungen in Verbindung standen, waren sie tief in die Ideologie, Symbolik und Sprache der rechtsextremistischen Subkulturen eingetaucht, die auf Plattformen wie 4chan, 8chan und Gab zu finden sind.
- Gegenmaßnahmen wie die „Hashing"-Datenbank des Global Internet Forum to Counter Terrorism (GIFCT), die ein erneutes Hochladen von einmal als terroristisch gekennzeichnetem Inhalt verhindern, sollten mit einer umfassenderen und einheitlicheren Liste von Inhalten arbeiten, die von rechtsextremistischen Terrorgruppen oder Terroristen stammen bzw. diese unterstützen.

9 Aktuelle Gegenmaßnahmen der Sicherheitsbehörden sowie Präventions- und Deradikalisierungsprogramme

9.1 Personalaufwuchs in den Sicherheitsbehörden und neue Methoden

Das Bundeskriminalamt (BKA) und das Bundesamt für Verfassungsschutz haben im Herbst 2019 740 neue Stellen beantragt, die auf die Abwehr von Rechtsextremismus und Rechtsterrorismus ausgerichtet sind.[422] Zu den neuen Methoden und Taktiken des BKA und des Bundesamtes für Verfassungsschutz gehören eine stärkere Beobachtung im Internet, weitere Vereinsverbote sowie Maßnahmen gegen rechtsextremistische Kampfsport-Festivals und RechtsRock-Konzerte. Das Bundesamt für Verfassungsschutz beantragte für die Ausweitung seiner Ermittlungen 300, das BKA 440 neue Planstellen. Eine besondere Dynamik sieht der Präsident des Bundesamtes für Verfassungsschutz, Thomas Haldenwang, durch rechtsextremistische und rechtsterroristische Radikalisierung im Internet. Er warnt vor einer „virtuellen Globalisierung des Rechtsterrorismus". Die Anschläge von Christchurch und El Paso seien Beispiele für einen neuen rechtsterroristischen Tätertyp, der selbst Nachahmer sei und Nachahmer generieren wolle. Virtuell agierende rechtsextremistische Gruppen und Zellen können nach Angaben von Haldenwang situative Netzwerke bilden, die deutlich aktionistischer und in ihrer Zusammensetzung heterogener sind, als dies bisher bei starren Organisationen im Rechtsextremismus der Fall war.[423]

Daneben könne mit weiteren Verboten sowie waffen- und steuerrechtlichen Maßnahmen aus Sicht des Bundesamtes für Verfassungsschutz der Druck auf rechtsextremistische Gruppen erhöht werden. Das BKA plant ebenfalls eine intensivere Beobachtung im Internet. Außerdem wirbt das BKA für die Schaffung eines Straftatbestands des „Outings", um die Veröffentlichung sog. Feindes- oder gar „Todeslisten" mit persönlichen Daten von politischen Gegnern im Internet zu erschweren. Der Einschüchterung politischer Gegner müsse Einhalt geboten werden, mahnte der Präsident des Bundeskriminalamtes, Holger Münch.

422 Vgl. MDR, 2019b.

423 Vgl. MDR, 2019b.

Um im Bereich potenzieller rechtsextremistischer Gewalttäter rechtsextremistische Gefährder vor der Tat zu detektieren, entwickeln das BKA und die Polizeibehörden der Länder ein neues Risikobewertungssystem mit dem Namen RADAR – regelbasierte Analyse potenziell destruktiver Täter zur Einschätzung des akuten Risikos. Bei Islamisten wird dieses Instrument zur Bestimmung der Gefährlichkeit einer Person bereits seit 2017 eingesetzt. Das System RADAR Rechtsextremismus soll von BKA-Experten aus dem Bereich der Operativen Fallanalyse gemeinsam mit der Fachhochschule Polizei Sachsen-Anhalt, den Landeskriminalämtern Sachsen und Nordrhein-Westfalen, dem Bundesamt für Verfassungsschutz und dem österreichischen Bundesamt für Verfassungsschutz und Terrorismusbekämpfung Österreich (BVT) entwickelt werden. „Eine flächendeckende Anwendung wird für das Frühjahr 2022 angestrebt", erklärte eine BKA-Sprecherin. Ab spätestens 2022 sollen mit RADAR gewaltbereite, potenzielle rechtsextremistische Gefährder identifiziert werden.[424] Das neue Instrument RADAR soll helfen, besonders gefährliche Rechtsextremisten frühzeitig zu erkennen, noch bevor sie schwere Straftaten begehen können. Die RADAR-Bewertung fließt dann in die Frage ein, wie ein Rechtsextremist von den Sicherheitsbehörden weiter bearbeitet werden soll, ob bspw. eine umfassende Überwachung notwendig ist oder ob eine sog. „Gefährder-Ansprache" vielleicht ausreicht, um die Person von etwaigen Straftaten abzuhalten.[425] Die Risikobewertung bei RADAR wird mithilfe eines Risikobewertungsbogens mit standardisierten Fragen und Antwortkategorien durchgeführt. Diese Fragen bilden sowohl risikosteigernde als auch -senkende Merkmale ab. Nach festgelegten Regeln wird die bewertete Person einer dreistufigen Risikoskala zugeordnet. Diese unterscheidet zwischen einem hohen, einem auffälligen und einem moderaten Risiko. Im Anschluss wägt die sachbearbeitende Dienststelle die Handlungsoptionen ab und wählt anhand der festgestellten Risiko- und Schutzbereiche individuell passende Interventionsmaßnahmen im rechtlich zulässigen und tatsächlich möglichen Rahmen.

---

424 Vgl. Tagesschau, 2020e.

425 Vgl. Tagesschau, 2020e.

9.2 Gemeinsames Extremismus- und Terrorismusabwehrzentrum (GETZ)

Das Gemeinsame Extremismus- und Terrorismusabwehrzentrum (GETZ) ist die Kommunikationsplattform für Polizei und Nachrichtendienste auf Bundes- und Länderebene zur Bekämpfung des Rechts-, Links- und Ausländerextremismus/-terrorismus sowie der Spionageabwehr einschließlich proliferationsrelevanter Aspekte. Es ist nach dem Vorbild des Gemeinsamen Terrorismusabwehrzentrums (GTAZ) zur Bekämpfung des islamistischen Terrorismus entstanden und hat am 15.12.2012 seine Arbeit aufgenommen. Vorläufer des GETZ war das Gemeinsame Abwehrzentrum gegen Rechtsextremismus/-terrorismus (GAR), welches im GETZ aufgegangen ist.[426]

Das Ziel des GETZ ist nach Angaben des Bundesamtes für Verfassungsschutz, die Fachkompetenz aller beteiligten Behörden zu bündeln und einen möglichst lückenlosen und schnellen Informationsfluss sicherzustellen. Durch die Einrichtung des GETZ werden weder Zuständigkeits- noch Befugnisfragen tangiert. Das GETZ setzt sich aus der Polizeilichen und der Nachrichtendienstlichen Informations- und Analysestelle (PIAS und NIAS) zusammen. Die Federführung obliegt dem Bundesamt für Verfassungsschutz und dem Bundeskriminalamt. Aufgrund der Organisationsstruktur gibt es jedoch keinen „Leiter", sondern die Vertreter der folgenden Einrichtungen kooperieren gleichberechtigt.[427]

Am GETZ beteiligt sind:

- Bundesamt für Verfassungsschutz (BfV)
- Bundesnachrichtendienst (BND)
- Bundesamt für den Militärischen Abschirmdienst (BAMAD)
- Landesämter für Verfassungsschutz (LfV)
- Bundeskriminalamt (BKA)
- Bundespolizei (BPOL)
- Europäisches Polizeiamt (Europol)
- Generalbundesanwalt (GBA)
- Generalzolldirektion (GZD)
- Landeskriminalämter (LKÄ)
- Bundesamt für Migration und Flüchtlinge (BAMF)
- Bundesamt für Wirtschaft und Ausfuhrkontrolle (BAFA)

426 Vgl. Bundesamt für Verfassungsschutz, 2020p.

427 Vgl. Bundesamt für Verfassungsschutz, 2020p.

Die Lagebesprechungen im GETZ finden regelmäßig für alle Phänomenbereiche in unterschiedlichem Rhythmus statt. Daneben bestehen weitere Arbeitsgruppen, die sich bspw. zur vertieften Erörterung tagesaktueller Themen treffen oder ein Thema projektorientiert bearbeiten. Die Erfahrungen im GETZ belegen nach Angaben des Bundesamtes für Verfassungsschutz, dass die Strukturen des GETZ funktionsfähig und effektiv sind, sodass über derartige Kooperationsplattformen ein deutlicher Mehrwert für die Arbeit aller beteiligten Behörden zu erzielen ist. Der Mehrwert des GETZ ergibt sich nach Angaben der deutschen Sicherheitsbehörden vor allem hinsichtlich:

- der verbesserten behördenübergreifenden Zusammenarbeit,
- kürzeren Kommunikationswegen,
- den persönlichen Kontakten,
- zeitnaher Verdichtung und Bewertung von Informationen,
- gestärkter Analysefähigkeit,
- erleichterter Abstimmung operativer Maßnahmen.

Die Kooperations- und Kommunikationsplattform GETZ gewährleistet so die Intensivierung der Zusammenarbeit der Behörden bei gleichzeitiger Beachtung des Trennungsgebots.[428]

9.3 Verbote von rechtsextremistischen Vereinen

Ein Verbot eines Vereins ist nach Art. 9 Abs. 2 Grundgesetz möglich, wenn der Zweck der Tätigkeit des Vereins den Strafgesetzen zuwiderläuft oder sich gegen die verfassungsmäßige Ordnung oder den Gedanken der Völkerverständigung richtet. Erst wenn dies durch Verfügung der Verbotsbehörde festgestellt ist, wird nach § 3 Abs. 1 Vereinsgesetz der Verein als verboten (Art. 9 Abs. 2 des Grundgesetzes) behandelt. Ein Vereinsverbot wird durch den Landes- bzw. Bundesinnenminister erlassen. Im Phänomenbereich Rechtsextremismus wurden bisher 20 Vereine verboten. Aktuell verbotene rechtsextremistische Vereine sind die Gruppierung „Nordadler“ und „Combat 18 Deutschland“.

9.4 Verbote von rechtsextremistischen Parteien

Das Parteienverbotsverfahren ist in Art. 21 Abs. 2 GG und §§ 43ff. Bundesverfassungsgerichtsgesetz geregelt. Parteien, die nach ihren Zielen oder nach dem Verhalten ihrer Anhänger darauf hinzielen, die freiheitliche demokrati-

428 Bundesamt für Verfassungsschutz, 2020p.

sche Grundordnung zu beeinträchtigen oder zu beseitigen oder den Bestand der Bundesrepublik Deutschland zu gefährden, sind verfassungswidrig (vgl. Art. 21 Abs. 2 GG).[429] Nach der bisherigen Rechtsprechung des Bundesverfassungsgerichts genügt alleine die Verbreitung verfassungsfeindlicher Ideen hierfür nicht. Hinzukommen müssen eine aktiv kämpferische, aggressive Haltung gegenüber der freiheitlichen demokratischen Grundordnung, auf deren Abschaffung die Partei abzielt, sowie konkrete Anhaltspunkte dafür, dass ein Erreichen der von ihr verfolgten verfassungsfeindlichen Ziele nicht völlig aussichtslos erscheint. Antragsberechtigt für ein Parteienverbotsverfahren sind Bundestag, Bundesrat und Bundesregierung. Zunächst prüft das Bundesverfassungsgericht in einem Vorverfahren, ob das Hauptverfahren eröffnet wird oder der Antrag als unzulässig bzw. als nicht hinreichend begründet zurückzuweisen ist. Hierfür wird eine vorläufige Bewertung der Erfolgsaussichten nach Aktenlage vorgenommen.[430] Erweist sich der Verbotsantrag im Hauptverfahren als begründet, stellt das Bundesverfassungsgericht fest, dass die politische Partei verfassungswidrig ist, erklärt die Auflösung der Partei und das Verbot, eine Ersatzorganisation zu schaffen. Hierzu und zu jeder anderen Entscheidung, die für die Partei nachteilig ist, bedarf es einer Mehrheit von zwei Dritteln der Mitglieder des Senats. Das Bundesverfassungsgericht kann zudem die Einziehung des Vermögens der Partei aussprechen.

9.5 Aktuelle Maßnahmen der Bundesregierung gegen Rechtsextremismus

Die Bundesregierung hat am 19.2.2020 den Entwurf eines Gesetzes beschlossen, dessen Ziel es ist, Rechtsextremismus und Hasskriminalität künftig noch intensiver und effektiver zu bekämpfen. Dieser Gesetzentwurf dient dazu, ein Maßnahmenpaket umzusetzen, das die Bundesregierung am 30.10.2019 als Reaktion auf den rechtsterroristischen Anschlag in Halle und in Bezug auf die Entwicklung von Hasskriminalität in Deutschland beschlossen hat. Der Gesetzentwurf sieht hierzu eine Reihe von Maßnahmen vor:

- Unter anderem sollen Anbieter von großen sozialen Netzwerken künftig verpflichtet werden, strafbare rechtsextremistische Inhalte, vor allem Morddrohungen und Volksverhetzungen, an eine neu einzurichtende Zentralstelle des Bundeskriminalamtes zu melden, anstatt sie wie bisher nur zu löschen oder zu sperren.

429 Vgl. Bundesverfassungsgericht, 2020.
430 Vgl. Bundesverfassungsgericht, 2020.

- Um rechtsextremistische Tatverdächtige identifizieren und mögliche Beweise sichern zu können, sollen klare Rechtsgrundlagen zur Erteilung von Auskünften durch Anbieter von Telemediendiensten gegenüber Strafverfolgungs- und Gefahrenabwehrbehörden geschaffen werden.
- Des Weiteren sollen rechtsextremistische Hetze und Drohungen im Internet wegen der besonders hohen Reichweite von Beleidigungen im Netz härter und effektiver verfolgt werden können.
- Zudem sollen üble Nachrede und Verleumdung gegen Kommunalpolitiker schärfer geahndet werden können, denn sie verdienen als Stütze der Gesellschaft einen besonderen Schutz.
- Außerdem sieht das Paket einen effektiveren Schutz von Ärzten und Notfallsanitätern in Notambulanzen vor. Ein weiterer wichtiger Punkt ist die Klarstellung, dass antisemitische Beweggründe im Katalog der Strafzumessungsgründe grundsätzlich strafschärfend zu berücksichtigen sind.
- Im Übrigen soll das Melderecht geändert werden, um Personen, die sich aufgrund ihrer beruflichen oder ehrenamtlichen Tätigkeit Anfeindungen und Bedrohungen ausgesetzt sehen, durch Auskunftssperren im Melderegister künftig besser zu schützen.[431]

9.6 Präventions- und Deradikalisierungsprogramme im Phänomenbereich Rechtsextremismus

Präventions- und Deradikalisierungsprogramme im Phänomenbereich Rechtsextremismus existieren auf der kommunalen Ebene, auf der Landesebene und auf der Bundesebene. Extremismusprävention ist eine gesamtgesellschaftliche Aufgabe, an der vielfältige Akteure und Institutionen mitwirken, z.B. Parteien, die Medien, die Schule, Akteure der politischen Bildung, die Kinder- und Jugendarbeit, Gewerkschaften, Religionsgemeinschaften, Migrantenorganisationen, die Polizei, die Justiz und die Verfassungsschutzbehörden.[432]

Das mit Abstand größte Bundesprogramm ist „Demokratie leben". Das Bundesfamilienministerium unterstützt damit das zivile Engagement von Organisationen, Initiativen, Vereinen sowie Bürgerinnen und Bürgern, die sich für Demokratie und gegen jegliche Form der Menschenfeindlichkeit einsetzen. Bis 2023 stehen diesem Präventionsprogramm insgesamt mehr als 460 Mil-

431 Vgl. Bundesregierung, 2020.

432 Vgl. Lüders/Milbradt/Gess/Mewes, 2020, S. 582.

lionen Euro zur Verfügung. Das Ziel besteht darin, damit in ganz Deutschland mehr als 5.000 Projekte und Einzelmaßnahmen zu unterstützen.

Ein weiterer wichtiger Eckpfeiler der Prävention ist das Bundesprogramm „Zusammenhalt durch Teilhabe“ des Bundesinnenministeriums. Hierfür stehen jährlich insgesamt etwa zwölf Millionen Euro zur Verfügung. Die Anfang 2020 begonnene neue Förderphase hat eine Laufzeit bis Ende 2024. Durchgeführt wird das Programm von der Bundeszentrale für politische Bildung. Deren Arbeit wird durch die Bundesregierung gestärkt, einerseits durch einen deutlichen Personalzuwachs von 20 %, andererseits durch zusätzliche Haushaltsmittel für Maßnahmen der politischen Bildung gegen Rechtsextremismus und Antisemitismus sowie neue Ansätze in ländlichen Räumen und im Internet.[433]

Das Programm „Demokratie leben!“ besteht aus vier Handlungsbereichen, die teilweise in Handlungsfelder untergliedert sind.

- Partnerschaften für Demokratie: Bei den „Partnerschaften für Demokratie“ werden Gebietskörperschaften wie Städte, Landkreise oder kommunale Zusammenschlüsse beim Aufbau von Präventionsstrukturen unterstützt.
- Landes-Demokratiezentren: Seit 2007 wurden im Rahmen von Bundesprogrammen landesweite Beratungsnetzwerke gefördert, deren Hauptaufgaben in der Beratung von Opfern rechtsextremistischer Gewalt, in der mobilen Beratung lokaler Akteure sowie der Ausstiegsberatung für ausstiegswillige Einzelpersonen lagen.
- Kompetenzzentren und -netzwerke: Die rechtsterroristischen Anschläge und Anschlagsversuche der letzten Jahre, das Wiedererstarken von Antisemitismus, die Heterogenität von rechtsextremistischen Akteuren und die rechtsextremistische Gewaltbereitschaft zeigen, dass es im Bereich der Rechtsextremismusprävention neuer Konzepte, Strategien und Strukturen bedarf.[434]
- Modellprojekte: Der Handlungsbereich „Modellprojekte“ ist der von der Anzahl der geförderten Träger her umfangreichste des Bundesprogrammes „Demokratie leben!“.

Hier wird eine Auswahl von Präventions- und Deradikalisierungsprogrammen vorgestellt, die vom Bundesministerium für Familie, Senioren, Frauen und Jugend gefördert werden bzw. mit diesem Ministerium kooperieren.

433 Vgl. Bundesregierung, 2020.

434 Vgl. Lüders/Milbradt/Gess/Mewes, 2020, S. 584–585.

- Mobile Beratung
  Der Bundesverband Mobile Beratung fungiert als Dachverband für die verschiedenen Angebote „Mobiler Beratung" gegen Rechtsextremismus in den einzelnen Bundesländern. Seit 2015 erhält er eine Förderung zur Strukturentwicklung zum bundeszentralen Träger im Bundesprogramm „Demokratie leben!". Das Kernanliegen des Bundesverbands ist es, die bundesweite Vernetzung der Berater zu intensivieren und Qualitätsstandards der Arbeit der Mobilen Beratungsteams zu sichern.[435]

- Fachstelle Rechtsextremismus und Familie
  Das LidiceHaus beschäftigt sich seit einigen Jahren mit dem Thema Rechtsextremismus und Familie. Daraus ist die Überlegung entstanden, den Themenbereich „Umgang mit rechtsextremistischen Familien und ihren Kindern" als Beratungsangebot für Fachkräfte und Initiativen, die mit rechtsextremistischen Kindern und ihren Eltern konfrontiert werden, zu entwickeln. So erhält die Fachstelle Rechtsextremismus und Familie (RuF) seit 2015 eine Förderung zur Strukturentwicklung zum bundeszentralen Träger im Bundesprogramm „Demokratie leben!". Die Fachstelle bietet Beratungen für Angehörige rechtsaffiner und rechtsextremistischer Jugendlicher sowie Beratungen für Fachkräfte und Institutionen, die in ihrer Arbeit mit rechtsextremistischen Einstellungen von Familien und ihren Kindern in Berührung kommen. Die Fachstelle dient dabei als Kontakt-, Anlauf- und Beratungsstelle in den Themenbereichen Familie und Beratung.[436]

- DisTanz_Trainingsmaßnahmen für Risikojugendliche und lokal verankerte Zentren zur Radikalisierungsprävention
  Ziel des Projekts ist einerseits die Einrichtung eines modellhaft und interdisziplinär arbeitenden Fachforums zur lokal verankerten Präventionsarbeit (Radikalisierungsprävention) in Zusammenarbeit mit dem Jugendamt Weimarer Land. Andererseits werden sog. „DisTanz"-Trainings entwickelt und erprobt, die eine frühzeitige Distanzierung junger Menschen aus rechtsextremistischen Umfeldern erreichen sollen. Das Modellprojekt nimmt gezielt Jugendliche und junge Erwachsene in den Blick, die sich im Frühstadium der Hinwendung zu rechtsextremistischen Einstellungen befinden und möglichst noch nicht straffällig geworden sind.[437]

---

435 Vgl. Bundesministerium für Familie, Senioren, Frauen und Jugend, 2018, S. 14.

436 Vgl. Bundesministerium für Familie, Senioren, Frauen und Jugend, 2018, S. 16.

437 Vgl. Bundesministerium für Familie, Senioren, Frauen und Jugend, 2018, S. 18.

- Frei(T)Räume Erleben. Wege in einen demokratischen Alltag
  Frei(T)Räume Erleben bietet sowohl in Jugendhaftanstalten als auch in ausgewählten konfliktbelasteten Stadtteilen und Regionen, in die die Jugendlichen nach einer Haftstrafe entlassen werden, Projekte und Unterstützung an, um rechtsextremistischer Radikalisierung vorzubeugen oder bereits vorhandene rechtsextremistische Radikalisierungstendenzen im Idealfall zu unterbrechen.[438]

- #Grenzerfahrungen Internationaler Bund e.V.
  Das Modellprojekt „Grenzerfahrungen" richtet sich an gefährdete Jugendliche und möchte eine Antwort auf aktuelle Bedrohungen von Demokratie und Rechtsstaatlichkeit durch rechtsextremistische oder populistische Bewegungen und Jugendkulturen geben.[439]

- OHA Online Hass Abbauen – Virtuelle Trainings gegen Hass und Gewalt
  Ziel dieses Modellprojektes ist es, dem veränderten Freizeitverhalten von Jugendlichen Rechnung zu tragen und ein webbasiertes Angebot zur Deradikalisierung für bereits radikalisierte Jugendliche und junge Menschen zu schaffen. Zielgruppe dieses Angebots sind rechtsextremistisch orientierte junge Menschen. Bei der virtuellen Umsetzung des Online-Trainings sind Multimedialität und Interaktivität grundlegende Gestaltungsprinzipien.[440]

- Präfix R plus – Radikalisierungspräventionsprogramm für Kinder inhaftierter Eltern und deren Angehörige
  Das Modellprojekt „Präfix R plus" fußt auf der Erkenntnis, dass sich Kinder inhaftierter Eltern in einer Lebenssituation befinden, in welcher sie besonders verletzlich und anfällig für rechtsextremistische Orientierungen sind. „Präfix R plus" verfolgt deswegen das Ziel, Eltern in Haft in ihren Erziehungskompetenzen zu stärken und mit ihnen gemeinsam Wege zu suchen, wie sie – gerade auch in der Zeit ihrer Inhaftierung – eine verbindliche und verantwortungsvolle Beziehung zu ihrem Kind gestalten können.[441]

- Respekt für Vielfalt – Gemeinsam gegen Menschenfeindlichkeit
  Das Modellprojekt „Respekt für Vielfalt – Gemeinsam gegen Menschenfeindlichkeit" richtet sich an Jugendliche und Jugendgruppen und deren sozialräumliches Umfeld. Als Projekt in kommunaler Trägerschaft werden

438 Vgl. Bundesministerium für Familie, Senioren, Frauen und Jugend, 2018, S. 20.
439 Vgl. Bundesministerium für Familie, Senioren, Frauen und Jugend, 2018, S. 22.
440 Vgl. Bundesministerium für Familie, Senioren, Frauen und Jugend, 2018, S. 24.
441 Vgl. Bundesministerium für Familie, Senioren, Frauen und Jugend, 2018, S. 26.

die bestehenden Strukturen der Kinder- und Jugendarbeit im Landkreis Göttingen genutzt, um Rechtsextremismusprävention als Querschnittsaufgabe in den vor Ort vorhandenen Regelstrukturen auszubauen.[442]

Die Internetseite www.demokratie-leben.de gibt einen Überblick zum gesamten Bundesprogramm „Demokratie leben!" für Prävention und Deradikalisierung im Bereich Rechtsextremismus.

442 Bundesministerium für Familie, Senioren, Frauen und Jugend, 2018, S. 28.

**Kurzzusammenfassung:
Aktuelle Gegenmaßnahmen der Sicherheitsbehörden
sowie Präventions- und Deradikalisierungsprogramme**

RADAR, GETZ

- Das Bundeskriminalamt (BKA) und das Bundesamt für Verfassungsschutz haben im Herbst 2019 740 neue Stellen beantragt, die auf die Abwehr von Rechtsextremismus und Rechtsterrorismus ausgerichtet sind. Zu den neuen Methoden und Taktiken des BKA und des Bundesamtes für Verfassungsschutz gehören eine stärkere Beobachtung im Internet, weitere Vereinsverbote und Maßnahmen gegen rechtsextremistische Kampfsport-Festivals und RechtsRock-Konzerte.
- Mit weiteren Verboten sowie waffen- und steuerrechtlichen Maßnahmen kann aus Sicht des Bundesamtes für Verfassungsschutz der Druck auf rechtsextremistische Gruppen erhöht werden. Zudem wirbt das BKA für die Schaffung eines Straftatbestands des „Outings", um die Veröffentlichung sog. Feindes- oder gar „Todeslisten" mit persönlichen Daten von politischen Gegnern im Internet zu erschweren.
- Um im Bereich potenzieller rechtsextremistischer Gewalttäter rechtsextremistische Gefährder vor der Tat zu detektieren, entwickeln das BKA und die Polizeibehörden der Länder ein neues Risikobewertungssystem mit dem Namen RADAR - regelbasierte Analyse potenziell destruktiver Täter zur Einschätzung des akuten Risikos. Ab spätestens 2022 sollen mit RADAR gewaltbereite, potenzielle rechtsextremistische Gefährder identifiziert werden.
- Die Risikobewertung bei RADAR wird mithilfe eines Risikobewertungsbogens mit standardisierten Fragen und Antwortkategorien durchgeführt. Die im Risikobewertungsbogen enthaltenen Fragen bilden sowohl risikosteigernde als auch -senkende Merkmale ab. Nach festgelegten Regeln wird die bewertete Person einer dreistufigen Risikoskala zugeordnet. Diese unterscheidet zwischen einem hohen, einem auffälligen und einem moderaten Risiko. Im Anschluss wägt die sachbearbeitende Dienststelle die Handlungsoptionen ab und wählt anhand der festgestellten Risiko- und Schutzbereiche individuell passende Interventionsmaßnahmen im rechtlich zulässigen und tatsächlich möglichen Rahmen.

- Das Gemeinsame Extremismus- und Terrorismusabwehrzentrum (GETZ) ist die Kommunikationsplattform für Polizei und Nachrichtendienste auf Bundes- und Länderebene zur Bekämpfung des Rechts-, Links- und Ausländerextremismus/-terrorismus sowie der Spionageabwehr einschließlich proliferationsrelevanter Aspekte. Es setzt sich aus der Polizeilichen und der Nachrichtendienstlichen Informations- und Analysestelle (PIAS und NIAS) zusammen.

Vereinsverbot/Parteienverbot

- Ein Verbot eines Vereins ist nach Art. 9 Abs. 2 GG möglich, wenn der Zweck der Tätigkeit des Vereins den Strafgesetzen zuwiderläuft oder sich gegen die verfassungsmäßige Ordnung oder den Gedanken der Völkerverständigung richtet. Erst wenn dies durch Verfügung der Verbotsbehörde festgestellt ist, wird nach § 3 Abs. 1 Vereinsgesetz der Verein als verboten (Art. 9 Abs. 2 GG) behandelt.
- Das Parteienverbotsverfahren ist in Art. 21 Abs. 2 GG und §§ 43ff. Bundesverfassungsgerichtsgesetz geregelt. Parteien, die nach ihren Zielen oder nach dem Verhalten ihrer Anhänger darauf abzielen, die freiheitliche demokratische Grundordnung zu beeinträchtigen oder zu beseitigen oder den Bestand der Bundesrepublik Deutschland zu gefährden, sind verfassungswidrig (vgl. Art. 21 Abs. 2 GG). Nach der bisherigen Rechtsprechung des Bundesverfassungsgerichts genügt alleine die Verbreitung verfassungsfeindlicher Ideen hierfür nicht. Hinzukommen müssen eine aktiv kämpferische, aggressive Haltung gegenüber der freiheitlichen demokratischen Grundordnung, auf deren Abschaffung die Partei abzielt, sowie konkrete Anhaltspunkte dafür, dass ein Erreichen der von ihr verfolgten verfassungsfeindlichen Ziele nicht völlig aussichtslos erscheint. Antragsberechtigt für ein Parteienverbotsverfahren sind Bundestag, Bundesrat und Bundesregierung.

Präventionsprogramme

- Präventions- und Deradikalisierungsprogramme im Phänomenbereich Rechtsextremismus existieren auf der kommunalen Ebene, auf der Landesebene und auf der Bundesebene. Extremismusprävention ist eine gesamtgesellschaftliche Aufgabe, an der vielfältige Akteure und Institutionen mitwirken, z.B. Parteien, die Medien, die Schule, Akteure der politischen Bildung, die Kinder- und Jugendarbeit, Gewerkschaften, Religionsgemeinschaften, Migrantenorganisationen, die Polizei, die Justiz und die Verfassungsschutzbehörden.
- Die beiden großen Bundesprogramme für Prävention im Bereich Rechtsextremismus heißen „Demokratie leben!“ und „Zusammenhalt durch Teilhabe“. Das Programm „Demokratie leben!“ besteht aus vier Handlungsbereichen, die teilweise in Handlungsfelder untergliedert sind.

10 Fazit

Rechtsextremismus und Rechtsterrorismus stellen im Augenblick und prognostisch für viele Jahre eine wesentliche Bedrohung für die Innere Sicherheit der Bundesrepublik Deutschland dar. Nationalistische, antisemitische, rassistische und fremdenfeindliche Ideologieelemente treten in verschiedenen Ausprägungen im Rechtsextremismus auf. Rechtsextremisten unterstellen, dass die Zugehörigkeit zu einer Ethnie oder Nation über den Wert eines Menschen entscheide. Dieses Werteverständnis steht in einem fundamentalen Widerspruch zum Grundgesetz. Rechtsterrorismus ist der nachhaltig-strategische Kampf für rechtsextremistische Ziele. Diese Ziele sollen mithilfe von Anschlägen auf Leib, Leben und Eigentum anderer durchgesetzt werden. Die Übergänge von Rechtsextremismus zu Rechtsterrorismus können fließend sein. Ziele bzw. Opfer von Rechtsterroristen können u.a. Ausländer, Asylbewerber, Menschen mit Migrationshintergrund, Juden, Muslime, Politiker, Polizisten, Beamte und Repräsentanten des Staates sein, ebenso auch Mitglieder von Parteien, die von Rechtsterroristen als Gegner bzw. Feinde empfunden werden.

Die deutschen Verfassungsschutzbehörden analysieren aktuell, dass die „Nationaldemokratische Partei Deutschlands“ (NPD) trotz rückläufiger Mitgliederzahlen und schwachen Wahlergebnissen weiterhin ein wichtiger Faktor im deutschen Rechtsextremismus ist.[443]

Die Mitgliederzahlen der beiden rechtsextremistischen Kleinparteien „Die Rechte“ und „Der III. Weg“ liegen im Bereich 550 bzw. 580 Mitglieder und trotz dieser relativ wenigen Mitglieder kommunizieren diese beiden Parteien ihr rechtsextremistisches Weltbild mit Demonstrationen, Infoständen, Flugblattverteilungen sowie Internetveröffentlichungen. Verbunden damit sind fremdenfeindliche und rassistische Agitation, geschichtsrevisionistische Thesen sowie Antisemitismus. Das politische Ziel dieser rechtsextremistischen Parteien ist ein „fundamentaler Systemwechsel“.

Das Bundesamt für Verfassungsschutz stufte nach intensiver Prüfung im Januar 2019 den AfD-Personenzusammenschluss „Der Flügel“ sowie die offizielle Jugendorganisation der AfD, die „Junge Alternative für Deutschland“ (JA), als rechtsextremistische Prüffälle ein. Die deutschen Verfassungsschutzbehörden analysieren, dass das durch den „Flügel“ „propagierte Politikkonzept auf Ausgrenzung, Verächtlichmachung und letztlich weitgehende Rechtlos-

443 Bundesministerium des Innern, für Bau und Heimat, 2020a, S. 75.

stellung von Migranten, Muslimen und politisch Andersdenkenden gerichtet" ist.[444]

In Kapitel 4 wurden verschiedene Akteure im deutschen Rechtsextremismus, Organisationen, Gruppen und Individuen, analysiert. So streben Neonazis einen autoritären Staat nach dem Führerprinzip an. Ethnische Vielfalt und eine pluralistische Gesellschaft bedrohen aus Sicht der Neonazis die Existenz des eigenen Volkes. Daher nimmt die sog. Volkstod-Ideologie einen zentralen Stellenwert ein.[445]

Der aktuelle Verfassungsschutzbericht von 2020 zählt in Deutschland ca. 13.500 weitgehend unstrukturierte, meist subkulturell geprägte Rechtsextremisten.[446] Die „Artgemeinschaft" ist derzeit die größte deutsche neonazistische Organisation. Sie vertritt völkisch-rassistisches Gedankengut und rekrutiert ihre Mitglieder aus der gesamten neonazistisch geprägten Szene, vor allem aus dem Parteienspektrum und den militanten „Kameradschaften".

Die Szene der „Reichsbürger" und „Selbstverwalter" ist nach Angaben der deutschen Verfassungsschutzbehörden personell, organisatorisch und ideologisch sehr heterogen. Diese Szene setzt sich aus Einzelpersonen ohne Organisationsanbindung, Kleinst- und Kleingruppierungen, länderübergreifend aktiven Personenzusammenschlüssen und virtuellen Netzwerken zusammen. Das verbindende Element der Szeneangehörigen ist die fundamentale Ablehnung der Legitimität und Souveränität der Bundesrepublik Deutschland sowie deren bestehender Rechtsordnung.[447]

Die Akteure der Neuen Rechten in Deutschland werden seit Jahren in einem Bereich zwischen Rechtspopulismus, Rechtsradikalismus und Rechtsextremismus verortet. Bekannte Akteure sind die Initiative „Ein Prozent", der Verleger Götz Kubitschek, sein Verlag Antaios und seine Zeitschrift Sezession sowie zahlreiche dort veröffentlichende Autoren.[448] Seit April 2020 wird das „Institut für Staatspolitik" (geleitet von Götz Kubitschek) vom Bundesamt für Verfassungsschutz als Verdachtsfall Rechtsextremismus („Anhaltspunkte für Bestrebungen gegen die freiheitliche demokratische Grundordnung") geführt, ebenso die Zeitschrift „Compact".[449]

444 Bundesministerium des Innern, für Bau und Heimat, 2020a, S. 84.

445 Vgl. Bundesamt für Verfassungsschutz, 2019d.

446 Vgl. Bundesministerium des Innern, für Bau und Heimat, 2020a, S. 53.

447 Vgl. Bundesamt für Verfassungsschutz, 2020e.

448 Vgl. Salzborn, 2016, S. 69; Hunger, 2016, S. 425–437; Fuchs/Middelhoff, 2019, S. 99.

449 Vgl. Der Spiegel, 2020c; Der Spiegel, 2020d.

Die „Identitäre Bewegung“, ein Akteur der Neuen Rechten, steht beispielhaft für die jüngsten Entwicklungen im Rechtsextremismus. Die „Identitären“ heben sich nicht nur organisatorisch von den klassischen Parteistrukturen wie der NPD ab, sondern sie unterscheiden sich auch ideologisch und in ihren Aktionen von der Neonazi-Szene. Nach Angaben des niedersächsischen Landesamtes für Verfassungsschutz steht die „Identitäre Bewegung“ „für einen modernen Rechtsextremismus, der mit einem Themenkanon aus Anti-Islam, Anti-Asyl und Anti-Establishment versucht, bis weit in breite gesellschaftliche Kreise hinein anschlussfähig zu sein. Begriffe wie ‚Rasse‘ und Volksgemeinschaft werden durch unverfängliche Begriffe wie Ethnie, Identität und Kultur ersetzt und im europäischen Kontext zum Konzept einer ‚ethnokulturellen Identität‘ umgedeutet, die es zu verteidigen gelte, nach dem Motto: ‚Nein zur Islamisierung! Wehr Dich, es ist dein Land!‘ “.[450] Vor allem die Fixierung der „Identitären Bewegung Deutschland“ (IBD) auf eine „ethnische Homogenität“ als zentralen Wert für Gesellschaft und Demokratie belegt, dass die Ideologie der IBD die grundgesetzlich geschützte Menschenwürde und das Demokratieprinzip verletzt. So vertritt die IBD einen völkischen Staatsvolk-Begriff, der dem Verständnis des Grundgesetzes gemäß Art. 116 GG widerspricht.[451]

Das Kapitel 5 untersuchte aktuelle Trends im deutschen Rechtsextremismus, darunter einführend rechtsextremistische Kampfsportformate, u.a. „Kampf der Nibelungen“, sowie die Funktion von rechtsextremistischer Musik. Diese Musikszene dominiert die Szene der subkulturell geprägten Rechtsextremisten und besteht aus Musikgruppen und Liedermachern sowie deren Umfeld und Anhängern.

Die deutsche rechtsextremistische Szene nutzte den Anstieg der Flüchtlingszahlen in Deutschland in den Jahren 2014 und 2015 für eine umfassende Anti-Asyl-Agitation. Deutsche Rechtsextremisten nutzen seither die Anti-Asyl-Debatte, um eine fundamentale Ablehnung der bestehenden gesellschaftlichen und politischen Ordnung zu propagieren. Anhänger der Regierungspolitik werden von Rechtsextremisten als „Volksverräter“ bezeichnet und die Medien als „Lügenpresse“, eine Terminologie, die nur noch zwischen „gut“ und „böse“ unterscheidet und einem demokratischen Diskurs den Raum nimmt.[452]

450 Niedersächsisches Ministerium für Inneres und Sport/Verfassungsschutz, 2016, S. 6; vgl. Goertz, 2018, S. 711.

451 Vgl. Zentrum Innere Führung/Bundesamt für den Militärischen Abschirmdienst, 2020, S. 27.

452 Vgl. Bundesministerium des Innern, für Bau und Heimat, 2016a, S. 56.

Islamfeindlichkeit ist neben der Anti-Asyl-Agitation ein weiteres wesentliches Agitationsfeld von Rechtsextremisten. Nach Angaben der deutschen Verfassungsschutzbehörden versuchen sie zudem Widerstands- und Umsturzfantasien zu befeuern und Ereignisse zu instrumentalisieren, die sie mit der Religion des Islam in Verbindung bringen.[453] So unterstellen Rechtsextremisten Muslimen pauschal, einen kulturellen „Eroberungsfeldzug" gegen den Westen zu führen sowie sich „gewaltbereit und kriegerisch" zu verhalten, und setzen „den Islam" und „die Muslime" mit einem „Krieg gegen die deutsche Art und die Kultur" gleich. Dieses ideologische Muster zielt darauf ab, Ängste, Unsicherheiten und Vorurteile gegenüber Muslimen zu schüren und ist damit letztlich auch geeignet, den Boden für Gewalt gegenüber dieser Bevölkerungsgruppe zu bereiten.

Antisemitismus ist ein zentrales Ideologieelement des Rechtsextremismus und in allen seinen Äußerungsformen virulent, seien sie publizistisch, parlamentarisch oder auch aktionistisch orientiert. Er zielt auf die Diffamierung und Diskriminierung einer behaupteten Gesamtheit „der Juden" ab.[454] Nach Einschätzung des Bundesamtes für Verfassungsschutz baut der rechtsextremistische Antisemitismus insbesondere auf dem rassistischen Weltbild des Nationalsozialismus auf, der das Judentum als „nichtdeutsche, fremde Rasse" definierte und diesen „Feind der eigenen Rasse" „ausmerzen" wollte.

Seit Ende 2017 beobachten die deutschen Sicherheitsbehörden einen Versand von rechtsextremistischen Mails, die massive Beschimpfungen und rassistische Äußerungen mit Erpressungsversuchen verbinden.[455] Im Jahr 2019 gingen Mails mit Bombendrohungen bei Gerichten, kommunalen Einrichtungen und anderen öffentlichen Einrichtungen sowie bei diversen Politikern in ganz Deutschland ein.

Das Bundesamt für Verfassungsschutz verzeichnet in seinem erstmals erstellten Lagebericht zu Rechtsextremisten in den deutschen Sicherheitsbehörden aus dem Herbst 2020 im Zeitraum von Anfang Januar 2017 bis Ende März 2020 mehr als 350 Verdachtsfälle.[456]

Im Rahmen der Vorstellung dieses Berichts erklärte Bundesinnenminister Horst Seehofer, er sehe „kein strukturelles Problem mit Rechtsextremismus in den Sicherheitsbehörden"[457]. Allerdings sei jeder erwiesene Fall von

453 Vgl. Bundesministerium des Innern, für Bau und Heimat, 2017, S. 58.

454 Vgl. Bundesamt für Verfassungsschutz, 2020i; Goertz, 2020c, S. 141.

455 Vgl. Bundesministerium des Innern, für Bau und Heimat, 2020a, S. 47.

456 Vgl. Bundesamt für Verfassungsschutz, 2020q.

457 Zit. nach: Welt, 2020g.

Rechtsextremismus in deutschen Sicherheitsbehörden einer zu viel, da er alle Beschäftigten in Mitleidenschaft ziehe. Eine wissenschaftliche Studie eigens zum Rechtsextremismus in der Polizei lehnte der Bundesinnenminister trotz vielfacher Forderungen ab und bekräftigte, dass Rassismus ein gesamtgesellschaftliches Problem sei. Die Reduktion der Problematik auf eine Berufsgruppe greife zu kurz.[458] Der stellvertretende Bundesvorsitzende der Gewerkschaft der Polizei (GdP), Jörg Radek, erklärte im September 2020 zu diesem Thema: „Wir haben in der deutschen Polizei keinen strukturellen Rassismus". Wenn es rassistische oder rechtsextremistische Vorfälle in den deutschen Polizeien gebe, dann seien das Einzelfälle, „und da muss dann auch mit rechtsstaatlichen Mitteln ermittelt werden"[459].

Zum Thema Rechtsextremisten in deutschen Sicherheitsbehörden und in der Bundeswehr bleibt abschließend festzustellen, dass Rechtsextremisten in Sicherheitsbehörden ein besonderes Problem darstellen, weil der Staat und seine Bediensteten für die freiheitliche demokratische Grundordnung (FdGO) stehen und dieser in besonderem Maße verpflichtet sind. Vor allem in Bezug auf Sicherheitsbehörden und die Bundeswehr ist die besonders sensible Aufgabenstellung zu beachten, weil Bedienstete der Sicherheitsbehörden und der Bundeswehr über Zugang zu Waffen und Munition verfügen, taktische und operative Kenntnisse sowie Zugang zu sensiblen Informationen und Datenbanken haben. Daher müssen alle geeigneten Maßnahmen getroffen werden, um rechtsextremistische Verdachtsfälle in den Sicherheitsbehörden und in der Bundeswehr aufzuklären. Zur gleichen Zeit dürfen Bedienstete des Staates, die in ihrer täglichen Arbeit für die freiheitliche demokratische Grundordnung eintreten, nicht pauschal dem Vorwurf einer antisemitischen, rassistischen oder demokratiefeindlichen Haltung ausgesetzt werden.

Für den Übergang von Rechtsextremismus zu Rechtsterrorismus stehen exemplarisch „Weisse Wölfe Terrorcrew" (WWT), die „Oldschool Society" (OSS), die Gruppe „Nordadler", die „Kameradschaft Aryans", die „Gruppe Freital", „Revolution Chemnitz", „Combat 18 Deutschland", die Gruppe „Nordkreuz" sowie die „Gruppe S".

Ebenfalls analysiert wurden aktuelle rechtsterroristische Akteure und Anschläge in Deutschland, darunter der „Nationalsozialistische Untergrund" (NSU), Frank S. und sein Anschlag auf die Kölner Oberbürgermeisterkandidatin Henriette Reker, David Sonboly und sein rechtsterroristischer Anschlag am Olympia-Einkaufszentrum in München, Stephan Ernst und sein rechtster-

458 Vgl. Welt, 2020g.

459 Zit. nach: Deutsche Welle, 2020.

roristisches Attentat auf Walter Lübcke, Roland K. und sein Mordversuch am eritreischen Flüchtling Bilal M., der rechtsterroristische Anschlag von Stephan Balliet in Halle sowie der rechtsterroristische Anschlag von Tobias Rathjen in Hanau.

Wenn rechtsterroristische Einzeltäter vor einem Anschlag nicht kommunizieren – weder virtuell noch realweltlich – ist es für die Sicherheitsbehörden sehr schwer, Anschläge von Einzeltätern zu verhindern. Daher müssen die Verfassungsschutzbehörden sowohl virtuelle Netzwerke von Rechtsextremisten und Rechtsterroristen als auch realweltliche Zusammenschlüsse beobachten, was die Sicherheitsbehörden vor Probleme stellt.

Rechtsextremistische und rechtsterroristische Inhalte gibt es auch im Internet. Sie werden dort durch Einzelpersonen, Gruppen, Netzwerke, Parteien, Vereine und Stiftungen verbreitet. Rechtsextremisten nutzen Internetdienste zur Selbstdarstellung, Werbung, Vernetzung, politischen Einflussnahme und teilweise auch zur Verabredung von Straftaten. Um rechtsextremistische Inhalte im Internet zu vermitteln, emotionalisieren Rechtsextremisten Sachverhalte und schüren Vorurteile. Das Internet ermöglicht außerdem, leicht mit anderen bisher nicht rechtsextremistisch geprägten Personen in Kontakt zu treten und sie für die eigenen rechtsextremistischen Ansichten zu gewinnen und zu radikalisieren.

Umso wichtiger sind aktuelle Maßnahmen der Sicherheitsbehörden gegen Rechtsextremismus sowie Präventions- und Deradikalisierungsprogramme.

Insgesamt werden Rechtsextremismus und Rechtsterrorismus für viele Jahre eine wesentliche sicherheitspolitische Bedrohung für die Bundesrepublik Deutschland darstellen. Die in diesem Buch analysierten aktuellen Phänomene und Akteure des deutschen Rechtsextremismus und Rechtsterrorismus verdeutlichen, welch große Gefahren aktuell und zukünftig von Rechtsextremismus und Rechtsterrorismus für die Innere Sicherheit Deutschlands ausgehen.

Literaturverzeichnis

Alle Internetquellen wurden zuletzt am 20.2.2021 abgerufen.

Backes, Uwe/Nattke, Michael: Rechtspopulismus und Rechtsextremismus, in: Ben Slama, Brahim/Kemmesies, Uwe E. (Hrsg.): Handbuch Extremismusprävention, Wiesbaden 2020, S. 59–86.

Bruns, Florian/Glösel, Kathrin/Strobl, Natascha: Die Identitären – mehr als nur ein Internet-Phänomen, 21.6.2017, https://www.bpb.de/politik/extremismus/rechtsextremismus/241438/die-identitaeren-mehr-als-nur-ein-internet-phaenomen.

Bundesamt für Verfassungsschutz: Glossar Rechtsextremismus, 2020a, https://www.verfassungsschutz.de/de/service/glossar/_lR.

Bundesamt für Verfassungsschutz: Glossar Freiheitliche Demokratische Grundordnung, 2020b, https://www.verfassungsschutz.de/de/service/glossar/_lF.

Bundesamt für Verfassungsschutz: Arbeitsfelder Was ist Rechtsextremismus?, 2020c, https://www.verfassungsschutz.de/de/arbeitsfelder/af-rechtsextremismus/was-ist-rechtsextremismus.

Bundesamt für Verfassungsschutz: Arbeitsfelder Identitäre Bewegung, 2020d, https://www.verfassungsschutz.de/de/arbeitsfelder/af-rechtsextremismus/zahlen-und-fakten-rechtsextremismus/identitaere-bewegung-deutschland-2019.

Bundesamt für Verfassungsschutz: Arbeitsfelder Reichsbürger und Selbstverwalter, 2020e, https://www.verfassungsschutz.de/de/arbeitsfelder/af-reichsbuerger-und-selbstverwalter/was-sind-reichsbuerger-und-selbstverwalter.

Bundesamt für Verfassungsschutz: Verbot der „Reichsbürger"-Vereinigung „Geeinte deutsche Völker und Stämme", BfV-Newsletter Nr. 1/2020 – Thema 8, 2020f, https://www.verfassungsschutz.de/de/oeffentlichkeitsarbeit/newsletter/newsletter-archive/bfv-newsletter-archiv/bfv-newsletter-2020-01-archiv/bfv-newsletter-2020-01-thema-08.

Bundesamt für Verfassungsschutz: Lagebild Antisemitismus. Juli 2020, Köln/Berlin 2020g.

Bundesamt für Verfassungsschutz: Rechtsterroristische Ansätze, 9.7.2020, 2020h, https://www.verfassungsschutz.de/de/arbeitsfelder/af-rechtsextremismus/zahlen-und-fakten-rechtsextremismus/rechtsterroristische-ansaetze-2019.

Bundesamt für Verfassungsschutz: Glossar Antisemitismus, 2020i, https://www.verfassungsschutz.de/de/service/glossar.

Bundesamt für Verfassungsschutz: Bundesinnenminister Seehofer verbietet „Nordadler", 2020j, 23.6.2020, https://www.verfassungsschutz.de/de/aktuelles/meldungen/me-20200623-verbot-nordadler.

Bundesamt für Verfassungsschutz: Urteil gegen die rechtsterroristische Gruppierung „Revolution Chemnitz", BfV-Newsletter Nr. 1/2020 – Thema 6, 2020k, https://www.verfassungsschutz.de/de/oeffentlichkeitsarbeit/newsletter/newsletter-archive/bfv-newsletter-archiv/bfv-newsletter-2020-01-archiv/bfv-newsletter-2020-01-thema-06.

Bundesamt für Verfassungsschutz: Verbot von „Combat 18 Deutschland" am 23.1.2020, BfV-Newsletter Nr. 1/2020 – Thema 5, 2020l, https://www.verfassungsschutz.de/de/oeffentlichkeitsarbeit/newsletter/newsletter-archive/bfv-newsletter-archiv/bfv-newsletter-2020-01-archiv/bfv-newsletter-2020-01-thema-05.

Bundesamt für Verfassungsschutz: Prozessbeginn gegen mutmaßlichen Mörder des Kasseler Regierungspräsidenten Dr. Lübcke, BfV-Newsletter Nr. 1/2020 - Thema 7, 2020m, https://www.verfassungsschutz.de/de/oeffentlichkeitsarbeit/newsletter/newsletter-archive/bfv-newsletter-archiv/bfv-newsletter-2020-01-archiv/bfv-newsletter-2020-01-thema-07.

Bundesamt für Verfassungsschutz: BfV-Pressekonferenz vom 12.3.2020 zum Stand der Bekämpfung des Rechtsextremismus. Eingangsstatement von BfV-Präsident Thomas Haldenwang, 2020n, https://www.verfassungsschutz.de/SharedDocs/reden/DE/2020/statement-haldenwang-presekonferenz-stand-der-bekaempfung-des-rechtsextremismus.html.

Bundesamt für Verfassungsschutz: Mobilisierung und Radikalisierung durch das Internet, 2020o, https://www.verfassungsschutz.de/de/arbeitsfelder/af-rechtsextremismus/zahlen-und-fakten-rechtsextremismus/mobilisierung-und-radikalisierung-durch-das-internet-2019.

Bundesamt für Verfassungsschutz: Gemeinsames Extremismus- und Terrorismusabwehrzentrum (GETZ), 2020p,https://www.verfassungsschutz.de/DE/verfassungsschutz/auftrag/zusammenarbeit-im-in-und-ausland/getz/getz_artikel.html.

Bundesamt für Verfassungsschutz: Rechtsextremisten in Sicherheitsbehörden, Lagebericht, Köln/Berlin September 2020q.

Bundesamt für Verfassungsschutz: Kümmerer vor Ort? Rechtsextremistische Kleinparteien und ihr vermeintliches soziales Engagement, 2019a, https://www.verfassungsschutz.de/SharedDocs/publikationen/DE/2019/kuemmerer-vor-ort-rechtsextremistische-kleinparteien-und-ihr-vermeintliches-soziales-engagement.pdf?__blob=publicationFile&v=6.

Bundesamt für Verfassungsschutz: Erstmaliges Verbot einer Veranstaltung des bedeutendsten rechtsextremistischen Kampfsportformats „Kampf der Nibelungen" (KDN) unter Mitwirkung des BfV, 2019b, https://www.verfassungsschutz.de/de/aktuelles/zur-sache/zs-2019-003-erstmaliges-verbot-einer-veranstaltung-des-kampfsportformats-kampf-der-nibelungen.

Bundesamt für Verfassungsschutz: Subkulturell geprägte Rechtsextremisten am Beispiel rechtsextremistischer Musikveranstaltungen, 2019c, https://www.verfassungsschutz.de/de/arbeitsfelder/af-rechtsextremismus/zahlen-und-fakten-rechtsextremismus/subkulturell-gepraegte-rechtsextremistische-szene-2019.

Bundesamt für Verfassungsschutz: Arbeitsfelder Rechtsextremismus Neonazi-Szene, 2019d, https://www.verfassungsschutz.de/de/arbeitsfelder/af-rechtsextremismus/zahlen-und-fakten-rechtsextremismus/neonazi-szene-2019.

Bundesamt für Verfassungsschutz: Dritte öffentliche Anhörung der Präsidenten der Nachrichtendienste des Bundes durch das Parlamentarische Kontrollgremium im Deutschen Bundestag am 29.10.2019. Eingangsstatement von BfV-Präsident Thomas Haldenwang, 2019e, https://www.verfassungsschutz.de/SharedDocs/pressemitteilungen/DE/2019/pressemitteilung-2019-8.html.

Bundesamt für Verfassungsschutz: Waffenbesitz bei Rechtsextremisten, „Reichsbürgern" und „Selbstverwaltern", BfV-Newsletter Nr. 3/2019 – Thema 2, 2019f, https://www.verfassungsschutz.de/de/oeffentlichkeitsarbeit/newsletter/newsletter-archive/bfv-newsletter-archiv/bfv-newsletter-2019-03-archiv/bfv-newsletter-2019-03-thema-02.

Bundesamt für Verfassungsschutz: Verurteilung des „Selbstverwalters" Adrian U., BfV-Newsletter Nr. 2/2019 - Thema 2, 2019g, https://www.verfassungsschutz.de/de/oeffentlichkeitsarbeit/newsletter/newsletter-archive/bfv-newsletter-archiv/bfv-newsletter-2019-02-archiv/bfv-newsletter-2019-02-thema-02.

Bundesamt für Verfassungsschutz: Antisemitismus im Islamismus, Köln 2019h.

Bundesamt für Verfassungsschutz: Zweites rechtsextremistisches „Schild & Schwert"-Festival in Ostritz, 2018a, https://www.verfassungsschutz.de/de/aktuelles/schlaglicht/schlaglicht-2018-09-rechtsextremistisches-schild-und-schwert- festival-in-ostritz.

Bundesamt für Verfassungsschutz: „Reichsbürger" und „Selbstverwalter". Staatsfeinde, Geschäftemacher, Verschwörungstheoretiker, 2018b, https://www.verfassungsschutz.de/SharedDocs/publikationen/DE/2018/reichsbuerger-und-selbstverwalter-staatsfeinde-geschaeftemacher-verschwoerungstheoretiker.pdf?__blob=publicationFile&v=8.

Bundeskriminalamt: BKA-Herbsttagung 2019 - Programm und Redebeiträge, Holger Münch: Ausgrenzung, Hass und Gewalt: Herausforderungen für den Rechtsstaat und die Sicherheitsbehörden, 27.11.2019, https://www.bka.de/DE/AktuelleInformationen/Publikationen/BKA-Herbsttagungen/2019/ProgrammUndRedebeitraege/programmUndRedebeitraege_node.html;jsessionid=EDB11902955E7B5DAC91C9F44326A504.live0601.

Bundesministerium des Innern, für Bau und Heimat: Verfassungsschutzbericht 2019, Berlin 2020a.

Bundesministerium des Innern, für Bau und Heimat: Pressemitteilung 19.3.2020. Bundesinnenminister Seehofer verbietet mit „Geeinte deutsche Völker und Stämme" erstmals Reichsbürgervereinigung, 2020b, https://www.bmi.bund.de/SharedDocs/pressemitteilungen/DE/2020/03/verbot-reichbuergervereinigung.html.

Bundesministerium des Innern, für Bau und Heimat: „Reichsbürger" und „Selbstverwalter" – eine zunehmende Gefahr? 2020c, https://www.bmi.bund.de/SharedDocs/topthemen/DE/topthema-reichsbuerger/topthema-reichsbuerger.html.

Bundesministerium des Innern, für Bau und Heimat: Pressemitteilung 23.1.2020, Bundesinnenminister verbietet „Combat 18 Deutschland", 2020d, https://www.bmi.bund.de/SharedDocs/pressemitteilungen/DE/2020/01/combat-18-verbot.html.

Bundesministerium des Innern, für Bau und Heimat: Verfassungsschutzbericht 2018, Berlin 2019.

Bundesministerium des Innern, für Bau und Heimat: Verfassungsschutzbericht 2017, Berlin 2018.

Bundesministerium des Innern, für Bau und Heimat: Verfassungsschutzbericht 2016, Berlin 2017.

Bundesministerium des Innern, für Bau und Heimat: Verfassungsschutzbericht 2015, Berlin 2016a.

Bundesministerium des Innern, für Bau und Heimat: Pressemitteilung 16.3.2016, „Weisse Wölfe Terrorcrew“ verboten. Bundesminister des Innern verbietet rechtsextremistische Bruderschaft, 2016b, https://www.bmi.bund.de/SharedDocs/pressemitteilungen/DE/2016/03/verbot-weisse-woelfe-rechtsextremistische-bruderschaft.html.

Bundesministerium für Familie, Senioren, Frauen und Jugend: Projekte zur Prävention rechtsextremer Radikalisierung im Bundesprogramm „Demokratie leben!“, 2018, https://www.bmfsfj.de/resource/blob/128550/0af653aa41e-6aeac845393731154b0cd/projekte-zur-praevention-rechtsradikaler-radikalisierung-data.pdf.

Bundesregierung: Fragen und Antworten. Das tut die Bundesregierung gegen Rechtsextremismus, 2020, https://www.bundesregierung.de/breg-de/aktuelles/faq-extremismuspraevention-1714828.

Bundesverfassungsgericht: Parteiverbotsverfahren, 2020, https://www.bundesverfassungsgericht.de/DE/Verfahren/Wichtige-Verfahrensarten/Parteiverbotsverfahren/parteiverbotsverfahren_node.html.

Claus, Robert: Der extrem rechte Kampfsportboom, 5.11.2018, https://www.bpb.de/politik/extremismus/rechtsextremismus/279552/der-extrem-rechte-kampfsportboom.

Das Erste: Bundeswehr: Oberstleutnant Marcel Bohnert hielt Vorträge in rechten Zirkeln, 24.7.2020, https://daserste.ndr.de/panorama/aktuell/Bundeswehr-Oberstleutnant-Marcel-Bohnert-hielt-Vortraege-in-rechten-Zirkeln,bundeswehr2322.html.

Das Parlament: Der General und der Verdacht, 22.6.2020, https://www.das-parlament.de/2020/26_27/innenpolitik/701986-701986.

Der Generalbundesanwalt beim Bundesgerichtshof: Mitteilung zum Stand der Ermittlungen im Ermittlungsverfahren wegen des Anschlages in Halle (Saale) am 9. Oktober 2019, 10.10.2019, https://www.generalbundesanwalt.de/SharedDocs/Pressemitteilungen/DE/2019/Pressemitteilung2-vom-10-10-2019.html.

Der Spiegel: Volksverhetzende Wahlwerbung. Gericht erklärt Entfernung von NPD-Plakaten für rechtmäßig, 30.4.2020, 2020a, https://www.spiegel.de/politik/deutschland/npd-gericht-erklaert-entfernung-von-wahlplakaten-in-moenchengladbach-fuer-rechtmaessig-a-c9f390d6-3099-4813-b542-dd24a91fe841.

Der Spiegel: „Geeinte deutsche Völker und Stämme" Innenminister Seehofer verbietet erstmals „Reichsbürger"-Gruppierung, 19.3.2020, 2020b, https://www.spiegel.de/panorama/gesellschaft/innenminister-seehofer-verbietet-erstmals-reichsbuerger-gruppierung-a-25101b61-f44c-40b4-af92-1031f197c6e9.

Der Spiegel: Kubitscheks rechtsradikale Denkfabrik wird zum „Verdachtsfall", 23.4.2020, 2020c, https://www.spiegel.de/politik/deutschland/rechtsextremismus-goetz-kubitscheks-institut-fuer-staatspolitik-wird-zum-verdachtsfall-a-a099e200-d1b6-4b9c-a36c-87e6419e0e31.

Der Spiegel: „Compact", Das Magazin, das jetzt auch der Verfassungsschutz liest, 12.3.2020, 2020d, https://www.spiegel.de/politik/deutschland/das-magazin-das-jetzt-auch-der-verfassungsschutz-liest-a-2dd9ac07-47bc-4461-9962-b9078274b925.

Der Spiegel: Ermittlungen bei der Bundeswehr. Geheimdienst findet Politikerliste bei rechtsextremem Reservisten, 29.6.2020, 2020e, https://www.spiegel.de/politik/deutschland/bundeswehr-ermittler-finden-politiker-liste-bei-rechtsextremem-reservisten-a-729b2dfe-fee6-472a-a7d9-2935a482b7c7.

Der Spiegel: Hunderte Verdachtsfälle. MAD sieht „neue Dimension" von Rechtsextremismus in der Bundeswehr, 29.6.2020, 2020f, https://www.spiegel.de/politik/deutschland/bundeswehr-mad-sieht-neue-dimension-von-rechtsextremismus-a-3d607f87-6ed7-4a64-b8e1-4f36f3f33c25.

Der Spiegel: NRW. Durchsuchung wegen rechtsextremer Chats – Munition und Drogen bei Polizistin entdeckt, 18.9.2020, 2020h, https://www.spiegel.de/panorama/polizeiskandal-in-nrw-rechtsextreme-chats-munition-und-drogen-bei-polizistin-entdeckt-a-2da56577-78fe-47e0-8769-15055099c7b0.

Der Spiegel: Bund und Länder. Hunderte Rechtsextremismus-Verdachtsfälle unter Polizisten, 7.8.2020, 2020i, https://www.spiegel.de/politik/deutschland/rechtsextremismus-bei-der-polizei-rund-400-verdachtsfaelle-in-bund-und-laendern-a-3e99a308-cf89-4e02-9ca7-ccd73f78a7dc.

Der Spiegel: Rechter Terror. Urteile gegen die „Gruppe Freital" sind rechtskräftig, 4.6.2019, 2019a, https://www.spiegel.de/panorama/justiz/gruppe-freital-bgh-weist-revisionen-zurueck-a-1270855.html.

Der Spiegel: Mordanschlag im hessischen Wächtersbach. Die rechte Parallelwelt des Roland K., 26.7.2019, 2019b, https://www.spiegel.de/politik/waechtersbach-in-hessen-die-rechte-parallelwelt-des-roland-k-a-00000000-0002-0001-0000-000165100979.

Der Spiegel: Polizeiaktion in Bayern. Wer sind die „Reichsbürger" – und was wollen sie?, 19.10.2016, 2016b, https://www.spiegel.de/panorama/gesellschaft/reichsbuerger-wer-sie-sind-was-sie-wollen-a-1117364.html.

Der Spiegel: Messerangriff auf Kölner OB-Kandidatin 14 Jahre Haft für Reker-Attentäter, 1.7.2016, 2016b, https://www.spiegel.de/panorama/justiz/attentat-auf-henriette-reker-angeklagter-frank-s-zu-14-jahren-haft-verurteilt-a-1100893.html.

Deutscher Bundestag, Sportausschuss: Shortpaper Sportausschuss Bundestag Hooliganismus, Kampfsport und die extreme Rechte, 4.3.2020, https://www.bundestag.de/resource/blob/684236/26f8294a06ddb41b43271cea0d8a5cdc/20200304-Stellungnahme-KoFaS-data.pdf.

Deutscher Bundestag: Drucksache 19/13372, 19. Wahlperiode, Ermittlungen gegen mutmaßliche rechtsterroristische Vereinigungen „The Aryans", 19.9.2019, https://dip21.bundestag.de/dip21/btd/19/133/1913372.pdf.

Deutscher Bundestag: Drucksache 19/21139 19. Wahlperiode 17.07.2020, Antwort der Bundesregierung auf die Kleine Anfrage der Abgeordneten Dr. Irene Mihalic, Dr. Konstantin von Notz, Monika Lazar, weiterer Abgeordneter und der Fraktion BÜNDNIS 90/DIE GRÜNEN – Drucksache 19/19785 – Verschwörungsideologische Kampagnen, Veranstaltungen und Gruppierungen im Zusammenhang mit der Corona-Krise.

Deutschlandfunk: Rechtsextreme im Kampfsport. „Die extreme Rechte professionalisiert ihre Gewalt", 11.7.2020, 2020a, https://www.deutschlandfunk.de/rechtsextreme-im-kampfsport-die-extreme-rechte.1346.de.html?dram:article_id=480357.

Deutschlandfunk: Rechtsterroristen. „Einsame Wölfe“ in einer digitalen Gesellschaft, 9.3.2020, 2020b, https://www.deutschlandfunkkultur.de/rechtsterroristen-einsame-woelfe-in-einer-digitalen.976.de.html?dram:article_id=472087.

Deutschlandfunk: Bundeswehr-Elitetruppe. Wie groß ist der Rechtsextremismus im KSK?, 2.7.2020, 2020c, https://www.deutschlandfunk.de/bundeswehr-elitetruppe-wie-gross-ist-der-rechtsextremismus.2897.de.html?dram:article_id=479760.

Deutschlandfunk: Reichsbürger: Wenn Extremismus vom Rand in die Mitte der Gesellschaft rückt, 7.9.2018, https://www.deutschlandfunk.de/reichsbuerger-wenn-extremismus-vom-rand-in-die-mitte-der.724.de.html?dram:article_id=427576.

Deutschlandfunk: Burschenschaften, Identitäre, AfD, „Da existieren einige unheilige Allianzen“, 18.10.2017, https://www.deutschlandfunk.de/burschenschaften-identitaere-afd-da-existieren-einige.680.de.html?dram:article_id=398526.

Deutsche Welle: Rechtsextremismus. Gefahr von rechts: Polizei als Bedrohung? 16.9.2020, https://www.dw.com/de/gefahr-von-rechts-polizei-als-bedrohung/a-54188271.

Deutsche Welle: Rechtsextremismus. Die selbst ernannten Hilfssheriffs, 16.11.2019, https://www.dw.com/de/b%C3%BCrgerwehren-in-deutschland-die-selbst-ernannten-hilfssheriffs/a-51237326.

Dienstbühl, Dorothee: Extremismus und Radikalisierung. Kriminologisches Handbuch zur aktuellen Sicherheitslage, Stuttgart 2019.

Frankfurter Allgemeine Zeitung: Razzien in zehn Bundesländern: Seehofer verbietet Reichsbürger-Gruppierung, 19.3.2020, 2020a, https://www.faz.net/aktuell/politik/inland/horst-seehofer-verbietet-reichsbuerger-gruppierung-16686035.html.

Frankfurter Allgemeine Zeitung: Verbot von „Combat 18“: Haldenwang weist Kritik zurück, 24.1.2020, 2020b, https://www.faz.net/aktuell/politik/inland/verbot-von-combat-18-haldenwang-weist-kritik-zurueck-16599013.html.

Frankfurter Allgemeine Zeitung: Rechtsterrorismus: „Gruppe S“ plante offenbar Anschläge auf Habeck und Hofreiter, 26.2.2020, 2020c, https://www.faz.

net/aktuell/politik/inland/rechter-terror-gruppe-s-plante-anschlaege-auf-habeck-und-hofreiter-16652600.html.

Frankfurter Allgemeine Zeitung: Vor allem KSK im Blick: MAD sieht „neue Dimension" von Rechtsextremismus in Bundeswehr, 29.6.2020, 2020d, https://www.faz.net/aktuell/politik/inland/vor-allem-ksk-im-blick-mad-sieht-neue-dimension-von-rechtsextremismus-in-der-bundeswehr-16837918.html.

Frankfurter Allgemeine Zeitung: Extremismusverdacht: Über 800 Reservisten von Bundeswehrübungen ausgeschlossen, 9.7.2020, 2020e, https://www.faz.net/aktuell/politik/inland/ueber-800-reservisten-von-bundeswehruebungen-ausgeschlossen-16853975.html.

Frankfurter Allgemeine Zeitung: Schüsse in Wächtersbach: Auf offener Straße, 23.7.2019, 2019a, https://www.faz.net/aktuell/politik/inland/schuesse-in-waechtersbach-auf-offener-strasse-16299104.html.

Frankfurter Allgemeine Zeitung: Terrorismusforschung: Wer ist der Attentäter von Halle? 10.10.2019, 2019b, https://www.faz.net/aktuell/politik/inland/fall-stephan-b-wer-ist-der-attentaeter-von-halle-16426874.html.

Frankfurter Allgemeine Zeitung: Rechtsextremisten im Netz. Digitale Brandbeschleuniger, 5.7.2019, 2019c, https://www.faz.net/aktuell/politik/inland/wie-rechtsextreme-das-internet-fuer-sich-nutzen-16267130.html.

Frankfurter Allgemeine Zeitung: „Reichsbürger" bereit zu schwerster Gewalt, 24.7.2018, 2018a, https://www.faz.net/aktuell/politik/reichsbuerger-laut-verfassungsschutz-sehr-gewaltbereit-15705510.html.

Frankfurter Allgemeine Zeitung: Urteile im NSU-Prozess. Lebenslange Haft für Beate Zschäpe, 11.7.2018, 2018b, https://www.faz.net/aktuell/politik/inland/nsu-urteile-lebenslange-haft-fuer-beate-zschaepe-15685433.html.

Freter, Wolfgang: Der Antisemitismus im heutigen Rechtsextremismus, 8.12.2017, https://www.bpb.de/politik/extremismus/rechtsextremismus/261322/der-antisemitismus-im-heutigen-rechtsextremismus.

Fuchs, Christian/Middelhoff, Paul: Das Netzwerk der Neuen Rechten, Reinbek bei Hamburg 2019.

Goertz, Stefan: Die Gefahr einer „Corona-RAF"? Eine aktuelle Analyse der Corona-Querfront, 15.2.2021, https://www.veko-online.de/terrorismus/die-gefahr-einer-corona-raf-eine-aktuelle-analyse-der-corona-querfront.

Goertz, Stefan: Rechtsextremismus und Rechtsterrorismus in Deutschland, in: Der Kriminalist, Heft 6/2020, S. 31–37, 2020a.

Goertz, Stefan: Rechtsextremismus und Rechtsterrorismus in Deutschland – eine aktuelle Analyse, in: Polizei – Studium – Praxis, Heft 1/2020, S. 12–15, 2020b.

Goertz, Stefan: Antisemitismus von Extremisten in Deutschland und Europa. Eine aktuelle Analyse der deutschen Verfassungsschutzbehörden, in: Kriminalistik, 3/2020, S. 139–145, 2020c.

Goertz, Stefan: Die rechte Bedrohung, in: Deutsche Polizei, 5/2020, S. 20–21, 2020d.

Goertz, Stefan: Falsche Patrioten, in: Loyal Das Magazin für Sicherheitspolitik, 9/2020, S. 36–41, 2020e.

Goertz, Stefan: Rechtsextremismus in der Bundeswehr: Eine aktuelle Analyse, in: Die Bundeswehr, 8/2020, S. 12–13, 2020f.

Goertz, Stefan: Terrorismusabwehr. Zur aktuellen Bedrohung durch den islamistischen Terrorismus in Deutschland und Europa, Wiesbaden 2020g.

Goertz, Stefan: „Reichsbürger" und „Selbstverwalter" sowie die „Identitäre Bewegung Deutschland", in: Der Kriminalist, 11/2019, S. 6–12, 2019a.

Goertz, Stefan: Rechtsextremismus und rechtsextremistischer Terrorismus in Deutschland. Eine Bedrohung für die Innere Sicherheit, 19.10.2019, 2019b, https://www.veko-online.de/archiv-ausgabe-05-2019/1451-titel-rechtsextremismus-und-rechtsextremistischer-terrorismus-in-deutschland.html.

Goertz, Stefan: Die Identitäre Bewegung. Analyse der deutschen Verfassungsschutzbehörden, in: Kriminalistik, 12/2018, S. 711–716.

Gräfe, Sebastian: Fünf Jahrzehnte Rechtsterrorismus in der Bundesrepublik Deutschland – Von der „Europäischen Befreiungsfront" bis zum „Nationalsozialistischen Untergrund", in: Jost, Jannis/Hansen, Stefan/Krause, Joachim (Hrsg.): Jahrbuch Terrorismus 2017/2018, Opladen 2019, S. 231–250.

Handelsblatt: Rechtsradikale Gruppe. Generalbundesanwalt ermittelt gegen Neonazi-Kameradschaft „Aryans", 18.1.2019, https://www.handelsblatt.com/politik/deutschland/rechtsradikale-gruppe-generalbundesanwalt-ermittelt-gegen-neonazi-kameradschaft-aryans/23883172.html?ticket=ST-5335023-eb1jwcmbBALBO3HP2osl-ap1.

Hartleb, Florian: Nach Hanau: Das Rudel der einsamen Wölfe, in: Deutsche Polizei, 5/2020, S. 23–25, 2020a.

Hartleb, Florian: Die Manifeste rechtsterroristischer Einzeltäter, in: Kriminalistik, 5/2020, S. 313–318, 2020b.

Hunger, Anna: Gut vernetzt – Der Kopp-Verlag und die schillernde rechte Publizistenszene, in: Braun, Stephan/Geisler, Alexander/Gerster, Martin (Hrsg.): Strategien der extremen Rechten. Hintergründe – Analysen – Antworten. 2. Auflage, Wiesbaden 2016, S. 425–438.

Institute for Strategic Dialogue: Das Online-Ökosystem rechtsextremer Akteure, London 2020, https://www.bosch-stiftung.de/sites/default/files/publications/pdf/2020-02/ISD_Studie_Online-%C3%96kosystem%20Rechtsextremer%20Akteure.pdf.

Jaschke, Hans-Gerd: Rechtsextremismus und Fremdenfeindlichkeit, Opladen 1994.

Jennerjahn, Miro: Sachsen als Entstehungsort der völkisch-rassistischen Bewegung PEGIDA, in: Braun, Stephan/Geisler, Alexander/Gerster, Martin (Hrsg.): Strategien der extremen Rechten. Hintergründe – Analysen – Antworten. 2. Auflage, Wiesbaden 2016, S. 533–558.

Jugendschutz.net/Ipsen, Flemming/Bollhöfner, Julian/Seitz, Christina/Wörner-Schappert, Michael: 2018 2019 Bericht Rechtsextremismus im Netz, Mainz 2019, https://www.jugendschutz.net/fileadmin/download/pdf/Bericht_2018_2019_Rechtsextremismus_im_Netz.pdf.

Kellershohn, Helmut: Das Institut für Staatspolitik und das jungkonservative Hegemonieprojekt, in: Braun, Stephan/Geisler, Alexander/Gerster, Martin (Hrsg.): Strategien der extremen Rechten. Hintergründe – Analysen – Antworten, 2. Auflage, Wiesbaden 2016, S. 439–468.

Klarmann, Michael: Kameradschaften als Strategieelement, 4.8.2017, https://www.bpb.de/politik/extremismus/rechtsextremismus/253841/kameradschaften.

Kleffner, Heike/Feser, Andreas: Der NSU-Untersuchungsausschuss, in: Bundeszentrale für politische Bildung, 8.11.2013, https://www.bpb.de/politik/extremismus/rechtsextremismus/172857/der-nsu-untersuchungsausschuss.

Kopke, Christoph: Die extreme Rechte als Wahlkampfakteur, in: Virchow, Fabian/Langebach, Martin/Häusler, Alexander (Hrsg.): Handbuch Rechtsextremismus, Wiesbaden 2016, S. 225–256.

Kreis, Joachim: Zur Messung von rechtsextremer Einstellung: Probleme und Kontroversen am Beispiel zweier Studien, Berlin 2007.

Kreter, Maximilian: Die deutsche Rechtsrockszene. Integraler Bestandteil der rechtsextremen Bewegung oder isolierte, subkulturelle Szene? In: Backes, Uwe/Gallus, Alexander/Jesse, Eckhard/Thieme, Tom (Hrsg.): Extremismus und Demokratie, 31. Jahrgang, Baden-Baden 2019, S. 159–174.

Landesamt für Verfassungsschutz Baden-Württemberg: Islamfeindlichkeit im Rechtsextremismus, 2020, https://www.verfassungsschutz-bw.de/,Lde/1917290.

Landesamt für Verfassungsschutz Hessen: Rechtsextremismus Neonazis, 2020, https://lfv.hessen.de/extremismus/rechtsextremismus/erscheinungsshyformen/neonazis.

Langebach, Martin/Raabe, Jan: Zwischen Freizeit, Politik und Partei: RechtsRock, in: Braun, Stephan/Geisler, Alexander/Gerster, Martin (Hrsg.): Strategien der extremen Rechten. Hintergründe – Analysen – Antworten, Wiesbaden 2016a, S. 377–425.

Langebach, Martin/Raabe, Jan: Die „Neue Rechte" in der Bundesrepublik Deutschland, in: Virchow, Fabian/Langebach, Martin/Häusler, Alexander (Hrsg.): Handbuch Rechtsextremismus, Wiesbaden 2016b, S. 561–592.

Lüders, Christian/Milbradt, Björn/Gess, Christopher/Mewes, Alexander: Die Bundesebene – Bundesprogramme zur Demokratieförderung und Extremismusprävention, in: Slama, Brahim Ben/Kemmesies, Uwe E. (Hrsg.): Handbuch Extremismusprävention, Wiesbaden 2020, S. 581–596.

MDR (2020): Urteil verkündet. Höchststrafe: Halle-Attentäter zu lebenslanger Haft mit Sicherungsverwahrung verurteilt, 21.12.2020; https://www.mdr.de/sachsen-anhalt/halle/halle/urteil-halle-anschlag-lebenslange-haft-fuer-attentaeter-nach-schuessen-auf-synagoge-100.html.

MDR: Weitere Urteile im Prozess gegen die „Oldschool Society", 10.10.2019, 2019a, https://www.mdr.de/sachsen/dresden/urteil-prozess-oldschool-society-100.html.

MDR: Nach Anschlag in Halle. BKA und Verfassungsschutz wollen 740 neue Stellen für Kampf gegen Rechts, 15.10.2019, 2019b, https://www.mdr.de/nachrichten/politik/inland/bka-verfassungsschutz-konzept-gegen-rechtsextremismus-100.html.

Ministerium für Inneres und Sport Sachsen-Anhalt: Verfassungsschutzbericht 2019, Magdeburg 2020.

Neue Zürcher Zeitung: Das mutmassliche Vorbild des Attentäters von Halle war der Mörder von Christchurch, 10.10.2019, https://www.nzz.ch/international/halle-der-christchurch-attentaeter-als-mutmassliches-vorbild-ld.1514488.

Niedersächsisches Ministerium für Inneres und Sport/Verfassungsschutz: Identitäre Bewegung Deutschland (IBD). Ideologie und Aktionsfelder, 3. Auflage, Hannover 2016.

Pfahl-Traughber, Armin: Der Einzeltäter ist ein einzelner Täter. Eine Analyse von Fällen und deren Kontext im Rechtsterrorismus, in: Kriminalistik, 2/2020, S. 74–80, 2020a.

Pfahl-Traughber, Armin: Der Einzeltäter im Terrorismus. Definition, Fehldeutungen, Typologie, Zusammenhang, 28.1.2020, 2020b, https://www.bpb.de/politik/extremismus/rechtsextremismus/304169/der-einzeltaeter-im-terrorismus.

Pfahl-Traughber, Armin: Rechtsextremismus in Deutschland. Eine kritische Bestandsaufnahme, Wiesbaden 2019a.

Pfahl-Traughber, Armin: Islamfeindlichkeit, Islamophobie, Islamkritik – ein Wegweiser durch den Begriffsdschungel 17.6.2019, 2019b, https://www.bpb.de/politik/extremismus/rechtsextremismus/180774/islamfeindlichkeit-islamophobie-islamkritik-ein-wegweiser-durch-den-begriffsdschungel.

Pfahl-Traughber, Armin: Was die „Neue Rechte“ ist – und was nicht, 21.1.2019, 2019c, https://www.bpb.de/politik/extremismus/rechtsextremismus/284268/was-die-neue-rechte-ist-und-was-nicht.

Pfahl-Traughber, Armin: Rechtsextremismus in der Bundesrepublik Deutschland, in: Jesse, Eckhard/Mannewitz, Tom (Hrsg.): Extremismusforschung. Handbuch für Wissenschaft und Praxis, Baden-Baden 2018, S. 303–338.

Pfahl-Traughber, Armin: Gemeinsamkeiten im Denken der Feinde einer offenen Gesellschaft. Strukturmerkmale extremistischer Ideologien, in: Pfahl-

Traughber, Armin (Hrsg.): Jahrbuch für Extremismus- und Terrorismusforschung 2009/2010, Brühl 2010, S. 9–32.

Raabe, Jan: Die neonazistische Musik-Szene: Transnational wie nie. 8.8.2017, https://www.bpb.de/politik/extremismus/rechtsextremismus/253972/die-neonazistische-musik-szene-transnational-wie-nie.

Radke, Johannes: Neonazis hinter weißen Masken, 19.4.2012, https://www.bpb.de/politik/extremismus/rechtsextremismus/132732/neonazis-hinter-weissen-masken.

Salzborn, Samuel: Rechtsextremismus, 2. Auflage, Baden-Baden 2016.

Scharloth, Joachim: Die Sprache der neuen Rechten, in: Deutsche Polizei, 5/2020, S. 16–18.

Schuchardt, Jakob: „Die Rechte" –Partei für Volksabstimmung, Souveränität und Heimatschutz, 3.5.2019, 2019a, https://www.bpb.de/politik/wahlen/wer-steht-zur-wahl/europawahl-2019/289287/die-rechte.

Schuchardt, Jakob: „Der III. Weg", 3.5.2019, 2019b, https://www.bpb.de/politik/wahlen/wer-steht-zur-wahl/europawahl-2019/289282/iii-weg.

Schulze, Christoph: Das Säulenkonzept der NPD, in: Braun, Stephan/Geisler, Alexander/Gerster, Martin (Hrsg.): Strategien der extremen Rechten, Wiesbaden 2016, S. 77–100.

Schwarz, Karolin: Antisemitismus, die extreme Rechte und rechter Terror im Netz, 30.4.2020, https://www.bpb.de/politik/extremismus/antisemitismus/308528/extreme-rechte-und-rechter-terror-im-netz.

Senatsverwaltung für Inneres und Sport Berlin Abteilung Verfassungsschutz: Rechtsextremistische Musik. Info, 4. Auflage, Berlin 2016.

Sieber, Roland: Von „Unsterblichen" und „Identitären" – Mediale Inszenierung und Selbstinszenierung der extrem Rechten, in: Braun, Stephan/Geisler, Alexander/Gerster, Martin (Hrsg.): Strategien der extremen Rechten. Hintergründe – Analysen – Antworten, 2. Auflage, Wiesbaden 2016, S. 365–376.

Stöss, Richard: Die „Neue Rechte" in der Bundesrepublik, 7.7.2016, https://www.bpb.de/politik/extremismus/rechtsextremismus/229981/die-neue-rechte-in-der-bundesrepublik.

Süddeutsche Zeitung: „NSU 2.0“: Affäre um rechtsextreme Drohmails weitet sich aus, 26.8.2020, 2020a, https://www.sueddeutsche.de/politik/nsu-2-0-polizei-hamburg-berlin-1.5010893.

Süddeutsche Zeitung: Innenpolitik: Seehofer verbietet rechtsextreme „Nordadler“, 23.6.2020, 2020b, https://www.sueddeutsche.de/politik/seehofer-verbot-nordadler-rechtsextreme-1.4944866.

Süddeutsche Zeitung: Bundeswehr: MAD sieht „neue Dimension“ von Rechtsextremismus, 30.6.2020, 2020c, https://www.sueddeutsche.de/politik/bundeswehr-rechtsextremismus-soldaten-1.4951273.

Süddeutsche Zeitung: Nordrhein-Westfalen: Rechtsextreme Chat-Gruppen bei Polizei aufgedeckt, 16.9.2020, 2020d, https://www.sueddeutsche.de/politik/polizei-nrw-rechtsextremismus-1.5033739.

SWR: Behörden alarmiert. Lewentz sieht in „Querdenken“ gefährliche Mischung, 25.11.2020, https://www.swr.de/swraktuell/rheinland-pfalz/lewentz-zu-querdenkern-100.html.

Tagesschau: Bundesverfassungsgericht. „Frecher Juden-Funktionär“ ist Volksverhetzung, 10.7.2020, 2020a, https://www.tagesschau.de/inland/bverfg-antisemitismus-volksverhetzung-101.html.

Tagesschau: Rechtsextreme Drohschreiben. Weitere verdächtige Abfragen über Polizeicomputer, 26.8.2020, 2020b, https://www.tagesschau.de/investigativ/wdr/nsu20-drohmails-105.html.

Tagesschau: Prozess in Dresden. Haftstrafen für „Revolution Chemnitz“, 24.3.2020, 2020c, https://www.tagesschau.de/inland/urteil-revolution-chemnitz-101.html.

Tagesschau: Nach Demo gegen Corona-Politik. „Einfluss rechtsextremer Gruppen verfestigt sich“, 1.9.2020, 2020d, https://www.tagesschau.de/inland/corona-gegner-radikalisierung-101.html.

Tagesschau: Kampf gegen Rechtsterrorismus. Neues BKA-System erst ab 2022, 5.2.2020, 2020e, https://www.tagesschau.de/investigativ/ndr-wdr/bka-software-rechtsextreme-101.html.

Tagesschau: Rechtsextremismus. NPD will sich umbenennen, 4.12.2019, https://www.tagesschau.de/investigativ/ndr/npd-neuer-name-101.html.

Tagesschau: Anklageschrift gegen den NSU. Dokument des Grauens, 15.11.2012, https://www.tagesschau.de/inland/nsuanklage100.html.

Tagesspiegel: „Todeslisten" von Rechtsextremisten. „Nordkreuz" sammelte 25.000 Adressen politischer Gegner, 6.7.2019, https://www.tagesspiegel.de/politik/todeslisten-von-rechtsextremisten-nordkreuz-sammelte-25-000-adressen-politischer-gegner/24531906.html.

Thüringer Landtag: Drucksache 7/1082, 7. Wahlperiode, Aktivitäten der „Artgemeinschaft-Germanische-Glaubens-Gemeinschaft wesensgemäßer Lebensgestaltung e.V." in Thüringen, 25.6.2020.

Virchow, Fabian: Rechtsextremismus: Begriffe – Forschungsfelder – Kontroversen, in: Virchow, Fabian/Langebach, Martin/Häusler, Alexander (Hrsg.), Handbuch Rechtsextremismus, Wiesbaden 2016, S. 5–43.

Welt: Wirres Manifest. Tobias R. fantasierte über Halbierung der Bevölkerungszahl, 20.2.2020, 2020a, https://www.welt.de/politik/deutschland/article206002893/Hanau-Tobias-R-fantasierte-in-wirrem-Manifest-ueber-Voelkervernichtung.html.

Welt: Über 90 Corona-Kundgebungen von Rechtsextremisten dominiert, 6.9.2020, 2020b, https://www.welt.de/politik/deutschland/article215113620/Verfassungsschutz-Ueber-90-Corona-Kundgebungen-von-Rechtsextremisten-dominiert.html.

Welt: Eva Högl: Wehrbeauftragte beklagt rechtsextreme Strukturen bei Bundeswehr, 13.6.2020, 2020c, https://www.welt.de/politik/deutschland/article209498123/Eva-Hoegl-Wehrbeauftragte-beklagt-rechtsextreme-Strukturen-bei-Bundeswehr.html.

Welt: Mecklenburg-Vorpommern. Polizisten wegen rechtsextremer Chats suspendiert, 19.9.2020, 2020d, https://www.welt.de/politik/deutschland/article216100778/Mecklenburg-Vorpommern-Polizisten-wegen-rechtsextremer-Chats-suspendiert.html.

Welt: Deutschland. Lagebericht des Verfassungsschutzes. Gut 350 Verdachtsfälle auf Rechtsextremismus in Sicherheitsbehörden, 27.9.2020, 2020e, https://www.welt.de/politik/deutschland/article216656210/Bericht-Gut-350-Verdachtsfaelle-auf-Rechtsextremismus-in-Behoerden.html.

Welt: Hinweise auf Rechtsextremismus auch bei der Bundespolizei, 4.10.2020, 2020f, https://www.welt.de/politik/deutschland/article217067276/Bundespolizei-Verdachtsfaelle-auf-Rechtsextremismus.html.

Welt: Lagebericht. Seehofer sieht keinen strukturellen Rechtsextremismus in Sicherheitsbehörden, 6.10.2020, 2020g, https://www.welt.de/politik/deutschland/article217251394/Seehofer-Kein-struktureller-Rechtsextremismus-in-Sicherheitsbehoerden.html.

Welt: Neo-Germanen. So rückt die „Artgemeinschaft" ins Visier des Verfassungsschutzes, 2.11.2019, 2019a, https://www.welt.de/politik/deutschland/article202829232/Artgemeinschaft-Neo-Germanen-im-Visier-des-Verfassungsschutzes.html.

Welt: Versuchter Mord – „Reichsbürger" zu sieben Jahren Haft verurteilt, 18.4.2019, 2019b, https://www.welt.de/politik/deutschland/article192111875/Adrian-Ursache-Reichsbuerger-wegen-Schuss-auf-SEK-Beamten-verurteilt.html.

Welt: Drei Jahre danach. Bayern stuft OEZ-Attentat nun als rechtsradikal motiviert ein, 25.10.2019, 2019c, https://www.welt.de/politik/deutschland/article202479342/Bayern-stuft-Muenchner-OEZ-Attentat-nun-als-rechtsradikal-motiviert-ein.html.

Welt: Sachsen. Die islamfeindliche Pegida-Bewegung tritt auf der Stelle, 17.10.2019, 2019d, https://www.welt.de/regionales/sachsen/article202032308/Die-islamfeindliche-Pegida-Bewegung-tritt-auf-der-Stelle.html.

Welt: NSU-Prozess. Dokumentation. Die Aussage der Beate Zschäpe, 9.12.2015, https://www.welt.de/politik/deutschland/article149803799/Dokumentation-Die-Aussage-der-Beate-Zschaepe.html.

Welt: Deutschland. Bundeswehr. Weltbild deutscher Soldaten „nicht unproblematisch", 15.9.2012, https://www.welt.de/politik/deutschland/article109241172/Weltbild-deutscher-Soldaten-nicht-unproblematisch.html.

ZDF: Hanau-Attentäter. Die Waffen des Tobias R., 21.2.2020, https://www.zdf.de/nachrichten/politik/anschlag-hanau-waffen-besitzkarte-100.html.

ZDF: Gruppe „Nordkreuz"-Bericht: „Todeslisten" von Rechtsextremen, 6.7.2019, https://www.zdf.de/nachrichten/heute/medien-rechtsextremistische-gruppe--nordkreuz--hatte--todeslisten-100.html.

Zeit: Neue Rechte. Verfassungsschutz stuft Kubitschek-Institut als Verdachtsfall ein, 23.4.2020, 2020a, https://www.zeit.de/gesellschaft/zeitgeschehen/2020-04/neue-rechte-goetz-kubitschek-verfassungsschutz-institut-staatspolitik.

Zeit: Rechtsextremismus. Verfassungsschutz stellt Ein Prozent unter Beobachtung, 29.6.2020, 2020b, https://www.zeit.de/politik/deutschland/2020-06/rechtsextremismus-einprozent-netzwerk-verfassungsschutz-verdachtsfall.

Zeit: Rechtsextremismus. Extremisten prägen Corona-Demonstrationen laut Verfassungsschutz nicht, 7.8.2020, 2020c, https://www.zeit.de/gesellschaft/zeitgeschehen/2020-08/rechtsextremismus-corona-demonstrationen-antisemitismus-verfassungsschutz-thomas-haldenwang.

Zeit: Gruppe Freital: Weitere mutmaßliche Rechtsextremisten werden angeklagt, 27.4.2020, 2020d, https://www.zeit.de/gesellschaft/zeitgeschehen/2020-04/gruppe-freital-rechtsextremismus-terrorismus-generalstaatsanwaltschaft-dresden.

Zeit: Gruppe S: Der neue Wutbürger-Terrorismus, 23.2.2020, 2020e, https://www.zeit.de/gesellschaft/zeitgeschehen/2020-02/gruppe-s-rechtsextremismus-terrorzelle-anschlagsplaene-razzien-buergerwehr/komplettansicht.

Zeit: Annegret Kramp-Karrenbauer: Ministerin will Rechtsextremismus in gesamter Truppe bekämpfen, 5.7.2020, 2020f, https://www.zeit.de/politik/deutschland/2020-07/annegret-kramp-karrenbauer-ard-sommerinterview-ksk-klimapolitik-bundeswehr-rechtsextremismus.

Zeit: Kommando Spezialkräfte: Eliteeinheit auf Bewährung, 1.7.2020, 2020g, https://www.zeit.de/politik/deutschland/2020-07/kommando-spezialkraefte-ksk-einheit-reform-bundeswehr-rechtsextremismus.

Zeit: Verteidigungsministerium: Bundeswehr plant offenbar Extremismus-Studie, 7.8.2020, 2020h, https://www.zeit.de/gesellschaft/zeitgeschehen/2020-08/verteidigungsministerium-untersuchung-extremismus-bundeswehr-sonntagsfrage.

Zeit: Corona-Proteste: Verfassungsschutz warnt vor neuer Form des Extremismus, 28.11.2020, 2020i, https://www.zeit.de/politik/deutschland/2020-11/corona-proteste-extremismus-rechtsextremismus-verschwoerungstheorien.

Zeit: Wächtersbach: Viele hätten es wissen können, 25.7.2019, 2019a, https://www.zeit.de/gesellschaft/zeitgeschehen/2019-07/waechtersbach-mutmasslicher-angreifer-rassismus-tat-ankuendigung.

Zeit: Rechtsextremismus: „Pegida hat inzwischen sektenhafte Züge", 23.8.2019, 2019b, https://www.zeit.de/politik/deutschland/2019-08/pegida-rechtsextremismus-sachsen-afd-landtagswahl.

Zeit: Gerichtsurteil: Haftstrafen im Prozess gegen Weisse Wölfe Terrorcrew, 14.12.2018, 2018a, https://www.zeit.de/gesellschaft/zeitgeschehen/2018-12/gerichtsurteil-landgericht-bamberg-weisse-woelfe-terrorcrew-wwt-freispruch.

Zeit: Rechtsextremismus: 200 Ermittlungsverfahren gegen Pegida-Anhänger, 5.10.2018, 2018b, https://www.zeit.de/gesellschaft/zeitgeschehen/2018-10/rechtsextremismus-pegida-demonstration-ermittlungsverfahren-justiz.

Zeit: „Identitäre Bewegung": Wehrsport mit Burschenschaftlern, 3.2.2017, https://www.zeit.de/hamburg/politik-wirtschaft/2017-02/identitaere-bewegung-hamburg-rechtsextremismus/komplettansicht.

Zeit: Rekers Angreifer gesteht Beteiligung in rechter Szene, 15.4.2016, https://www.zeit.de/gesellschaft/zeitgeschehen/2016-04/duesseldorf-henriette-reker-prozess-attentaeter-oberbuergermeisterin.

Zentrum Innere Führung/Bundesamt für den Militärischen Abschirmdienst: Die Verteidigung unserer Werte: Gemeinsam gegen Extremismus, Koblenz 2020.

Stichwortverzeichnis

C

D

E

F

N

O

P

R

S

T

U

V

W

Y

Z

#